Bibliografische Information Der Deutschen Bibliothek
Die Deutsche Bibliothek verzeichnet diese Publikation in der Deutschen Nationalbibliografie; detaillierte bibliografische Daten sind im Internet über http://dnb.ddb.de abrufbar.

ISBN 3-579-05460-0

Umschlaggestaltung: Init GmbH, Bielefeld, unter Verwendung der Elfenbeintafel »Der Heilige Gregor am Schreibpult«, Archiv für Kunst und Geschichte, Berlin
Druck und Bindung: GGP Media GmbH, Pößneck
Printed in Germany
www.gtvh.de

PINCHAS

LAPIDE

IST DIE BIBEL RICHTIG ÜBERSETZT?

Gütersloher Verlagshaus

Inhalt

BAND 1

BAND 2

»Die Bibel übt ihren Einfluss im
Laufe der Jahrhunderte aus.
Ein ständiger Prozess der Aktualisierung
passt die Interpretation an die
zeitgenössische Mentalität und Sprache an ...

Man muss darum das
biblische Denken ohne Unterlass
in die zeitgenössische Sprache
übersetzen, damit es in einer
den Hörern angepassten Sprache
ausgedrückt ist ...«

Papst Johannes Paul II.
in einer »Ansprache über die Interpretation der Bibel in der Kirche«
in Vatikan Stadt, am 23. April 1993
(entnommen dem Osservatore Romano, französische Ausgabe, 24.4.93)

Vorwort

»Der ideale Übersetzer ist ein Brückenbauer,
der seine Pfeiler auf beiden Ufern hat.«

So ein Brückenbauer ist auch der jüdische Religionsphilosoph Pinchas Lapide gewesen. Sein Leben war dem christlich-jüdischen Dialog gewidmet und er verstand sich als »Reisender in Sachen Gottes«. Er wurde am 28. November 1922 in Wien geboren. Unter der Herrschaft der Nationalsozialisten gelang ihm die Flucht aus einem Konzentrationslager. 1940 wanderte er in das damalige Palästina aus. Später wurde er Diplomat im Dienst Israels. Nach dem Krieg studierte er Romanistik in Jerusalem, promovierte dann an der Kölner Universität in Judaistik. Von 1969 bis zu seinem Tod am 23. Oktober 1997 lebte Lapide in Deutschland. Noch 1993 erhielt er das Große Bundesverdienstkreuz für sein Engagement, die Besinnung auf das Gemeinsame zwischen Judentum und Christentum zu fördern.

Das hier vorliegende Buch fasst seine 1986 und 1994 erschienenen Bände »Ist die Bibel richtig übersetzt?« zusammen. Lapide sagt: »Man kann die Bibel ernst nehmen – oder wörtlich; beides zusammen verträgt sich nur schlecht«. Lapide nimmt die Bibel ernst, zeigt aber auf, wo eine genaue Betrachtung der Originalsprache der Bibel und der Übersetzungsgeschichte interessante Neu- und Andersdeutungen zulässt. Beide Bände sind zu unterschiedlichen Zeitpunkten entstanden und werden hier unverändert aneinander gefügt, um das Werk des inzwischen verstorbenen Autors in seiner chronologischen Entwicklung zugänglich zu machen.

BAND 1

Übersetzung übt Ersetzung

Im Grunde ist alles Reden Übersetzung. Der Sprecher verleiht seinen inneren Gefühlen und Gedanken sprachlichen Ausdruck, indem er sie in Worte kleidet, die – wie er hofft – seinem Hörer die eigentliche Aussage innewerden lassen. Da aber alle Menschen verschieden voneinander sind, mit jeweils ureigenem Wortschatz, Redensarten und Ausdrucksweisen, gibt es so viele Mundarten wie es Sprecher gibt. Wer spricht, übersetzt das ihn Bewegende in das von ihm erwartete Sprachverständnis seines Gesprächspartners und zwar nicht eines allgemeinen Mitmenschen, sondern dieses ganz bestimmten Gegenübers innerhalb dessen Aufnahmefähigkeit, wie sie der Sprecher annimmt. Wer hört, übersetzt Worte, die an sein Ohr schallen, in die Begriffe seiner Vorstellungswelt, also konkret gesprochen – in die Sprache seines Mundes. Da aber jeder Sprecher und Hörer über ein höchst individuelles Begriffsvermögen, eine spezifische Vorstellungskraft und ein ganz verschiedenes Wort-Bild-Verhältnis verfügt, so ist alles dialogische Reden nichts anderes als: Übersetzen. Ein höchst makelhaftes Übersetzen übrigens, denn eine Vollidentität des Gesprochenen, des Gehörten und des Verstandenen ist eher die Ausnahme als die Regel. Deshalb arten Zwiegespräche nur allzu oft in Doppelmonologe aus, in denen die Partner zwar redlich versuchen, einander zu überreden, aufeinander einzureden, aber im Grunde aneinander vorbeireden. Die ›Übersetzung‹ – das Wort stammt ursprünglich aus der Schiffersprache – gelangt eben vom Rede-Ufer fast nie ganz unversehrt ans Höre-Ufer hinüber. Diese Binsenwahrheit und ihre Schlussfolgerung werden schon im zentralen Gotteserlebnis der Hebräischen Bibel angedeutet. Nach der Verkündigung des Zehngebotes am Berge Sinai heißt es:

»*Und alles Volk nahm die Stimmen wahr*« (Ex 20,18) – eine höchst erstaunliche Aussage, da doch kurz zuvor nur von der *Einen* Stimme Gottes (Ex 20,1) die Rede war. Der rabbinische

Kommentar bringt des Rätsels Lösung: Die Stimme Gottes, die vom Berggipfel erklang, teilte sich in 600 000 feurige Zungen, sodass jeder einzelne Israelit das Gotteswort in seiner einzigartigen Mentalität aufnehmen und begreifen konnte[1], genau wie Psalm 68,12 es bestätigt: »*Der Herr gibt ein Wort, der Herolde, die es verkünden, ist eine große Schar.*« Im Grunde meint Thomas von Aquin dasselbe, wenn er in seiner »Summa« schreibt: QUID QUID RECIPITUR, SEMPER AD MODUM RECIPIENTIS RECIPITUR. (Was immer auch aufgenommen wird, wird immer gemäß der Natur des Empfängers aufgenommen.)

Heiliger Text war in der biblischen Frühzeit mündlich überlieferter Wortlaut, lange ehe er von den Nachfahren zum Schrifttum verewigt wurde. Beide Testamente der Bibel wurden ja ursprünglich in der Glut der unmittelbaren Gotteserfahrung stammelnd erzählt, worauf sie von ihren Nachfahren – fantasiereiche Orientalen allesamt – für ein gleich gesinntes Publikum, von Ergriffenen für Gottesfürchtige, von Menschen für Menschen mit Ehrfurcht niedergeschrieben wurden. Erst viel später wurden sie von abendländischen Theologen kalt gelesen, zerebral ausgelegt und wissenschaftlich entmythologisiert. Dieser drastische Klimawechsel konnte nicht umhin, zu wesentlichen Umdeutungen, Missverständnissen und Sinnverzerrungen zu führen, die weder dem Geist noch dem Wortlaut Der Schrift gerecht werden, so wie sie von den ursprünglichen Autoren und ihren Hörern empfunden werden mussten.

Was aber im dialogischen Sprechen einst entstanden ist, kann nur im Sprechen wieder aufleben, sodass Die Schrift in der jüdischen Tradition dazu bestimmt ist, auf die uralte Gesprochenheit zurückzuführen. Schon die hebräische Bezeichnung für »Lesen« heißt »Ausrufen«; der traditionelle Name der Bibel ist daher nicht »Die Schrift«, sondern die öffentliche »Lesung«, die bis heute vor der Gemeinde »ausgerufen« wird. In diesem Sinne beauftragt Gott Josua nicht, das Buch der Thora solle ihm nicht aus den Augen, sondern es solle ihm nicht »aus dem Munde« weichen,[2] er soll darin »murmeln«, das heißt den geheiligten Wortlaut mit leisen Lippen nachbilden.

Bei aller Ergebenheit vor dem biblischen Grundwort und seiner Sinntiefe muss hier dennoch vor der »Bibliolatrie« gewarnt werden, jener wortwörtlichen Anbetung Der Schrift, die, zutiefst gesehen, einem Vergehen gegen das Bilderverbot gleichkommt: »*Du sollst dir kein Bildnis noch irgendein Gleichnis machen (...) Bete sie nicht an und diene ihnen nicht!*« (Ex 20,4-5). Es ist ein frommer Irrtum zu glauben, dass der Gott des Weltalls sich sprachlich fixieren lasse, »schwarz auf weiß nach Hause getragen werden könne,« wie es einst der Famulus Wagner glaubte, oder dass sein Wesen, sein Wille oder seine Offenbarung in irgendeiner Bekenntnisformel eingefangen werden könne. Verständlich ist das Verlangen nach einem Machtwort göttlicher Autorität, das all das menschliche Gewirr der Deutungspluralität majestätisch entmachtet, jedoch verkennt der Dogmatismus das wahre Verhältnis zwischen Religion und Sprachwissenschaft.

Denn alle Sprachlichkeit auf Erden entspringt unserer diesseitigen Erfahrungswelt und taugt nur für endliche, irdische und sterbliche Angelegenheiten. Gott und seine unenthüllbaren Wege entziehen sich aber all unserer Fassungskraft und können daher nur andeutungsweise in Poesie, Allegorie und Mystik zu Wort kommen.

Und eine Himmelssprache, die der Göttlichkeit angemessen wäre, gibt es hienieden nicht – mit der möglichen Ausnahme der Kirchenmusik von Bach, Beethoven und Mozart, die aber allem »Gerede« haushoch erhaben ist.

Hinzu gesellt sich die Tatsache, dass keine Sprache auf Erden ein fertiges Endprodukt ist, sondern eine fortwährende Tätigkeit, die sich im Sprechen endlos verwandelt und verändert. Jede Sprache hat ihre Wortfriedhöfe und registriert regelmäßige Neuprägungen. Da also alle Sprachen dynamisch, ungenau und relativ sind, vermag keine dem Absoluten und Ewigen adäquaten und unveränderlichen Ausdruck zu verleihen.

Die Lehrworte von vorgestern können morgen leere Worte werden, wenn der lebendige Sprachgeist sie einem Bedeutungswandel unterworfen hat.

»Ein gemeines, niederträchtiges Frauenzimmer« bedeutete noch vor 200 Jahren in deutschen Landen eine Dame aus der besseren Gesellschaft, die sich leutselig mit den niedrigen Volksschichten befasste. Was es heute besagt, bedarf keiner Erklärung.

Wenn also ein hohes Kompliment sich binnen zwei Jahrhunderten auf Neuhochdeutsch in eine einklagbare Verleumdung verwandeln kann, wie kann man dann von griechischen Vokabeln und hebräischen Aussprüchen, die Jahrtausende alt sind, auf anderen Erdteilen und unter denkbar andersartigen Umständen geschrieben wurden, erwarten, sie sollen uns heute dasselbe besagen, was sie anno dazumal zum Ausdruck brachten? Und eine utopische Weltsprache, die über unsere babylonische Sprachverwirrung hinweg universale, unverrückbare Aussagen zu machen vermag, gehört nach wie vor zum Bereich des schwärmerischen Wunschdenkens.

Und so ist die Bibel, trotz ihres strikten Bilderverbots, zugleich voll von sog. anthropomorphen (= menschenförmigen) Sprachbildern von Gott: Gott habe »*Augen*« (Ps 33,18), eine »*Hand*« (Esr 7,6), ein »*Antlitz*« (Dtn 34,10), ja, sogar eine »*Hinterseite*« (Ex 33,23). So steht es schwarz auf weiß geschrieben. Ja, wie sollen wir denn von Gott reden, wenn nicht in Menschensprache? Es sei denn, wir verzichten auf jedes Reden von Gott, schweigen in ekstatischer Verzückung wie die Mystiker oder suchen Zuflucht in der totalen Abstraktheit jener »Theologia Negativa« der Philosophen, die jedwede personale Begegnung mit dem Du-Sein Gottes verneint. Die menschenförmige Rede von Gott ist daher nicht nur berechtigt – »Die Thora spricht in Menschensprache,« sagen die Rabbinen –, sondern auch unerlässlich. Nur wer kein Ohr hat für die Überschwänglichkeit ergriffener Psalmisten und Propheten, die verzweifelt mit ihrer Sprache ringen, um ihren Brüdern zumindest einen leisen Nachhall ihrer Gottesbegegnung zu übermitteln, der kann die erhabene Poesie der Bibel unter die Philologenlupe legen, um sie zur armseligen Wortwörtlichkeit zu entseelen.

Jedes ängstliche Sich-Klammern an Einzelwörter oder Schlüsselsätze ist im Grunde eine Wort-Vergötzung und ein Bibelwidriger »Buchstabilismus«, wie Martin Luther ihn nannte, der am Kern der Botschaft vorbeiliest, nur um sich mit leeren Worthülsen zu begnügen. Denn letzten Endes ist alle Rede vom Lebendigen, Weiterführenden Gott nichts anderes als hilfloses Gestammel, ein verzweifeltes Ringen um das letztlich Unsagbare, das im besten Falle unterwegs zu Ihm bleibt, Ihn aber nimmer in Menschenlaute einzufangen vermag.

»Abrakadabra« ist die Verballhornung des moslemischen Aufrufes zum Gebet: »ALLA HU AKBAR« (Gott ist der Größte), »Hokuspokus« die Verballhornung der Einsetzungsworte Jesu: »*HOC EST CORPUS MEUM*« (Dies ist mein Leib). Beide gehören zum innersten Glaubensgut der beiden Tochterreligionen Israels. Sobald sie jedoch zu leblosen »Heilsformeln« zu erstarren drohten, hat sie der Volksmund mit dem ihm eigenen Gespür für Weihe und Entweihung zum spöttischen Inbegriff heidnischer Magie umgestaltet.

Dass die Propheten so vielgestaltig, bildhaft und farbenprächtig von Gott reden, weist für die Hellhörigen auf ein Vierfaches hin: Es spiegelt erstens die Lebendigkeit und Vielfalt der Offenbarung Gottes wieder, der sich nicht ins Jenseits verbannen lässt, sondern in dieser Welt, in den Menschen und in ihrer Geschichte wirkt.

Zweitens: Liebe bedarf des Ebenbildes; sie verzagt vor dem Unfassbaren, das zu abstrakt ist, um liebevolle Gestalt anzunehmen.

Drittens, zeugt die Vielfalt der biblischen Gottesumschreibungen vom Überwältigtsein der menschlichen Sprache. Wie eine Mutter für ihr Kind stets zahlreiche Kosenamen erfindet; wie Liebende sich mit immer neuen Namen benennen, genau so ergeht es den biblischen Zeugen, wenn sie von Gott erzählen. Hingerissen und begeistert von ihrem himmlischen Widerfahrnis, häufen sich ihnen die Namen, Wortbilder und Sprachgemälde, denen keine Semantik auch nur annähernd gerecht werden kann.

Nicht zuletzt aber ist es gerade diese Vielfalt der enthusiastischen Bilderfülle, die den Bibelleser davor bewahrt, Gott nur an ein einziges Wortbild zu ketten, um ihn so zum festgeschriebenen, definierbaren, ja, zum manipulierbaren Götzen zu entwürdigen.

Zwei Umgangsarten mit der Bibel

Es gibt im Grunde nur zwei Arten des Umganges mit der Bibel: man kann sie wörtlich nehmen oder man nimmt sie ernst. Beides zusammen verträgt sich nur schlecht.

Die Wörtlich-Nehmer, die das Motto »Es steht geschrieben« auf ihre Fahnen geschrieben haben, reduzieren die Schrift zum »papierenen Papst«, der auf *eine* leblose Dimension beschränkt bleibt. Die Ernst-Nehmer hingegen, die den Mut aufbringen, ihren Text zu hinterfragen, ihn kritisch zu erörtern, um zu seiner ursprünglichen Aussagekraft vorzustoßen, werden einen Hauch jenes Geistes erspüren, der zwar weht, wohin er will, aber stetig neu belebt, zu neuen Einsichten verhilft und eine Spur vom lebendigen, unverfügbaren und immer vorwärts treibenden Gott erahnen lässt.

Letzten Endes ist alle Rede von Gott Zungengeburt, nicht Federfrucht, sodass bei jeder Schriftlegung ein Stück des Mysteriums sich verflüchtigt, das sich gegen die Gefangennahme durch Schreiber und Schriftgelehrte zur Wehr setzt. Wenn aber diese verstummende Schrift dann noch in eine Fremdsprache hinübergetragen wird, so gilt die nüchterne Faustregel: Jede Übersetzung übt Ersetzung; den Urlaut und den Ursinn gibt sie nie ganz wieder, denn keine zwei Sprachen sind deckungsgleich in ihrer Semantik. Mit den Worten von Franz Rosenzweig: »Für den Übersetzer gibt es eigentlich kein Gut und Besser, nur ein Schlecht und weniger Schlecht.«[3]

In mittelalterlichen Bibeln und Breviarien schmückt ein und dasselbe Bild die Anfangsseiten: Moses, Jesaia oder einer der Evangelisten steht vor einem Schreibpult, auf dem Pergamentblätter liegen; in der Hand hält er einen Federkiel, sein Ohr ist angestrengt zur Seite gewendet, denn daran schwebt eine Taube (das Symbol des Heiligen Geistes) und flüstert ihm die Worte ein, die er mit Andacht niederschreibt. So entsteht angeblich die Heilige Schrift – ein wörtliches Diktat, mit Gott selbst als alleinigem Urheber.

Das Ganze nannte man Verbal-Inspiration. In einem Bibeltext einen Sprachschnitzer zu entdecken, war krasse Blasphemie, denn was unverständlich war, wurde mit dem Heiligenschein des Mysteriums gekrönt, da auch die kleinsten Satzzeichen ja als inspiriertes Gottes-Diktat galten.

Es bedurfte etlicher Jahrhunderte der Bibelerforschung, Aufklärung und kritischer Theologie, bis man darauf kam, dass solch eine Vorstellung nicht nur den menschlichen Anteil an der Entstehung der Schrift wesentlich unterschätzte, sondern auch die Propheten zu Schreibmaschinen Gottes und die Evangelisten zu einer Art von Tippfräulein des Heiligen Geistes entwürdigen musste. Begnadete »Mitarbeiter Gottes« also (1 Kor 3,9 und 2 Kor 6,1) und Träger seiner Botschaft, die hiermit zu willenlosen Schreiberlingen reduziert wurden, welche nichts anderes als mechanische Handlangerdienste geleistet haben sollten.

Abermals verfloss ein langes Jahrhundert, ehe die Wissenschaft gewahr wurde, dass in jedes der Bücher der Bibel die Mitarbeit vieler Menschen eingeflossen war; dass das mündliche Wort am Anfang stand, lange ehe es schriftlich erarbeitet wurde und dass die Evangelisten auf viel ältere Traditionen zurückgegriffen hatten, den alten Quellen ihre eigenen Denkfrüchte hinzugesellten, sodass die endgültige Niederschrift nur als die Schlussphase eines langen, vielgestaltigen Werdeganges zu verstehen war.

Heutzutage, nachdem das Gottesbild vieler gläubiger Juden und Christen zu neuer Mündigkeit herangereift ist, teilen viele die Meinung Martin Bubers, der in seinen »Fragmenten über Offenbarung« geschrieben hat: »Das tatsächliche Offenbarungsereignis (...) bedeutet nicht, dass sich ein göttlicher Inhalt in ein leeres menschliches Gefäß ergieße (...) die tatsächliche Offenbarung bedeutet die Brechung des einigen göttlichen Lichtes in der menschlichen Vielfältigkeit (...) Wir kennen keine andere Offenbarung als die der Begegnung vom Göttlichen und Menschlichen, an der das Menschliche faktisch beteiligt ist. Das Göttliche ist ein Feuer, das das menschliche Erz umschmilzt, aber was sich ergibt, ist nicht von der Art des Feuers.« Hiermit wurde klar, dass wir des göttlichen Feuers nicht habhaft werden können, wohl aber Seine Spuren zu erkennen vermögen und Gottes Wahrheit nur in der menschlichen Aussage seiner Boten und Sendlinge zu hören bekommen. Mit den Worten des katholischen Theologen Gerhard Lohfink: »Niemals werden wir hier auf Erden wenn Gott spricht, das reine, absolute Wort Gottes hören; schon immer, bevor wir es hören, ist es eingedrungen in unsere Menschlichkeit und Irdischkeit.«[4]

Mit dieser Entlarvung des »Buchstabilismus« als Kinderkrankheit der Theologie, entfaltete sich schrittweise die Einsicht, dass jeder Mensch zwar im Stande ist, zu verstehen, was Gott ihm mittels der Schrift sagen will, dass er aber auch fähig ist, die Botschaft misszuverstehen. Denn der freigeborene Mensch horcht nicht immer auf das ihm Zugesprochene, er vermengt schon im Hören Himmelsgebot und Menschensatzung, und im Gehirn des Hörers verquicken sich oft Gottes-Sinn und Eigen-Sinn zu einer individuellen Vorstellung, die jeder sich selbst zurechtmacht. Ist hiermit kein objektives, sinngetreues Bibelverständnis mehr zu erhoffen? Martin Buber antwortet: »Es geht letztlich nicht darum, dass diese oder jene Person die biblische Erzählung missverstanden hat; es geht darum, dass in dem Werk der Kehlen und der Griffel, aus dem der Bibeltext entstanden ist, sich wieder und wieder Missverstehen ans Verstehen heftet, Hergestelltes sich mit Empfangenem verquickte. Wir haben kein objektives Kriterium für die Scheidung; wir haben einzig den Glauben – wenn wir ihn haben.«[5]

So ist also jeder Bibelsatz das Ergebnis einer zwiefachen Übersetzung: Zuerst die Versprachlichung der göttlichen Botschaft durch jene Erstzeugen, die alle Register ihres kargen Wortschatzes ziehen mussten, um den Impuls von oben in Menschenworte zu kleiden, und dann die Schriftlegung der Nachfahren, die das Gehörte durch ihre eigenen Ohren, ihren Verstand und ihre Hand fließen lassen mussten: Drei unvermeidliche Fehlerquellen, die der Bibelbotschaft nie erspart blieben, ehe sie zur Schrift werden konnte.

Zum Sprachdenken und der Schriftlegung, die also beide aufeinander folgende Übersetzungsprozesse sind, gesellt sich dann für jeden normalen Bibelleser als dritte Quellen entfremdende Übersetzung die Übertragung des Grundtextes in seine Muttersprache. Auch hier geht es im Grunde um einen Dialog zwischen dem Text und seinem Dolmetscher, den er zwischen den beiden Sprachen – der fremden und seiner eigenen – in Gang bringt. Der ideale Übersetzer ist ein Brückenbauer, der seine Pfeiler auf beiden Ufern hat, und hüben wie drüben ebenso heimisch und vertraut ist. Da jedoch jeder Bibelübersetzer seinem Text sein eigenes Vor-Verständnis, Vor-Urteil und Vor-Stellungen entgegenbringt, gibt es keine objektive oder »wertfreie« Übersetzung, umso mehr als die Bibel die Gefühlswelt keines ihrer Leser unberührt zu lassen vermag.

So ist also jede Übersetzung – auch die beste – subjektiv, gewissen außertextuellen Normen und Maßstäben unterworfen und enthält immer schon ein Stück Kommentar des jeweiligen Dolmetschers. Mehr noch! Ob er es nun weiß oder nicht: Ein jeder engagierte Übersetzer bringt stets ein Stück vom eigenen Selbst ein, das dann die Frucht seiner Übertragung unwillkürlich färbt und mitgestaltet. So verschlungen und doch so menschlich sind die Wege des Gotteswortes, ehe es seine heutigen Hörer und Leser erreicht.

Wort und Wörtlichkeiten

»*Das Wort Gottes geschah mir*« so heißt es achtzehnmal in der Lutherübersetzung von Jeremia, und ähnlich klingt auch die Einleitung ihrer Rede bei den meisten Propheten im alten Israel. Diese häufige Betonung des »Gotteswortes« ist einer der Hauptgründe für Luthers theologisches Pochen auf die »Wortverkündigung«, sein Amtsverständnis als »Diener des Wortes« (vgl. Lukas 1,2) und seine Forderung: »Das Wort sie sollen lassen stahn!« Das stimmt aber nicht ganz.

Das hebräische Schlüsselwort in der Prophetenaussage heißt DAWAR, was zwar unter Umständen »Wort« besagt, aber ebenso bedeuten kann: die Rede, die Aussage, der Gegenstand, die Sache, das Anliegen, das Ding, das Ereignis, die Angelegenheit oder die Geschichte.

Das prophetische Vor-Wort ihrer Verkündigung kann also genauso richtig – besser: richtiger – übersetzt werden mit:

Die Sache Gottes widerfuhr mir – oder:

Das Anliegen Gottes erging an mich – oder:

Der Angelegenheit Gottes wurde ich inne,

wobei es zweifelsohne um eine Inspiration oder Eingebung von oben geht, die den Propheten zum Träger des göttlichen Auftrages machte, als Idee, als innerer Drang oder als unwiderstehlicher Impuls, aber keineswegs als wortwörtliches Diktat, sondern als Sendung, deren Versprachlichung dem Mann Gottes überlassen wurde.

Wenn Jeremia klagt, »*Des Herren Wort ist mir zu Hohn und Spott geworden täglich*« (Jer 20,8), so widerspricht der nächste Satz jedweder »Wörtlichkeit«: »*Da dachte ich, ich will nicht mehr an ihn denken und nicht mehr in seinem Namen predigen. Aber es ward in meinem Herzen wie ein brennendes Feuer, in meinen Gebeinen verschlossen, dass ich's nicht ertragen konnte; ich wäre schier vergangen*« (Jer 20,9).

Um diese Unwörtlichkeit der göttlichen Botschaft zu unterstreichen, kann der Prophet auf hebräisch solche »Worte« (Dewarim) auch »*schauen*« (Amos 1,1); (Jes 1,2) und das Volk konnte die Stimme Gottes »*sehen*« (Ex 20,18), wie es am Sinai geschah.

Sobald die hebräische Bibel jedoch auf griechisch übersetzt wurde (im 3. vorchristlichen Jahrhundert), schrumpfte »DAWAR« auf LOGOS, das immerhin noch bedeuten konnte: Rede, Aussage, Äußerung oder: Das Wort – eine wesentliche Sinneinengung, die aber noch immer eine gewisse Interpretationsbreite ermöglicht. Als aber dann der Urtext ein zweites mal in die lateinische Vulgata übertragen wurde (im 5. christlichen Jahrhundert) die Luther als hauptsächliche Vorlage diente, kam es zum VERBUM DEI – dem Wort Gottes als druckreifes Diktat des Himmels, von dem jedwede Abweichung als lästerlich gelten musste.

Dass diese schrittweise Sinn-Verengung von DAWAR-LOGOS-VERBUM-WORT alle exegetische Freiheit im Keim ersticken musste, Abschreibefehler heilig sprechen konnte und der Theologie im Widerspruch zur »*Freiheit, die überall da ist, wo der Geist des Herrn ist*«, (2 Kor 3,17) eine semantische Zwangsjacke oktroyierte, ahnte bereits der junge Goethe, wie aus seinen Hebräisch-Griechisch-Lateinischen Schulheften aus dem Jahre 1760 ergeht[6]. Was der 12-Jährige in Umrissen begriffen hatte, legte er später seinem FAUST in den Mund, als jener sich anschickte, »die Heilige Schrift in sein geliebtes Deutsch zu übertragen«.

Was nun folgt, ist zwar nur ein Wink mit dem Zaunpfahl, aber das Schriftverständnis, das sich hieraus ergibt und das sich inzwischen unzählige Bibelleser zu Eigen gemacht haben, ist eine Kampfansage an all jene, die Wortklauberei mit Frömmigkeit verwechseln:

»Geschrieben steht: Im Anfang war das Wort.
Hier stock ich schon. Wer hilft mir weiter fort?
Ich kann das Wort so hoch unmöglich schätzen,
Ich muss es anders übersetzen,
Wenn ich vom Geiste recht erleuchtet bin.
Geschrieben steht: Im Anfang war der Sinn.
Bedenke wohl die erste Zeile,
Dass deine Feder sich nicht übereile!
Ist es der Sinn, der alles wirkt und schafft?
Es sollte stehen: Im Anfang war die Kraft!
Doch, auch indem ich dieses niederschreibe,
Schön warnt mich was, dass ich dabei nicht bleibe.
Mir hilft der Geist! Auf einmal seh' ich Rat
Und schreibe getrost: Im Anfang war die Tat!«

Mit den Worten des Paulus, der sich in seiner Wort-Beseeltheit häufig große Freiheiten im Umgang mit seiner (hebräischen) Bibel nahm:

»*Als ich ein Kind war (...) dachte (und glaubte) ich wie ein Kind, urteilte wie ein Kind. Seit ich jedoch ein Mann geworden bin, habe ich die kindliche Art abgelegt*« (1 Kor 13,11).

Luthers Ringen mit der Heiligen Schrift

»Wir mühen uns jetzt ab, die Propheten zu verdeutschen. Was ist das doch für ein großes, beschwerliches Werk, die hebräischen Erzähler zu zwingen, Deutsch zu reden. Wie sträuben sie sich, da sie ihre hebräische Ausdrucksweise nicht verlassen, und sich dem groben Deutsch nicht anpassen wollen, gleich als ob man eine Nachtigall zwänge, ihren melodischen Gesang aufzugeben und den Kuckuck nachzuahmen, dessen eintönige Stimme sie verabscheut.« Wie schwer sich Luther mit seiner Bibelübersetzung tat, bezeugt dieser Brief, den er am 14. Juni 1528 an Wenzelaus Link schrieb. Und mit gutem Recht. Denn zeitlebens schwankte er zwischen widersprüchlichen Grundsätzen, die ihn zu wiederholten Textrevisionen zwangen, die aber letztendlich nie ganz seinen hohen Forderungen gerecht werden konnten. Er wollte zwar, wie er in seinem »Sendbrief vom Dolmetzschen« erklärt (Nürnberg 1530), »zuweilen die Worte steif behalten, zuweilen allein den Sinn geben«, sein Hauptziel blieb aber »meinen Deutschen« zu dienen, indem er ihnen eine vom deutschen Sprachgeist erfüllte Übertragung zu schaffen strebte. Einerseits gab er den Rat: »Wer Deutsch reden will, der muss nicht der ebräischen Worte Weise führen,«[7] andererseits betonte er: »Ich habe eher wollen der deutschen Sprache abbrechen, denn von dem (ebräischen) Worte weichen.«[8]

Wenn Schleiermacher, selbst einer der großen Übersetzer (Platons), alle Übersetzungen in solche geschieden hat, die den Schriftsteller möglichst in Ruhe lassen und sich dem Leser entgegenbewegen, und in solche, die den Leser möglichst in Ruhe lassen und sich dem Schriftsteller entgegenbewegen,[9] so gehörte Luther eher zur zweiten Kategorie. Er war darauf erpicht, »dem Volk aufs Maul zu schauen«[10], um »deutliche und jedermann verständliche Rede zu geben, mit unverfälschtem Sinn und Verstand,«[11] – ohne jedoch irgend jemandem nach dem Munde zu reden.

Dennoch wäre es Aberwitz zu glauben, der gemeine Mann hätte den Römerbrief nach 1540 dank der lutherschen Übertragung verstanden. Luther selbst war der Letzte, der sich über die Einfalt der Schlichten im Lande Illusionen gemacht hätte: »Man soll auf der Kanzel die Zitzen herausziehen und das Volk mit Milch tränken (...) die hohen Gedanken (aber) soll man für die Kluglinge privatim behalten.« Er dachte wohl an dieselbe »Milch« als seichter Kinderglaube, die Paulus einst den Korinthern als mangelndes Verständnis zum Vorwurf machte:

»Milch gab ich euch zu trinken, nicht feste Speise; denn die vermochtet ihr noch nicht zu vertragen. Ja, ihr vermögt es auch jetzt noch nicht!«, (1 Kor 3,2). Obwohl ihm Hebräisch als »heilige Sprache« galt, die er wie Goethes FAUST »in sein geliebtes Deutsch« zu übertragen strebte, blieb das Lateinische seine Denk- und Meditationssprache, so dass er noch im Alter den lateinischen Psalter betete.

Kurzum, der Bibelübersetzer Luther war von geradezu verwegener Einseitigkeit: Einseitig in seiner »Stym-um-Stym«-Übertragung; einseitig in seiner rabiaten Polemik gegen die »Buchstabilisten«, Katholiken, »Ebreer« und Rabbiner allen Couleurs; einseitig aber auch in der theologischen Begründung seiner Übersetzungspraktiken.

Die hebräische Bibel war er gewillt, nur christozentrisch als ein aufs Evangelium verweisendes Buch zu interpretieren. Da nämlich, wo sie »Christum trieb«, ließ er »der ebräischen Sprache Raum« und wählte ungewöhnlich wörtliche Ausdrücke, während überall da, wo menschliches Sein, Fühlen und Handeln beschrieben wird, die hebräische Vorstellung so gut wie möglich durch eine glattere Eindeutschung ersetzt wurde.

Daher zog er es häufig vor, gegen den sprachlichen Rat der »Rabbinen« sich auf die (damals noch sehr ungenaue) Vulgata zu stützen, nur darauf erpicht, dass sich die hebräischen Texte – auch in ihrer lateinischen Verballhornung – auf das Neue Testament hin »reimten«. Kurzum, als Grundprinzip galt ihm seine rigorose Subjektivität.

Obwohl es ihm auch um den »Wohllaut« ging – »die Bibel soll klingen!« – und er häufig um eine gehobenere Redeweise bemüht war, scheute er nicht vor drastischen Wendungen der Alltagssprache zurück. »Und Saul ging hinein um zu scheissen,« so stand es mit roter Tinte in seiner Manuskriptfassung von 1 Sam 24,4.

Als es jedoch an den Drucksatz ging, bekam er Angst vor der eigenen Courage und kehrte zur eleganteren Umschreibung des Grundtextes zurück: »Und Saul ging hinein, um seine Füsse zu bedecken.« In einer Randglosse fügte er hinzu: »So züchtig ist die Heilige Schrift, dass sie ›Füsse decken‹ nennt, auf das heimliche Gemach gehen.«

Obwohl er als Sprachbildner kaum seinesgleichen hatte, irrte er dennoch hie und da in der Frage der Sprachmöglichkeiten. In seiner Vorrede zum »Alten Testament« lehnte er ausdrücklich die Sprachneuerungen »beherzigen, behändigen und ersprießlich« als unzulässig ab, während solche Neuprägungen wie etwa »wetterwendisch«, »Herzenslust«, »Machtwort« und »Schwarmgeister« sofortigen Anklang fanden.

Andererseits gab Luther solche Wendungen wie »einer, der an die Wand pisse« (1 Sam 25,22.34; 1 Kön 14,10; 16,11; 21,21; 2 Kön 9,8) noch wörtlich wieder, während die heutige Einheitsübersetzung mit Rücksicht auf die Tatsache, dass beide Testamente in Klöstern im Chor oder bei Tisch vorgelesen werden, die elegantere Umschreibung »Alles Männliche« vorzog.

Was ihm und den meisten seiner Nachfolger jedoch zum Fallstrick wurde, ist die Vieldeutigkeit hebräischer Schlüsselworte. So zum Beispiel bedeutet SCHALOM nicht nur Friede, sondern auch Gedeihen, Unversehrtheit, Wohlergehen, Freude, Versöhnung, Wahrheit, Gemeinschaft und Harmonie. CHÄSSÄD kann Treue, Gerechtigkeit, Gnade, Liebesdienst, Zuneigung oder Rechtsverhalten bedeuten. AWODA kann Dienst, Mühe, Gottesdienst, Arbeit oder Gebet bedeuten, je nach dem Zusammenhang innerhalb eines größeren Textgefüges.

Nicht zu Unrecht versprach Luther zu Ende seiner Vorrede auf den deutschen Psalter »allen Meistern und Klüglingen« 50 Gulden, wenn sie ihm das eine Wort CHEN« durch und durch in der Schrift eigentlich und gewiss verdeutschten« (Anmut, Gnade, Gunst, Lieblichkeit). Diese, dem Hebräischen so ureigene Polysemie machte Luther viel zu schaffen: »Uns ist es wohl oft begegnet, dass wir drei, vier Wochen haben ein einziges Wort gesucht und gefragt; habens dennoch zuweilen nicht gefunden. In Hiob arbeiten wir also (...) dass wir in vier Tagen zuweilen kaum drei Zeilen konnten fertigen.«[12] Mit Fridolin Stier (1902-1974), einem anderen Meister-Dolmetscher unserer Tage, mag er wohl häufig aufgeseufzt haben:

»Psalmen übersetzen! Wort um Wort, Vers um Vers, Stocken und Stolpern. ›Übersetzen‹ – dann kreischen und knirschen die Sprachen, also ›versetze‹, dann schlägt dir das böse Gewissen. Das Ganze ist ein ›Versetz-Geschäft‹, man bringt das hebräische Urwort hin, man kriegt dafür etwas weit unterm Wert des Versetzten und weiß, man kriegt's nie wieder heraus.«[13]

Und dennoch glückt ihm häufig das Wunder der Vermählung der deutschen und hebräischen Sprachgeister, die die Bibel zum deutschen Lesebuch machen konnte. Nicht von ungefähr schwärmt Heinrich Heine, der sich zeitlebens der Luther-Bibel bediente: »Martin Luther gab uns nicht bloß die Freiheit der Bewegung, sondern auch das Mittel der Bewegung; dem Geist gab er nämlich einen Leib. Er schuf die deutsche Sprache.«[14]

Wie weitgehend und tiefgreifend Luthers Hebraeo-Germanismen die deutsche Sprache durchdrungen haben, mögen einige Kostproben beweisen, die sich längst so gründlich in der Alltagssprache eingebürgert haben, dass nur der Bibelkundige ihren hebräischen Ursprung wieder erkennt:

Denn, allen wissenschaftlichen Fortschritten, Mondflügen und Atombomben zum Trotz, wird ja der Mensch noch immer »*nackt geboren wie Adam*«, er ist ein »*Erdenkloß*«, aus »*Fleisch und Blut*« oder »*Staub und Asche*«, später wird er »*weise wie Salomo*« oder »*stark wie Simson*«, »*ein gewaltiger Nimrod*«, »*keusch wie Joseph*«, ein »*Enaks Kind*« oder »*der wahre Jakob*«. Er lebt »*wie im Paradies*«, »*von der Fette des Landes*« und falls »*ihm ein Licht aufgeht*«, dass »*der Mensch nicht von Brot alleine lebt*«, mag er »*auf einen grünen Zweig kommen*«; dann hat er »*Moses und die Propheten*«, auch wenn er »*arm wie Hiob bleibt*« und zu den »*Stillen im Lande*« gehört, die »*im Lande bleiben und sich redlich nähren*«. Falls er aber »*das goldene Kalb anbetet*«, von der »*verbotenen Frucht isst*«, dem »*Mammon frönt*«, im »*Dunkeln tappt*«, dort sitzt, »*wo die Spötter sitzen*«, wenn er »*Wind sät um Sturm zu ernten*«; um mit »*eherner Stirn*« und einem »*Lästermaul*« später »*Kohlen auf sein Haupt zu häufen*« – dann stimmt er »*Jeremiaden*« vergeblich an, denn »*Hochmut kommt vor dem Fall*«, weil »*der Herr Herz und Nieren prüft*« und die »*Gottlosen die Neige kriegen*«; umsonst wäscht er dann »*seine Hände in Unschuld*«, hat »*Gewissensbisse*«, vergeblich »*schüttet er sein Herz aus*«, und sehnt sich zurück »*nach den Fleischtöpfen Ägyptens*« oder dem »*Manna in der Wüste*«, nach »*den sieben fetten Jahren*«, den »*Zeichen und Wundern*«, die nun »*wie Spreu im Winde*« *verweht sind.* Denn als »*armer Sünder*« bekommt er eine »*Hiobspost*«*; ihm wird* »*das Maul gestopft*«, oder er muss »*Urias Briefe*« bestellen, die ihm »*das Leben sauer machen*«.

Gegebenenfalls zählt er gar zur »*Rotte Korachs*« oder trägt ein »*Kainszeichen auf der Stirn*«, weshalb ihm »*die Leviten gelesen werden müssen*«, und zwar »*ohne Gnade und Barmherzigkeit*« – bis ihm »*angst und bange wird*«, er vor »*Entsetzen erstarrt*« oder gar »*zur Salzsäule wird*«.

Denn wenn er »*mit Blindheit geschlagen ist*«, muss Gott ihm »*die Augen öffnen*«, auf dass er nicht länger »*in Sodom und Gomorra verweile*«, im »*Jammertal*« seines »*Sündenpfuhls*«, in »*ägyptischer Finsternis*« oder gar in »*babylonischer Verwirrung*«, sondern endlich »*seine Lenden gürte*«, um aufzubrechen »ins *Gelobte*

Land«, darin »*Milch und Honig fließen*«. Er ist und bleibt »*ein Menschenkind*«, – auch wenn er »*sein Leid in sich frisst*«, dann »*Buße tut*« und in »*Sack und Asche trauert*«, um »*Gnade vor den Augen des Herrn*« zu finden. Denn Gott sieht ja »*aufs Herz*« und kennt »*kein Ansehen der Person*«. Schließlich sehnt er sich, alt zu werden »*wie Methusalem*«, seine Kindeskinder »*zu erleben*«, ehe er »*den Weg alles Fleisches geht*«, den »*Schlaf des Gerechten entschläft*«, um »*zu seinen Vätern versammelt*« zu werden, weil er »*in die Grube fahren muss.*« Jeder Einzelne dieser landläufigen Ausdrücke ist ausnahmslos ein bibelfester Hebraismus, die Martin Luther allesamt so einfühlsam eingedeutscht hat, dass sie seit über vier Jahrhunderten zur Kerngestalt der deutschen Sprache gehören.

Weniger leicht erkennbar als biblische Lutherismen sind solche alltäglichen Gemeinplätze des alttestamentlichen Sprachguts wie etwa: Ein Feigenblatt (Gen 3,7); Landesvater (Gen 41,43); Nächstenliebe (Lev 19,18); ein Dorn im Auge (Num 33,55); ein Schandfleck (Dtn 32,5); Traubenblut (Dtn 32,14); Lückenbüßer (Neh 4,7); Gewissensbisse (Ijob 27,6); ein Heidenlärm (Ps 2,1); das Jammertal (Ps 84,7); ein Lästermaul (Spr 4,24); ein Krämervolk (Zef 1,11); ein Denkzettel[15] (Num 15,38) und noch viele mehr.

Die Moral liegt auf der Hand. All das Urgestein menschlichen Hoffens und Glaubens ist unwiderruflich jüdisch geprägt und nach Hebräerweise gestaltet. Dieser unerschöpfliche Born altbiblischer Lebensweisheit hat in ähnlicher Weise das ganze Abendland beeinflusst: von Island bis nach Neuseeland, von Norwegen bis hinunter nach Chile. Eine Gefahr, an Aktualität einzubüßen, läuft dieser Sprachschatz eigentlich nur dann, wenn Menschlichkeit und Menschsein aus der Mode kommen sollten. Bis dahin können wir alle getrost mit Mose und David, mit Jesus und Paulus auf das hebräische Gottesbuch der Kinder Israel bauen. So nahtlos hat sich dieses Bibelvokabular überall eingebürgert, dass sogar zur Zeit der großen Deutschtümelei kein Mensch daran dachte, solche Bibelworte »auszumerzen«, da ja ansonsten sogar die klassische Literatur deutscher Zunge wie etwa Goethe und

Schiller verstümmelt hätten werden müssen. Kurzum: von der Wiege bis zum Grabe wird jeder Christenmensch auf Schritt und Tritt, dank Luther, an seine hebräischen Bibelwurzeln erinnert, ob er sich dessen bewusst ist oder nicht.

War Luther mit seiner Übersetzungsarbeit zufrieden? Für ihn blieb sie zeitlebens im Fluss. Noch am Ende seiner Tage hat er geklagt, dass es ihm nicht mehr vergönnt sein würde, die deutsche Bibel ganz neu umzuarbeiten. Für sein Volk aber hat sich das Werk von dem Glaubensleben seines Urhebers gelöst und ist zum Grundbuch der hochdeutschen Sprache selber geworden. Seinen zahlreichen Kritikern, »die noch nie haben recht reden können, schweige denn Dolmetschen«, tat er kund, »dass ich das Neue Testament verdeutscht habe auf mein bestes Vermügen und auf mein Gewissen; habe damit niemand gezwungen es zu lesen, und allein zu Dienst getan, denen die es nicht besser machen können.«[16] Von der Zukunft hoffte er, dass sie »es mehr und besser machen«[16] würde. Fast vierhundert Jahre sollten vergehen, ehe ein ganz neuer Versuch unternommen wurde, dies in der Tat zu bewerkstelligen.

Kann man die Bibel übersetzen?

Die Kardinalfrage bleibt noch immer offen: Kann man die Bibel überhaupt übersetzen? Ist es möglich, ihrer ganzen Aussagekraft in einer Fremdsprache gerecht zu werden? Von den ganz verschiedentlichen Antworten, die im Laufe der Jahrtausende auf diese Frage gegeben wurden, hallt eine immer wieder: »Übersetzen heißt, zwei Herren dienen; also kann es niemand,«[17] so schrieb Franz Rosenzweig vor etwa 60 Jahren, als Martin Buber ihn einlud, gemeinsam mit ihm eine deutsche Bibelübersetzung zu unternehmen. Dass er schließlich dennoch diese Aufgabe übernahm und bis zu seinem Todestage im Jahre 1929 weiterführte, beweist vor allem, dass er, in seinen eigenen Worten, »den Mut der Bescheidenheit« gewann, »die nicht das erkannte Unmögliche, sondern das aufgegebene Notwendige von sich selbst fordert.«

Buber führte dann das Werk alleine weiter, das er erst im Jahre 1961 in Jerusalem beenden konnte. Was den Ausschlag gab Rosenzweig zu überzeugen, von seinem ursprünglichen Plan, sich auf eine »jüdisch redigierte Luther-Übersetzung zu beschränken«, abzukommen, war Bubers Sicht der Aufgabe, ja »der Pflicht, zu einer erneuten Übertragung der Schrift«. Sie ergab sich aus der Entdeckung der Tatsache, dass »die Zeiten die Schrift vielfach in ein Palimpsest verwandelt haben.«[18] Die ursprünglichen Schriftzüge, Sinn und Wort von erstmals sind von einer geläufigen Begrifflichkeit »teils theologischer, teils literarischer Herkunft überzogen«, und was der heutige Mensch gewöhnlich liest, wenn er »Das Buch aufschlägt«, ist jenem lauschenden Sprechen, das sich hier eingetragen hat, so unähnlich, »dass wir allen Grund hätten, solcher Scheinaufnahme die achselzuckende Ablehnung vorzuziehen, die »mit diesem Zeug nichts mehr anzufangen weiß (...)«.

An die Stelle der ehrfürchtigen Vertrautheit mit ihrem Sinn und ihrer Sinnlichkeit ist »ein Gemisch von erkenntnislosem Respekt und anschauungsloser Familiarität getreten.«[19] Wie Rosenzweig sieht auch Buber die »grundsätzliche Unerfüllbarkeit« der Aufgabe; aber sieht zugleich ihre Notwendigkeit, »wenn Die Schrift wieder zum Sprechen kommen soll.«

Wie unverzichtbar Übersetzer trotz all ihrer Unzulänglichkeit sind, ergeht schon aus der Bibel selbst. Schon zwischen Joseph und seinen Brüdern stand in Ägypten einst der Dolmetscher (Gen 42,23); Philippus und Andreas dienten Jesus als Übersetzer für Griechen (Joh 12,20-23); auf der Tafel über dem Kreuz standen gleich zwei Übersetzungen (Joh 19-20), und das Pfingstwunder war zugleich ein Übersetzungswunder (Apg 2,8).

Im »Dienen von zwei Herren« hat Rosenzweig des Pudels Kern getroffen, denn jeder Dolmetscher ist im Grunde einer Doppelheit von Gesetzen Untertan, die einander umso härter widersprechen, desto weiter die Sprache der Urschrift von der Sprache der Übersetzung entfernt ist.

Für Bibelübersetzer gesellt sich zu diesem Dilemma noch eine weitere Doppelheit: das Eigenrecht der einzelnen Stelle, die wörtlich zu Wort kommen will, und das Gesetz der Harmonie des Ganzen, das zwar Abweichungen und Dissonanzen, aber keinen Widerstreit dulden will. Kein Wunder, dass die Italiener das Sprichwort »TRADUTTORE – TRADITORE« geprägt haben, das jeden Übersetzer zum Verräter stempelt – entweder gegenüber der Grundsprache oder der Zielsprache –, während Voltaire dieselbe Binsenwahrheit etwas eleganter ausdrückt: »Jeder, der ein Meisterwerk der Weltliteratur in der Übersetzung – und sei sie auch die beste – liest, gleicht dem, der ein Rendezvous mit einem schönen Mädchen hat, aber am Abend mit ihrer hässlichen Schwester ausgeht.«

Das menschliche Versagen hat in der Tat seit der ersten Bibelübersetzung, der so genannten griechischen »Septuaginta«, die vor rund 23 Jahrhunderten vollendet wurde, eine missliche wie auch wichtige Rolle gespielt. Hier sind es zuerst die Lesefehler, die Buchstaben verwechseln, von einem Wort zu einem gleichen späteren abirren oder die Wortfolge verwirren – und so oft zu wesentlichen Textveränderungen führen. Beim Diktat, wie es in den mittelalterlichen Schreibstuben der Klöster die Regel war, konnte das Ohr oft so trügerisch wie das Auge sein. Als wäre dies nicht schlimm genug, treten noch die Fehler der Hand hinzu: Das Verschreiben, das ähnliche Buchstaben wie M und N oder U und V verwechselt oder nur einen setzt, wo zwei stehen sollten – oder zwei setzt, wo der Text nur einen Buchstaben verlangt. Fehler des Gedächtnisses führen ebenso häufig zur Vertauschung gleichsinniger Worte, wie Fehler des Urteils. Bei fortlaufender Schrift ohne Abstand zwischen den Worten, wie sie in den alten griechischen Handschriften landläufig war, werden oft Wörter falsch voneinander getrennt oder falsch miteinander verbunden.

So zum Beispiel kann Jesu Wort in Mk 10,40 heißen; »*Aber das Sitzen zu meiner Rechten oder zu meiner Linken habe nicht ich zu vergeben, sondern denen es bereitet ist.*«

Man kann aber die Schlussworte ebenso gut lesen: »*(...) es ist für andere bereitet*«. In Röm 7,14 sagt Paulus: »Wir *wissen: Das Gesetz ist fleischlich (...)*« Eine genauso richtige Lesung ergäbe aber: »*Ich weiß in der Tat, dass das Gesetz (...)*«

In Apg 1,4 heißt es in vielen Übersetzungen: »*Während er (Jesus) mit ihnen zusammen war, befahl er ihnen, von Jerusalem nicht wegzugehen (...)*«. Ebenso möglich wäre aber die Übertragung: »*Während er mit ihnen aß, gebot er ihnen (...)*« Jede der beiden Übersetzungen ist möglich, keine ist sicher.

Ähnliche Unsicherheiten im griechischen neutestamentlichen Text samt hunderttausenden von Text-Varianten scheinen dem Schweizer Pfarrer Martin Koestler Recht zu geben, wenn er schreibt: »Den Text des Neuen Testaments gibt es also nicht; es gibt nur verschiedene Handschriften. Eine für alle Zeiten gültige Übersetzung lässt sich nie herstellen.«[20] Fast alle Bibelübersetzungen weisen auch absichtliche Veränderungen des Textes auf. So wird der Wortlaut des Öfteren »geglättet«, um angebliche Rauhheiten zu beseitigen; fremdartige Ausdrücke werden durch landläufigere ersetzt; Parallelstellen werden einander »angeglichen«; Zusätze werden eingeschoben, um »schwierige Stellen« verständlicher zu machen – und gelegentlich werden auch Kraftausdrücke, derer die Bibel nicht entbehrt, abgeschwächt oder gar verniedlicht.

Eine häufige Versuchung abendländischer Übersetzer, vor allem Theologen, besteht darin, die Übersetzung »genauer« machen zu wollen als das hebräische Original. Wenn der Urwortlaut nicht in diese oder jene Theorie oder Ideologie hineinpasst, wird häufig der Text stillschweigend »zurechtgebogen«. So z. B. spricht das II. Vatikanum in der Konstitution »DEI VERBUM« von der Offenbarung Gottes an die ersten Menschen und fährt fort: »Nach ihrem Fall hat er sie wieder aufgerichtet in Hoffnung auf das Heil, in dem er die Erlösung versprach«, wobei auf Gen 3,15 hingewiesen wird – einen Satz, der in der katholischen Theologie das »Protoevangelium« genannt wird.

Warum? Weil hier nach einer textwidrigen Deutung Gott den Stammeltern verheißen habe, dass Jesus, der Sohn Marias, der Schlange als der Versucherin das Haupt zertreten werde. Im Original aber sagt Gott zur Schlange: »*Feindschaft will ich stiften zwischen dir und der Frau, zwischen deinem Samen und ihrem Samen; er wird dir das Haupt zertreten und du wirst nach seiner Ferse schnappen,*« – was nichts anderes als eine dauernde Feindschaft zwischen Menschheit und Schlangenbrut verspricht. Alles andere klingt wie Hineinlesung in den Bibeltext.

Ebenso theologisierend verändert Matthäus die Übersetzung von Jes 7,14: »*Siehe, die Jungfrau wird empfangen und einen Sohn gebären, und man wird ihm den Namen IMMANUEL geben*« (Mt 1,23). Das Wort »Jungfrau« tendiert zwar die jungfräuliche Geburt Jesu zu bestätigen, aber der Urtext spricht unverkennbar von »ALMA« – einer jungen Frau, und nicht von einer Jungfrau, die auf Hebräisch »Betula« heißen müsste. Der Jesajavers erzählt von einer »*jungen Frau*«, die »*einen Sohn gebären und seinen Namen IMMANUEL nennen wird*«, was wiederum dem Engel widerspricht, der Joseph im Traum beauftragt: »*Du sollst ihm den Namen Jesus geben*« (Mt 1,21). Was das »Zeichen« betrifft, das Jesaja seinem König Ahas »*am Ende der Wasserleitung des oberen Teiches*« in Jerusalem um das Jahr 730 vor der Zeitrechnung gab, um ihm Mut einzuflößen angesichts der beiden Heidenkönige Rezin und Pekach, die gegen Juda zu Felde zogen, so handelt es sich um einen ganz konkreten Fingerzeig, der Gottes Beistand unmissverständlich vergegenwärtigen sollte: »*Siehe, die junge Frau ist schwanger*« (Jes 7,14), so sagt der Prophet, indem er auf eine werdende Mutter hinwies: »*Sie wird einen Sohn gebären, den sie Immanuel nennen wird.*« Gemeint ist damit in der blumigen Bildersprache der hebräischen Bibel, dass innerhalb weniger Monate Gottes Errettung vor der Heidengefahr für alle in Jerusalem so offenkundig sein werde, dass man zu Ehren der göttlichen Hilfeleistung dem neugeborenen Knaben den Symbolnamen »*Gott-mit-uns*« geben würde. Mehr noch: ehe jener (noch ungeborene) Knabe vier Jahre alt sein würde, »*wird das Land verödet sein, vor dessen zwei Königen dir graut*« (Jes 7,16). So verhieß Jesaja es seinem König Ahas. Ein Zusammenhang zwischen dieser historischen Episode und der über 700 Jahre später erfolgten Geburt Jesu ist kaum ersichtlich.

Ein Irrtum vieler Übersetzer ist es zu meinen, die buchstäbliche Übersetzung sei die beste. Obwohl sie manchmal viel Verborgenes zutage bringen mag, ist sie nur selten dem Sinn getreu. Man darf auch nicht verlangen, dass die Übersetzung stets harmonisch sei, denn oft besteht die Ausdruckskraft gerade in einer Dissonanz oder einem rhythmischen Bruch. Von den vielen anderen Versuchungen, die Bibelübersetzer häufig überlisten, sei noch die Verschönerung erwähnt.

»Am Anfang schuf Gott den Himmel und die Erde«, so heißt es bei den meisten Verdeutschungen, während es bei Luther schlicht und erhaben lautet: »*Am Anfang schuf Gott Himmel und Erde.*« Das erste ist eine Aussage; das zweite ein Gedicht. Das erste ist jedoch dem Urtext getreu; das zweite nimmt sich lyrische Freiheiten, die dem Dichter zustehen, nicht aber dem, der die Heilige Schrift überträgt. Denn die hebräische Bibel, in ihrer lakonischen Kürze und stilistischen Straffheit, kennt weder Floskeln noch Fugen, weder Füllsel noch Flickwörter. Nirgends quillt der Text über; nie kann ein Wort ohne Verlust übersehen, ohne Belastung hinzugefügt werden.

Dazu kommt die urwüchsige Hebraizität der Bibelsprache, die sich gegen jegliche Übertragung zu stemmen scheint. Das Wort und das Ereignis schmelzen zu einem Ganzen, das es nicht erlaubt, auf ein ursprüngliches *Was* zurückzugehen, das in diesem hebräischen *Wie* zum Ausdruck kommt – aber auch in einem anderen *Wie* zur Sprache kommen könnte. Wer in der Bibel der Form den Inhalt entreißen will, entzweit ein »Ganzes«, das nur in seiner Gesamtheit den vollen Sinn erschließt. Bei jeder Übersetzung in ein anderes Sprachmedium führt das neue *Wie* unvermeidlich zu einem Substanzverlust am *Was*. Und dennoch wähnen sich die meisten deutschen Bibelleser dank Luthers genialem Sprachgespür in Besitz der Fülle der Bibelbotschaft.

So tief sind die Wurzeln, die die Bibel im deutschen Sprachgut geschlagen hat, dass die oberflächliche Vertrautheit oft dem tieferen Schriftverständnis zum Verhängnis wird.

Was geläufig ist, wird oft als bekannt angenommen, denn die von Kind auf gewohnt sind die Bibel zu lesen, verfallen nur allzu leicht der Macht der Trägheit, die den Sinn verwischt, den Text verwäscht und die Prägnanz der Frequenz zum Opfer fallen lässt. Um dieses falsche »Bescheidwissen« um die Bibel aufzurauhen und den Grünspan von den Haushaltsklischees abzureiben, entschloss sich Martin Buber und nach einigem Zögern auch Franz Rosenzweig, gemeinsam die Hebräische Bibel zu verdeutschen. Nach jahrelanger Vorarbeit, die bis an die äußersten Grenzen des Sagbaren vorstieß, kamen sie zu der erstaunlichen Schlussfolgerung, dass die bedeutendsten Übersetzungen – die griechische der Septuaginta, die lateinische des Hieronymus und die deutsche Martin Luthers – nicht ihren Ansprüchen gerecht geworden sind. Der Antrieb für eine wahre Übersetzung müsste aus der hebräischen Lautgestalt erwachsen und darauf ausgehen, den ursprünglichen Charakter der Schrift in Wortwahl, Sinnlichkeit, Satzbau und rhythmischer Gliederung zu erhalten. Um dies zu bewerkstelligen, sollte der Übersetzer über den gegebenen Sprachschatz hinaus nach Ungebräuchlichkeiten, ja, verschollenen Wörtern greifen und dürfte auch keine Neubildungen scheuen, wo der deutsche Wortbestand über keine vollkommene Entsprechung für eine biblische Vorstellung verfügt.

In Anbetracht der Kluft, die Deutsch und Hebräisch voneinander sprachlich trennt, waren sich die beiden Übersetzer der Unvollendbarkeit ihrer Arbeit voll bewusst, aber diese Einsicht war kein Hemmschuh für ihre Bemühungen, das Bestmögliche zu erringen. Ein Ringen zwischen den beiden wurde es in der Tat, denn in der Wiedergabe sprachlicher Eigentümlichkeiten entbrannte bald der akademische Kampf zwischen einer Enthebraisierung dem Deutschen zuliebe und einer Überhebraisierung aus Treue zum Urtext. Nachdem der erste Entwurf druckreif war, rief Rosenzweig aus: »Er ist ja erstaunlich deutsch! Luther klingt dagegen fast jiddisch!«

Hebräischer als alle anderen Bibeleindeutschungen ist er sicher. Ob er nun zu deutsch geraten ist? Der Leser möge selbst anhand der folgenden Beispiele urteilen, wobei zuerst der Bibelanfang nach Buber mit der Lutherbibel (1964) und der Einheitsübersetzung der Katholischen Bischöfe Deutschlands, Österreichs und der Schweiz aus dem Jahre 1980 Zeile für Zeile verglichen wird (Gen 1,1-2):

Buber: *Am Anfang schuf Gott den Himmel und die Erde*
Einheit: *Am Anfang schuf Gott Himmel und Erde*
Luther: *Am Anfang schuf Gott Himmel und Erde*
Buber: *Die Erde aber war Irrsal und Wirrsal*
Einheit: *Die Erde aber war wüst und wirr*
Luther: *Und die Erde war wüst und leer*
Buber: *Finsternis, über Urwirbels Antlitz*
Einheit: *Finsternis lag über der Urflut*
Luther: Und es war finster auf der Tiefe
Buber: *Braus Gottes schwingend über dem Antlitz der Wasser*
Einheit: *Und Gottes Geist schwebte über dem Wasser*
Luther: *Und der Geist Gottes schwebte auf dem Wasser*

Schon im zweiten Vers fällt hier die Neuschöpfung Irrsal und Wirrsal auf, die dem hebräischen TOHUWABOHU nicht nur inhaltlich entspricht, sondern ein Klangpaar von Begriffen schafft, das auch das ungestüme Getöse der Urwelt akustisch nachahmt. Noch fremdartiger mutet der dritte Vers an, der auf hebräisch kurz, fast staccatohaft klingt: WE-CHOSCHÄCH AL PENEI TEHOM. Luther übersetzt diese vier Worte mit Es war finster auf der Tiefe. Die Zürcher Bibel verfeinert dies zu Und Finsternis lag auf der Urflut. Buber sagt Finsternis über Urwirbels Antlitz, wobei Urwirbel dem brausenden Lärm und der Urzeitlichkeit gerecht werden will, die dem hebräischen Worte TEHOM innewohnt.

Interessant ist es, den Gedankengang zu verfolgen, der Buber dazu brachte, den herkömmlichen *Geist Gottes, der über dem Wasser schwebt* mit *Braus Gottes, der über dem Antlitz der Wasser schwingt zu* ersetzen.

Wenn Gott Seinen *Geist* über uns ausgegossen hat, dann ist Er in uns gegenwärtig wie im Sturm, der Bäume entwurzelt, wie die Morgenbrise, die den Tau bringt, und wie unser Odem, der den Inbegriff alles Lebens darstellt.

All dies fasst der Hebräer in dem Wort RUACH zusammen, das sowohl Lautmalerei ist als auch eine Vielschichtigkeit von Bedeutungen zum Ausdruck bringt. Wenn all dies mit Pneuma – Spiritus – Geist übersetzt wird, verliert es seine ursprüngliche Bildhaftigkeit und verflacht zur eindimensionalen Vokabel. Da aber das hebräische Wort RUACH zumindest zwei Bedeutungen – Wind und Geist – besitzt, entschieden sich die einen hier für einen gewaltigen Wind oder »Gotteswind«, während andere vom Geist, oder von einem »Geist Gottes« sprachen. Buber kam zur Schlussfolgerung, dass den beiden Bedeutungen ein gemeinsamer Ursinn zugrunde liegt, der dem Hauchen, Wehen oder Brausen entspricht.

Als ein solches erscheint dem biblischen Menschen sowohl der Wind als auch der Geist des Menschen oder der Gottheit. Im ersten Schöpfungsakt kann daher beides in einem gemeint sein: ein Wehen und Brausen, aus dem die Welt geboren wird, also eine Art Urbrausen.

Von größerer Tragweite ist der Name Gottes, wie ER ihn auf Moses Frage im Dornbusch-Gespräch offenbart. Die meisten Übersetzungen lauten: »*Mose sprach zu Gott: Wenn ich nun zu den Israeliten komme und zu ihnen spreche: Der Gott eurer Väter hat mich zu euch gesandt, und sie mich dann fragen werden: Wie heißt ER? Was soll ich ihnen dann antworten? Gott entgegnete dem Mose: ICH BIN DER ICH BIN! Er fuhr fort: So sollst du zu den Israeliten sprechen: DER »ICH BIN« hat mich zu euch gesandt« (Ex 3,13f.).*

Die drei Schlüsselwörter wurden seit Hieronymus als eine Aussage Gottes über seine eigene Ewigkeit oder, wie die Theologen es nennen, sein AUS-SICH-SELBST-SEIN verstanden, was jedoch dem Genius der Bibelsprache widerspricht, der das Zeitwort »sein« im Sinne einer tatenlosen Existenz gar nicht kennt. Das hier dreimal wiederholte Verbum bedeutet daher nicht »sein«, »existieren«, sondern vielmehr »werden«, »geschehen«, »beisein«. Noch unbiblischer wäre es, hier eine philosophische Behauptung zu erwarten, die so gut wie nichts mit der Lage Moses und seines verknechteten Volkes zu tun hat.

»Welchen Sinn«, sagt Rosenzweig, »hätte wohl für die verzagenden Unglücklichen eine Vorlesung über Gottes notwendige Existenz? Sie brauchen, genau wie der zaghafte Führer selbst, eine Versicherung des Bei-ihnen-Sein-Gottes und brauchen sie im Unterschied zum Führer, der es ja aus Gottes eigenem Munde vernimmt, in der die göttliche Herkunft der Versicherung bestätigende Form einer Durchleuchtung des alten, dunklen Namens« besitzt.

Dem Volke ging es also um das Namensgeheimnis, wie es im Altertum hieß, um Ihn als Retter-Gott zu beschwören. Gott aber antwortete, sie brauchten ihn gar nicht herbeizubeschwören, Er werde ja bei Mose da sein. Er fügt jedoch hinzu – all dies in drei hebräischen Worten –, sie könnten Ihn gar nicht beschwören, denn Er werde nicht in der Form erscheinen, die sie sich wünschten, sondern immer in der von ihm selbst bestimmten Art und Weise – »wie ich eben da sein werde«. Daher übersetzt Buber das Dornbuschgespräch mit folgenden Worten:

»*Mosche sprach zu Gott:*
Da komme ich denn zu den Söhnen Jissraels,
ich spreche zu ihnen: Der Gott eurer Väter schickt mich zu euch,
sie werden zu mir sprechen: Was ist's um Seinen Namen?
Was spreche ich dann zu ihnen?
Gott sprach zu Mosche:
Ich werde da sein, als Der Ich da sein werde.
Und ER sprach: So sollst du zu den Söhnen Jissraels sprechen:
Ich bin da schickt mich zu euch.«

Also nicht im Iterativ der Dauer, sondern im ewigen Präsens der hilfreichen Anwesenheit.

Ein anderes Beispiel für den Expressionismus der Buberschen Sprache liefert das 16. Kapitel aus der Genesis. Wenn Luther die kinderlose Sara zu ihrem Manne sprechen lässt: »*Lieber, lege dich zu meiner Magd, ob ich doch vielleicht aus ihr mich bauen möge,*« *so* missversteht er das hebräische Zeitwort »jibbané«, das zwar im Allgemeinen »sich erbauen« bedeutet, jedoch hier (Gen 16,2) und an noch einer anderen Stelle (Gen 30,3) vom Worte

»BEN« (der Sohn) hergeleitet wird und natürliches Kinderkriegen beschreibt.

Hier jedoch ist die Rede von jenem primitiven Rechtsakt, der als Adoption durch Scheingeburt bekannt ist und der in der zweiten Bibelstelle – wo Rahel zu Jakob wie Sara zu Abraham spricht – mit folgenden Worten zum Ausdruck kommt:

»*Auf dass sie auf meinen Knien gebäre.*« Die Unfruchtbare nimmt also die Gebärende auf ihren Schoß, womit sich die Identifikation vollzieht: Ihr Schoß ist es nun, aus dem das Kind zur Welt kommt. Sie ist, wie es – in alten deutschen Urkunden heißt »bekindet« worden; das meint sowohl Sara wie auch die kinderlose Rahel, als sie Jakob ihre Magd zum Weibe gibt: »*Geh zu ihr ein, dass sie auf meinen Knien gebäre und ich aus ihr bekindet werde*« (Gen 16,2 und 30,3). Leihmütter sind also keine Novität der heutigen Zeit.

Weniger überzeugend sind Bubers sprachlichen Versuche im Bereich der sakralen Kultbegriffe. Da der allgemeine Terminus »Opfer« mit seinen Unterabteilungen Speiseopfer, Brandopfer, Dankopfer etc. zu nahe dem Opferwesen der heidnischen Götzendienste steht, ging Buber auf das Verhältnis des Opfernden zu seinem Gott zurück, wie es im hebräischen Zeitwort anschaulich zum Ausdruck kommt. Der Sammelname KORBAN wird so von einem Verbum abgeleitet, das »nahen«, »sich nähern«, bedeutet, denn der Ursinn jedes Opfers ist es ja, Gott näher zu kommen. So verdeutscht er das vertraute Wort Opfer mit dem hebräisierenden Wort »Darnahung«; das Brandopfer wird zur »Darhöhung« und das Speiseopfer zur »Hinleite«. Hier wird die Entfremdung, die der Übersetzer zwar beabsichtigt bis zur Unerträglichkeit gesteigert. Wie zweideutig diese Wörtlichkeit oft werden kann, beweist die Ersetzung des Wortes Altar mit »Schlachtstatt«, da am Altar eben geschlachtet wurde – eine blutige Tatsache, die das hebräische Wort »Misbeach« unverhohlen bezeugt. Solch funktionelle Eindeutigkeit war zwar für den Bibelmenschen gang und gäbe, wird aber von heutigen Bibelkennern als entweihend empfunden.

Ähnlich erging es Buber mit der allzu treuen Übersetzung von »Elil«, das »Nichtigkeit«, »ein Nichts«, aber zumeist einen »nichtigen Götzen« bezeichnet, wie es die meisten Verdeutschungen wiedergeben. Da aber die ursprüngliche Bezeichnung auf »Gott« mit anklingt, heißen sie bei Buber »Gott-Nichtse« – was für viele Leute an Lästerung grenzt.

Nach dem II. Vatikanum wurde es allmählich den meisten Bibelforschern in beiden Kirchen klar, dass es einer neuen Bibelübersetzung bedurfte, um die erste Glaubensquelle aller Gläubigen sowohl deutlich als auch relevant zu machen. Um eine gemeinsame Übersetzung ging es, denn wenn die ökumenische Bewegung Sinn und Zukunft haben sollte, musste sie ihren Annäherungswillen zu allererst in einer universalen Version der Heiligen Schrift bezeugen. Und deshalb erarbeitete im Juli 1967 eine gemeinsame Kommission der Katholischen Einheitsübersetzung und des Evangelischen Bibelwerkes als ersten Schritt die so genannten »Loccumer Richtlinien« zur einheitlichen Schreibung biblischer Eigennamen und Abkürzungen aller biblischen Bücher.

So werden die deutschen Katholiken Abschied nehmen müssen von Isaias, der nun quellengetreuer »Jesaja« heißen wird, und die evangelischen Christen von Hiob, der jetzt wie auf hebräisch »Ijob« genannt wird.

Doch auch sprachliche Richtlinien für die Übersetzergruppen wurden endlich festgelegt, die den goldenen Mittelweg zwischen Urtexttreue und Verständlichkeit zu finden bestrebt sind. So kam die Übersetzung des so genannten »Protoevangeliums« in Gen 3,15, von dem schon die Rede war, nur unter schwersten Geburtswehen zustande. Der hebräische Text benutzt dort für das, was »*der Same der Frau*« dem Kopf der Schlange zufügt, und für das, was die Schlange dem Weibessamen an der Ferse zufügt, ein und dasselbe Zeitwort *schuf*, das eine ruckartige, heftige Bewegung bezeichnet. Die meisten Übersetzer geben dieses Wort in der Regel doppelt wieder: das erste Mal mit »*zertritt dir den Kopf*«, das zweite Mal mit »*schnappt nach deiner Ferse*«. Buber löste das Problem mit einer sprachlichen Annäherung: »*Er stößt dich auf das Haupt; du stößest ihm in die Ferse.*« Die ökumenische Übersetzergruppe griff zuerst diesen Gedanken auf, aber änderte ihn später zu: »*Er zerstößt dir den Kopf; du stößt ihn nach der Ferse.*«

Da jedoch das Zerstoßen des Kopfes einer Schlange einigen Übersetzern sachlich unmöglich erschien, formulierten sie den ersten Satzteil um: »*Er stößt dir nach dem Kopf*«. Doch auch dagegen erhoben sich zahlreiche Proteste. So verfiel man schließlich auf den Ausweg, eine blassere Formulierung zu versuchen, die dann schließlich für die erste Probeveröffentlichung zugelassen wurde: »*Er trifft dich am Kopf; du triffst ihn an der Ferse.*« Jetzt bleibt der deutsche Text verschiedenen Deutungen ebenso offen wie der hebräische – was viel ehrlicher ist, als dem Leser eine messianische Anspielung aufzuzwingen.

Hilflos stehen alle Übersetzer vor den so genannten Namensätiologien des Buches Genesis, das heißt vor den Stellen, wo die Bibel den Namen einer Person, einer Stadt oder eines Heiligtums durch eine Begebenheit aus der Vorzeit erklärt. Meistens wird dann die Begründung für die Namensgebung durch ein ausdrückliches »weil« oder »denn« bestärkt, was den deutschen Bibelleser, der den sprachlichen Hintergrund nicht kennt, verblüffen oder verwirren muss. So heißt es von den Jakobssöhnen in Gen 29: »*Jetzt endlich wird mein Mann an mir hängen (...) darum nannte sie ihn LEVI*« – was Anhang bedeutet (Gen 29,34).

»*Diesmal will ich dem Herrn danken (...) darum nannte sie ihn Juda*« – was »Dank« bedeutet (Gen 29,35).

»*Lea sagte: Ich Glückliche (...) so nannte sie ihn (ihren Sohn) ASCHER*« – das Glückskind (Gen 30,13).

»*Lea sprach: Glückauf! So nannte sie ihren Sohn GAD*«, was Glückspilz heißt (Gen 30,11). Nach langer Diskussion wurde beschlossen, die hebräischen Namen unverändert zu geben, aber ihre wörtliche Bedeutung in Klammern hinzuzufügen.

Wie schwierig es oft ist, auch sprachlich klar gegliederte und exegetisch problemlose Texte in gutes Deutsch zu übersetzen, beweist das harte Ringen um die Verdeutschung der Zehn Gebote. Nach einer tagelangen Diskussion in der Vollversammlung aller

Mitarbeiter der Übersetzungskommission konnte in allen Punkten schließlich Übereinstimmung erzielt werden – mit Ausnahme des sechsten, nach katholischer Zählung des fünften Gebotes.

»*Du sollst nicht töten!*« So stand es in fast allen Bibelübersetzungen seit Luther, worauf sich alle Wehrdienstverweigerer und Gegner der Todesstrafe seit Generationen berufen haben. Nun steht aber in der Hebräischen Bibel das Verbum »razach«, das nicht jede beliebige Art zu töten meint, sondern ausschließlich ein Töten, das außerhalb des Gesetzes geschieht. Es kann je nach dem Zusammenhang »ermorden«, unabsichtlich töten« oder »in Leidenschaft töten« bedeuten. Nie aber wird das Verbum gebraucht für das Töten im Krieg oder für die gesetzliche Hinrichtung von Verbrechern. Es bietet daher keine Handhabe für die Abschaffung der Todesstrafe noch gegen die Ableistung des Wehrdienstes.

Um dies zu verdeutlichen, schlugen die Übersetzer zunächst vor, das Verbot mit den Worten »*Du sollst nicht totschlagen!*« wiederzugeben. Dagegen wandten die Juristen ein, dass Totschlag nach deutschem Recht den Mord ausschließt, was dem Sinn des Zehngebotes widersprechen würde. So entschied man sich, mit Buber, den Terminus zu wählen, der ein unerlaubtes Töten am stärksten disqualifiziert: »*Du sollst nicht morden!*«

Diese wenigen Beispiele mögen vergegenwärtigen, wie schwierig die Arbeit an einer sachgerechten Bibelübersetzung ist, wie viel Mühe hinter der Verdeutschung steckt und wie unbefriedigend auch die beste Übersetzung bleiben muss.

Denn jede Übersetzung übt Ersetzung im Sinn, im Klang oder in der Bedeutsamkeit, sie ist im Vorhinein dazu verdammt, Ersatz zu sein.

Wie hart das Brot eines gewissenhaften Bibelübersetzers ist, mögen noch folgende Erwägungen erhellen:

Viele Stellen der Schrift sind durch noch so genaue Übersetzung allein nicht zu verstehen. Vor allem gilt das für gängige, abgeschliffene »Wortmünzen« wie Gnade, Glaube, Sünde und Buße, die die Missverständnisse von Jahrtausenden mit sich schleppen. Feierlich klingende Ungenauigkeiten schicken den

Leser aber ebenso in die falsche Richtung. Ein Zuviel an modischer Umgangssprache ist genauso abträglich wie ein altertümelnder Stil, der so etwas wie Kerzenschimmer und Weihrauchduft über den Text breitet, und so den Leser hindert, zu hören was die Bibel ihm sagen will.

Einerseits zerbricht die nüchterne Trockenheit die Schranke der Feierlichkeit, die ›Das Wort‹ vom Alltag fernhält und der Profanität entrückt, andererseits sollte der Fabulierlust nicht zu viel Freiraum gewährt werden, denn sprachliche Zuckerbäckerei, Füllsel und Würzwörter klingen meist genauso weihelos wie übertriebene Knappheit. Unmut erregen aber auch so genannte »moderne« Übersetzungen, die die ursprüngliche Straffheit durch Geschwätzigkeit ersetzen, indem sie erläuternde Kommentare in den Text hineinschmuggeln. Oft trennt hier eine einzige Vokabel zwischen Frivolität und Solennität. Nicht zuletzt: Indem der wohlmeinende Übersetzer die anders gewordene Sprache in der anders gewordenen Zeit an veraltete Wörter bindet, verfremdet er häufig die Bibel und nimmt dem Leser den Anreiz zur Lektüre. Nur wer sein Ohr sensibilisiert für die feinsinnige Unmittelbarkeit der Bibel, wem es gegeben ist, die Worte auf die Spitze zu treiben und der Sprache ein Äußerstes abzugewinnen, der möge sich an die Übersetzung Der Schrift heranwagen.

Lässt sich die Hebräische Bibel übersetzen? So lautete unsere Eingangsfrage. Gewiss. Doch nie darf eine Übersetzung als vollkommen, endgültig oder für alle Zeiten gesichert gelten; jedes Zeitalter wird seine eigene zu erarbeiten haben. Vollzogene Offenbarung ist stets Menschenleib und Menschenstimme, und das heißt immer: dieser Leib und diese Stimme im Geheimnis ihrer Einmaligkeit. Wer den Urlaut und den Ursinn sucht in ihrer ganzen Fülle, frei von jeder Hülle, der muss zur hebräischen Quelle zurückgehen.

Fehlübersetzungen und Unübersetzbarkeiten in der hebräischen Bibel

Was ist dieses so genannte »Alte Testament«, das mit Recht die hebräische Bibel oder, besser noch, das »Buch der Bücher« genannt wird? Im Grund ist es ein Sammelband von Gotteserfahrungen und Dialogen zwischen Juden und dem Herrn der Welt: ein Zwiegespräch zwischen Schöpfer und Geschöpf, das im alten Israel begonnen hat und seit damals überall weitergeht. Für Juden ist es nicht »alt«, sondern ein immergrüner »Baum des Lebens« (Spr 3,18), nicht ein »Testament« im landläufigen Sinne des Wortes, denn der lebendige, weiterführende Gott macht keine letztwilligen Verfügungen, sondern »ein schlichtes Buch«, wie Heinrich Heine sagt, »bescheiden wie die Natur, auch natürlich wie diese; ein Buch das werkeltätig und anspruchslos aussieht wie die Sonne, die uns wärmt, wie das Brot, das uns nährt (...) Wer seinen Gott verloren hat, der kann ihn in diesem Buche finden. Und wer ihn nie gekannt, dem weht hier entgegen der Odem des göttlichen Wortes.«[21]

Martin Luther, kein Freund der Juden, schreibt in seiner Vorrede zur hebräischen Bibel:

»Dies ist Die Schrift, die alle Weisen und Klugen zu Narren macht, und allein den Kleinen und Einfältigen offen steht (...) Halte von dieser Schrift als von dem allerhöchsten, edelsten Heiligtum, als vor der allerreichsten Fundgrube, die nimmermehr ausgegründet werden mag. Auf dass du die göttliche Weisheit finden mögest, welche Gott hier so schlicht und einfach vorlegt, dass Er allen Hochmut dämpfe.«[22]

Über den Einfluss dieses Glaubensbuches der ersten Offenbarungsreligion, das auch die einzige Bibel Jesu, seiner Urgemeinde und der frühen Christenheit bis weit ins 2. Jahrhundert hinein war, schreibt der katholische Theologe Franz Mussner: »Jesu Lehre, befrachtet mit dem großen Erbe Israels (...) verbreitete sich mittels der christlichen Mission in die Völkerwelt hinein (...) Es wirkt wie ein Sauerteig in ihnen, vielfach auch noch im säkularisierten Bewusstsein unserer Zeit. Die Völker lernten und lernen in jüdischen Kategorien zu denken und zu sprechen. Die Welt wurde durch Jesus von Nazareth jüdisch.«[23]

In der Tat, kaum ein anderer Kernsatz hat das Weltbild des Abendlandes entscheidender geprägt als die biblischen Anfangsworte: »*Am Anfang schuf Gott*« (Gen 1,1). Keine Satzung hat weiteren Anklang gefunden als das Bibelwort »*Am siebenten Tage sollst du ruhen!*« (Ex 20,9ff.).

Kein Auftrag ist erhabener als »*Heilig sollt ihr sein!*« (Lev 19,2). Kein Gebot war je folgenreicher als »*du sollst deinen Nächsten lieben!*« (Lev 19,18).

Kein Zuspruch erwies sich tröstlicher als »*Der Herr ist mein Hirte.*« (Ps 23,1). Kein Imperativ ist herausfordernder als »*Der Gerechtigkeit sollst du nachjagen!*« (Dtn 16,20). Und keine Vision ist hoffnungsvoller als »*Sie werden ihre Schwerter in Pflugscharen umschmieden*« (Jes 2,4).

Diese Bibelworte haben Weltreiche und Jahrtausende überlebt, ohne ein Jota von ihrer allmenschlichen Gültigkeit einzubüßen. Im Gegenteil: in Hunderten von Versionen und Dutzenden von Auslegungen wurden sie zu den geistigmoralischen Grundlagen der abendländischen Zivilisation.

Sie sind auch im Urgestein des Christentums so tief verankert, dass man sich kaum noch ihres jüdischen Ursprungs bewusst ist. Dieses Buch, vor allen anderen Büchern der Menschheit, durfte nicht im Schatzhaus der Hebräer verbleiben, sondern war dazu bestimmt, Weltgeschichte mitzugestalten. Um dies zu bewerkstelligen, musste Die Schrift übersetzt werden, vorerst ins Griechische, der Kultur- und Kultsprache des alten Orients; dann ins Lateinische des Hieronymus und später in die sächsische Kanzleisprache von Martin Luther.

Da der Ruf und die Einladung Gottes an alle Völker gerichtet ist, war diese Übertragung der 70 (die so genannte SEPTUAGINTA) sicherlich historisch wie auch theologisch notwendig. Dass es dabei aber zu wesentlichen Sinnveränderungen, Zerrbildern und Fehlübersetzungen kommen musste, ist heute ebenso klar. Denn die Denkstrukturen, die Mentalität und der Sprachgeist von Athen und Jerusalem sind so verschieden voneinander, dass sie, rein semantisch, kaum zu überbrücken sind. Schon Moses Hess hat in seinem Werk »Rom und Jerusalem«[24] vor 120 Jahren die Eigentümlichkeiten der hebräischen Mentalität im Kontrast zur griechischen trefflich analysiert. Der Hebräer lebte und fühlte akustisch, was zu einem tieferen Verständnis der Dynamik des Lebens führte. Da der Werdegang des Menschen und seiner Umwelt für ihn das hauptsächliche in diesem Erdendasein war, wurde für ihn die Zeit zum Maß aller Dinge.

Der Grieche hingegen, und nach ihm das ganze Abendland, sah und betrachtete die Welt so, dass das Auge als sein Hauptorgan den Akzent auf Räumlichkeit und auf den statischen Zustand der Dinge setzte.

Um das Wesen der Dinge zu erfassen, sieht der Grieche von den wechselnden Zufälligkeiten ab; er abstrahiert, um das Bleibende als ihre Seele zu erfassen.

Nicht so der Hebräer, für den die ewige Wandlung und Bewegung zum Wesentlichen aller Dinge auf Erden gehört. So ist im Hebräischen, wie Johann Gottfried Herder schon bemerkte,[25] alles um das Zeitwort aufgebaut, denn alles lebt und handelt. Die meisten Hauptwörter sind von Zeitwörtern hergeleitet. »Die Sprache der Bibel ist gleichsam ein Meer von Wellen, wo Handlung gegen Handlung rauschet (...) An Abstraktionen ist sie arm, aber an sinnlichen Darstellungen reich,« denn in ihrer Schlichtheit besitzt sie große Wirklichkeitsnähe. Sie ist ein ideales Medium, um anschaulich und spannend zu erzählen. Nicht durch Definition oder Aufzählung imposanter Eigenschaften bringt sie ihren Stoff an den Hörer, sondern durch ihre vibrierende Rede lässt sie ihn die erzählten Ereignisse miterleben. Dabei vermeidet sie die ausführliche Schilderung der griechischen Epik, um oft nur in wortkargen Andeutungen wie in der Erzählung von Isaaks Bindung oder in schweigsamer Verhaltenheit wie in der Himmelfahrt des Elias die Handlungen zu verinnerlichen und sie den hellhörigen Leser mitempfinden zu lassen.

Auch die bedeutendsten Übersetzungen Der Schrift – die griechische allen voran – hatten den hebräischen Urlaut in den Geist der eigenen Sprache umgegossen, wobei es oft zu folgenschweren Verkürzungen, Sinnverschiebungen und Umdeutungen kam, die weder den Lauten noch dem sachlichen Inhalt der Bibelworte die Treue hielten.

Vor allem sei auf fünf hebräische Schlüsselbegriffe hingewiesen, die in ihren Fehlübersetzungen (oder deren Unübersetzbarkeit) zu wesentlichen Entstellungen im Verständnis des hebräischen Kanons geführt haben.

Das Gesetz

Rund dreihundertvierzigmal kommt dieser Ausdruck in allen Verdeutschungen Der Schrift vor (als Bezeichnung für die gesamte hebräische Bibel oder das Fünfbuch Moses); etwa zweihundertmal im Alten Testament und einhundertvierzigmal im Neuen Testament.

Das ist jedoch grundfalsch – sowohl inhaltlich als auch sprachlich, denn was damit gemeint ist, heißt im Urtext »Thora« und bedeutet in seiner richtigen Übersetzung »Lehre« oder »Weisung«. Sie enthält rein quantitativ viel mehr Frohbotschaft, Verheißung, Erfüllung, Heilsgeschichte und Ethos, als eigentliche »Gesetze«, Satzungen und Vorschriften, die allesamt ein humanes Ethos und soziale Gerechtigkeit zu fördern bestimmt sind. Über zwei Drittel der hebräischen Bibel haben jedoch nicht das Geringste mit Gesetzlichkeit zu tun, sondern sind dem Heilshandeln Gottes mit seinem Volk Israel gewidmet; Im christlichen Sinne des Wortes ist die Thora vor allem und hauptsächlich »Evangelium«, die Frohbotschaft von der Liebe Gottes und der Freiheit aller Adamskinder.

Alle Freiheit, die jedoch nicht freiwillig »das Joch des Himmelreiches auf sich nimmt«, wie die Rabbinen ihre göttliche Weisung vom Sinai benennen, führt zwangsläufig zur Anarchie und, letzten Endes, zur ärgsten Unfreiheit: der Selbstversklavung an alles triebhaft Unmenschliche, das noch immer in jedem Menschenherzen gärt und giert. Was diese Thora dem Juden bedeutet – und Jesu thoratreues Judesein bleibt auch für die Christologie unverzichtbar –, lässt sich aus der täglichen Liturgie der Synagogen ablesen, (in denen er zu predigen pflegte).

Eine ihrer zentralen Segenssprüche handelt von der Schenkung der Thora am Sinai, die, wie bekannt, zur Volkswerdung Israels geführt hat. Ihr Name ist jedoch weder »Offenbarung« noch »Weisung« oder gar »Gesetz«, sondern »Ahawa« und das heißt »Liebe«. Denn es ist die Fülle der himmlischen Liebe, die sich in der Gnadengabe der Thora äußert, für die die Juden alltäglich Dank sagen: »*Mit unendlicher Liebe hast du dein Volk, das Haus Israel, geliebt. Thora und Gebote, Gesetze und Satzungen hast du uns gelehn. Darum, Herr, unser Gott, wenn wir uns niederlegen und wenn wir aufstehen, sprechen wir von deinen Gesetzen und freuen uns und frohlocken ob der Worte der Lehre deiner Thora und deiner Gebote immerdar. Denn sie sind unser Leben und die Dauer unserer Tage (...) So möge denn deine Liebe nimmer von uns weichen.*«

Für Juden ist die Thora seit hundert Generationen eine aufregende, leidenschaftliche, aber vor allem eine liebenswerte Sache, etwas, das man genießen, über das man sich auch freuen kann, mit dem man sogar lachen darf. Denn sie ist Trost in der Not, Hoffnung in der Mutlosigkeit und ein Faustpfand der Zuversicht, wo immer Drangsal und Verfolgung droht. Man hält die Thora freiwillig, weil sie Liebe einflößt und zur höheren Menschwerdung ruft. Mit anderen Worten: ohne die befreiende Frohbotschaft des Exodus kein Sinai der Gottesgebote. Aber ohne den Sinai mit seiner Gottesweisung kein aktives Leben-im-Glauben. Denn genau wie der Jude sich diese Welt nicht ohne Gott und Israel nicht ohne die Völkerwelt vorstellen kann, zu deren Diakonie er berufen wurde, genauso sind für ihn Liebe und Gebot kein Gegensatz, sondern Harmonie, denn aus Liebe wurde die Thora gegeben, und aus Liebe wird sie auch befolgt. »*Ihre Wege sind Wege der Anmut*«, sagt die Liturgie von ihr, »*und all ihre Pfade führen hin zum Frieden.*« Drei Jahrtausende jüdischer Glaubenskraft und jüdischer Weltbejahung haben diese Feststellung vollauf bewahrheitet.

Wenn all diese Sinnfülle auf die kalte Vokabel »Gesetz«[26] reduziert bzw. verarmt wird, was Wunder, dass die Thora-Treue Jesu (vgl. Mt 5,17ff.) und seines Volkes für Generationen von christlichen Theologen zum »trockenen Formalismus« oder zum »unfruchtbaren Legalismus« pervertiert worden sind.

Mehr noch: im Heidelberger Katechismus, der bis heute für die Reformierte Kirche als verpflichtend gilt, lautet seit über vier Jahrhunderten die dritte Frage:

»*Woher erkennst du dein Elend?*«. Worauf die Antwort schwarz auf weiß besagt: »*Aus dem Gesetz Gottes.*« In diesem Sinne schreibt kein geringerer als Joachim Jeremias:

»Diese ganze Gesetzgebung ist Menschenwerk und ist im Widerspruch zu Gottes Gebot«[27]. Heinrich Schlier zufolge ist »Das *Gesetz* für die Juden eine Schlinge geworden, in der sie sich verfangen haben.«[28]

Nach Adolph Schlatter versucht der Jude »mit dem Gepränge der Verehrung des *Gesetzes* (...) seine inwendige Entfremdung von Gott zu decken.«[29]

So konnte also die heilige Gotteslehre Israels, deren ewige Gültigkeit Jesus wiederholt betonte, zur schwarzen verächtlichen Hintergrundfolie des »Gesetzes« verfälscht werden – nur um das Licht des (angeblich) gesetzesfreien Christentums noch heller aufstrahlen zu lassen. Fazit: All die gedankliche Fülle, die dem Begriff »Thora« als Grundlage des gesamten Judentums innewohnt, kann in keine Fremdsprache ohne beträchtlichen Substanzverlust übertragen werden. Die beste verbale Annäherung wäre auf deutsch vielleicht »Gotteslehre« oder »Gottesweisung«. Was semantisch und sinngemäß bestimmt falsch ist und ein schiefes Licht auf das Judentum wirft – wie auch auf Jesus – ist die landläufige Verzerrung in »Das Gesetz«.

Der Prophet

»Der Prophet« kommt über einhundertvierzigmal in den verschiedenen Verdeutschungen der hebräischen Bibel und rund einhundertdreißigmal im Neuen Testament vor; in der Ersteren meist im Zusammenhang mit dem Gotteswort, das an ihn ergeht; im Letzteren meist als Gewährsmann für so genannte »Beweiszitate«, die die Erfüllung aller Verheißungen durch Jesus bezeugen sollen. Doch woraus besteht denn das ursprüngliche Prophetenamt im alten Israel? Was gehörte dazu – und was nicht?

Die Bibel schildert eine ganze Reihe von Tätigkeiten, die als *prophetisch* gelten. So z. B. war Iddo der Hofhistoriker von König Salomo. Die Propheten Gad, Nathan und Ahoach taten desgleichen, wie es auch von einem ihrer Kollegen heißt: »*Die Geschichte des Königs Rehabeam aber steht geschrieben in der Chronik des Propheten Schemaja*« (2 Chr 12,15).

Musizieren war eine zweite Funktion dieser Künder, die, wie viele heutige Pastoren, alle verfügbaren Medien in den Dienst ihrer Predigt stellten. So lesen wir im ersten Buch der Chronik (25,1): »*Und David sonderte aus zum Gottesdienst die Söhne Asafs, Hemans und Jedutuns, – Prophetenmänner, die auf Harfen, Psaltern und Zimbeln spielen sollten.*«

Als Fürsprecher traten sie bereits zu Abrahams Zeiten auf, von dem Gott zu König Abimelech im Traum verkündet:

»*Nun aber gib die Frau des Mannes zurück, denn er ist ein Prophet, und er wird für dich beten, so dass du am Leben bleibst*« (Gen 20,7).

Von Mose, der als größter der »Propheten« gilt, heißt es, dass es seine Fürbitte nach der Sünde des Goldenen Kalbes war, die das göttliche Strafgericht vom Volke abwendete (Ex 32,11ff; Num 14,13-19). Ja, er betet mit Erfolg nicht nur für Mirjam (Num 12,13) und für Aron, den Hohepriester (Dtn 9,20), sondern nicht weniger als achtmal für Pharao und die mit Plagen geschlagenen Ägypter, was wohl als erstes Vorbild praktizierter Feindesliebe gelten darf.

Die Heilung von Kranken gehörte des Öfteren zur prophetischen Sendung wie etwa bei Elischa, der den aramäischen Feldherrn Naaman vom Aussatz heilt (2 Kön 5,8-16) und Elija, der den toten Sohn der Witwe von Sarepta wiederzubeleben vermag (1 Kön 17,17-24).

Etliche der »Propheten« missionieren auch mit vollem Einsatz wie etwa Jeremia (10,1ff.), der schon ein halbes Jahrtausend vor Paulus seine Sendboten in die Heidenwelt hinausschickt. Und da Gott und Mensch im Weltbild des Judentums Partner am fortschreitenden Heilswerk der Weltverbesserung sind, darf auch das Geschöpf seinem Schöpfer widersprechen, Vorwürfe äußern, Protest erheben – bis an den Rand der Rebellion.

So hadert Abraham mit Gott um Sodom und Gomorra (Gen 18,23ff.); sein Enkel Jakob ringt mit dem Engel des Herrn die ganze Nacht hindurch (Gen 32,23ff.), und die »Propheten« bezeugen ihre Streitbarkeit ohne Verzug: »*Herr, ich muss mit dir rechten!*« So hadert Jeremia mit seinem Gott: »*Warum geht's doch den Gottlosen so gut, und die Abtrünnigen haben alles in Fülle?*« (Jer 12,1-2).

»*Herr, wie lange soll ich noch schreien – und du willst nicht hören? (...) Wie lange soll ich zu dir rufen: Frevel! Und du willst nicht helfen?!*« So lautet die Anklage des Habakuk (Hab 1,1-3). In derselben Tonart äußert sich auch Ijob, der zwar als Heide gilt, aber zu den großen »Propheten« zählt. Mit Nachdruck pocht er auf sein gutes Recht – auch wenn seine Worte an Blasphemie zu grenzen scheinen: »*So wahr Gott lebt, der mir mein Recht verweigert (...) an meiner Gerechtigkeit halte ich fest und lasse sie nicht*« (Ijob 27,2-6).

Es bedarf nur geringer Vorstellungskraft, um sich auszumalen, wie solche Boten, die sogar Gott zur Rechenschaft zu ziehen wagen, mit ihren eigenen Landesherren umgegangen sind, sobald diese der Machtgier zum Opfer fallen. So schreit der »Prophet« Samuel den Saul öffentlich an: »*Du hast töricht gehandelt (...) und getan, was Gott missfiel (...) Nun wird Dein Königtum nicht länger bestehen!*« (1 Sam 13,13ff.; 15,17ff.). Nicht weniger unwirsch verdammt Elia seinen König Ahab als »*Dieb und Mörder*«, während der »Prophet« Nathan nicht zögert, König David vor seinen Gefolgsleuten unumwunden anzuprangern: »*Du bist der Mann (...) der Arme beraubt und Ehebruch begeht!*« (Sam 12,7ff.).

Von dieser kühnen Machtkritik war es nur ein kleiner Schritt zur politischen Aktivität aller Gottesmänner im alten Israel. So widmet Jesaja ganze Kapitel der von ihm empfohlenen Strategie; Jeremia fordert eine höchst unpopuläre Außenpolitik seiner Regierung; Amos mischt sich ganz unverschämt in die Sozialpolitik der Aristokratie ein, und ihre Kollegen geißeln die moralischen Missstände in ihrem Königreich mit hemmungsloser Freimütigkeit. Das waren weder fromme Sonntagspredigten noch harmlose parlamentarische Oppositionsreden, sondern theopolitische Kampfansagen, die in allen Fällen lebensgefährlich waren – zuerst für die Ankläger selbst, letztlich aber auch für die Könige im alten Israel, deren Herrschaft zeitlebens der »prophetischen« Kritik unterworfen blieb.

Vor allem aber war es die hauptsächliche Aufgabe der »Propheten«, als Gewissen des Volkes die Sehnsucht nach dem Rechten und dem Guten zu erwecken; und wie jedes aktive Gewissen lag es an ihnen, Israel zu beißen, mit beißender Ironie zu überschütten und durch bissige Kritik wachzurütteln. Im Grunde ist die Mitte der Gesamt-Botschaft aller »Propheten« ein einziger lautstarker, immer wieder ertönender Ruf zur Umkehr: ein unüberhörbarer Appell zur Abkehr von der Vergötzung von Dingen wie etwa Reichtum, Rüstung und Nachhuren nach irdischen Ab-Göttern – auf die eine Hinkehr zum Gott der Väter folgen soll als Heimkehr zur ursprünglichen Gotteskindschaft aller Gläubigen.

Dieser Prophetenschrei kann als Mahnrede, als schroffe Zurechtweisung, in Form von furchterregenden Weherufen, als apokalyptisches Drohwort oder als brutale Schelttirade, aber auch als bedingte Heilszusage oder als Lockruf der Liebe Gottes erklingen. Alle Register der Polemik und der Rhetorik werden gezogen, um Israel zurückzurufen zu seinem Vater im Himmel, der auf die Reumut seines Volkes wartet. Kurzum, die »Propheten« beschäftigen sich mit allem Möglichen – oft auch Unmöglichen – mit einer bemerkenswerten Ausnahme: der eigentlichen Prophetie im klassischen Sinne des Wortes, nämlich als das Vorhersagen der Zukunft. Der hebräische NAWI war ein Hüter des Bibelethos, ein Beunruhiger der angeblichen Heilsbesitzer, ein Anprangerer aller Ungerechtigkeit, ein Rüger der

Machtgier und der Ausbeutung, aber vor allem der Zerstörer des Aberglaubens, dass Gott ein Erfolgslieferant sei. Nicht zuletzt ist er der Enttäuscher all jener, die Gott in eine Versicherungsanstalt umfunktionieren wollen, um totale Geborgenheit zu erkaufen. Mit einem Wort: ihr unbequemes Amt war der ewige Einspruch, den sie im Namen Gottes gegen alles Ungute und Herzlose zu erheben hatten. Indem sie unaufhörlich protestierten, waren sie wohl die ersten »Protestanten« Gottes und zwar auf ganz »katholischer« Ebene, d. h. allumfassend und universal, bis an die Enden der Welt. All dies gehörte zu ihrer Berufung, aber was Gott wirklich tun würde – morgen, nächste Woche oder übers Jahr, das wussten sie im Grunde nicht.

Erst mit der Übersetzung der hebräischen Bibel ins Griechische kam es zur Hellenisierung des NAWI, wie er in seiner Muttersprache heißt, zum Propheten (von gr. »pró-phemi« voraussagen) als Wahrsager, Weissager oder Vorauswisser künftiger Ereignisse – alles Leute, die zur Zunft der Orakeldeuter von Delphi gehören. Kurzum; zuständig für all jene sagenumwobene Entschleierung der Zukunft, die wir heute schlechthin als Prophezeiung bezeichnen. Der Bereich des biblischen *Künders* hingegen, wie Buber ihn verdeutscht, war vor allem die Gegenwart und jene unbefristete Endzeit der messianischen Erfüllung, die ihre Visionen so lebhaft vergegenwärtigt und beschwingt.

Was die Zukunft betrifft, wird sie niemals als Voraussage verkündet, sondern als bedingte Alternative, die ihre Hörer vor die freie moralische Wahl stellt: Wenn ihr von Gottes Wegen abirrt, wird euch seine Strafe treffen; falls ihr jedoch beizeiten euren Wandel bessert, wird Gott euch wieder Seine Gnade schenken – so heißt es immer wieder in tausend Variationen. Was im Grunde alle Künder in Israel kennzeichnet, ist ihre poetische Bilderrede, die aller Wortwörtlichkeit spinnefeind ist, und der Zweiertakt ihrer Pädagogik, die mit einer aufpeitschenden Drohbotschaft beginnt und regelmäßig mit einer tröstlichen Frohbotschaft ausklingt; wobei die Erstere niemals als unveränderliche Weissagung gegolten hat, sondern als Abschreckung, die sowohl durch Israels Umkehr als auch durch Gottes Gnadenliebe rückgängig gemacht werden kann.

Ja, in der rabbinischen Überlieferung wird der »Prophet« sogar als derjenige bezeichnet, der alltäglich mit Inbrunst darum betet, dass seine Unheilsdrohungen *nicht* in Erfüllung gehen mögen. Mehr noch! Als Hanenja, »der Prophet«, der Stadt Jerusalem das Heil der Befreiung verkündet im Widerspruch zu Jeremia, der der Stadt Unterwerfung unter das babylonische Joch predigt, kann der Letztere mit vollem Herzen den Worten seines Gegners hinzufügen: »*Amen! Der Herr tue so! Der Herr bestätige dein Wort, das du verkündet hast!*« (Jer 28,6). Der Talmud widerspricht hier all jenen, die aus dem Schrifttum der Künder hieb- und stichfeste Voraussagen entnehmen wollen: »Kein Prophet verkündet etwas anderes, als das was sein soll – aber nicht sein muss« (Toss zu b Jebamot 50 a).

So wird ganz folgerichtig keiner der »Propheten« der Bibel als makellos oder unfehlbar dargestellt, sondern ganz und gar als gebrechlicher Mensch, der fehlen kann, der irren darf – und der selten jenen Anklang fand, den er sich so sehnlich wünschen musste. Im Buche Esther lesen wir: »*Da tat der König Xerxes seinen Ring von der Hand und gab ihn Haman, dem Erzfeind der Juden (...), der damit den königlichen Befehl versiegelte, man solle alle Juden vertilgen, töten und umbringen, jung und alt*« (Est 3,10ff.) – worauf Königin Esther drei Tage lang fastet, alle Juden Buße tun und der Völkermord vereitelt wird. In der Rückschau auf jenes Ereignis heißt es im Talmud: »Das Abziehen des königlichen Siegelringes war wirksamer als die gesamte Predigt der achtundvierzig »Propheten« und sieben »Prophetinnen« in Israel. Denn ihre Predigten bewegten das Volk nicht zur Umkehr; der Siegelring mit seiner Todesdrohung aber brachte es fertig« (Megilla 14a).

Fehlbarkeit, Menschenschwäche und häufiges Scheitern sind also unverzichtbare Bestandteile jenes Botenamtes, das keiner der Künder im alten Israel jemals willig auf sich nahm. Moses beteuerte, er habe eine »*zu schwere Zunge*«, um zu künden; Elia war aus Verzweiflung in die Wüste geflohen, um der Stimme zu entgehen; Jeremia fürchtete, er sei zu jung und unerfahren, und Jona suchte sein Heil nicht im Herrn, sondern in der Flucht nach Tarschisch.

In der Tat, ein Honiglecken war das Kündertum wohl nie, denn ein wahrer »Prophet«, der mahnt, der rügt und droht, wird heute, genau wie anno dazumal, für seine Mühe geschlagen, verbannt oder ausgelacht. Aber schweigen konnte er dennoch mitnichten. Denn die Klage Jeremias gilt wohl für alle seine Leidensgefährten: »*Das Wort des Herrn ward in meinem Herzen wie ein lebendiges Feuer, so dass ich's nicht ertragen konnte; ich wäre schier vergangen*« (Jer 20,9). So steht er also da vor uns: der typische Künder im biblischen Israel, im Ausland als »Prophet« verkannt.

Dass er lediglich der Kundgeber des Gottesrufes ist, aber keine feststehende Zukunft vorauszusagen hat, wird am eindrücklichsten im Buche Jona vergegenwärtigt – dem Hohenlied der Unverfügbarkeit Gottes und seines souveränen Heilshandelns. Denn Jona, »der Prophet«, versucht sein Bestes, um der göttlichen Berufung zu entfliehen; er lehnt den ihm zugedachten Auftrag in Wort und Tat ab, »weissagt« dann genüsslich den Untergang Ninives, erwirkt jedoch wider Willen die Buße der Heidenstadt und zürnt dann ob Gottes Langmut, die seine »Prophezeiung« Lügen straft – sodass er letzten Endes Erfolg hat, obwohl er gar keinen haben will. Kurzum: »*Gott reute das Unheil, das ihnen zu tun er geredet hatte, und er tat es nicht*« (Jon 3,10).

Da die Evangelien weitgehend auf dem Schema »Prophetische Verheißung« – »Erfüllung in Jesus« beruhen, sollte diese Fehldeutung des hebräischen Künderamtes bei der Auslegung des Neuen Testaments berücksichtigt werden. Denn keiner der Gottesmänner im alten Israel hat je prophezeit, dass der Messias »*Nazarener*« heißen soll (Mt 2,23); dass er »zu *Bethlehem im jüdischen Lande*« (Mt 2,5-6) zur Welt kommen müsse und nach Ägypten fliehen würde, nur um dann »*aus Ägypten*« zurückzukehren (Mt 2,14f.).

Ebenso (wenig) »*musste*« Jesus auf zwei Tieren reitend in Jerusalem einziehen, nur weil derselbe Evangelist den biblischen

Parallelismus in Sach 9,9 allzu wörtlich nahm; er »*musste*« von einem seiner Tischgenossen verraten werden, nur weil es beim Psalmisten autobiographisch heißt: »*der mein Brot mit mir aß, lehnte sich hinterrücks gegen mich auf*« (Ps 41,10).

Der berüchtigte Judaskuss hatte sein »prophetisches« Vorbild ebenfalls bei König David, dessen Feldherr Joab seinen Rivalen Amasa mit dem Schwert verräterisch tötet, während dieser ihn küßt (Sam 20,9). Er »*musste*« für seinen »Verrat« (ein Wort, das bei Judas niemals im NT vorkommt) genau »*30 Silberlinge erhalten*« – eine Münzwährung, die es zu Jesu Zeiten längst nicht mehr gab –, nur weil das Buch Exodus (21,32) von »*30 Schekel*« als niedrigsten Kaufpreis eines Mannes spricht, ein Sklavenwert, den später Sacharja spöttisch auf sich selbst bezieht (Sach 11,13-13).

Jesus »*musste*« Durst erleiden (Ps 26,19 in Joh 19,28), zuerst Galle (Mt 27,34), dann Essig (Joh 19,29) trinken, da der Psalmist einst solche feindselige Nahrung von seinen Verfolgern erhielt (Ps 69,29). Er »*musste*« zwischen »*zwei Schächern*« sterben (Mk 15,27) »*auf dass die Schrift erfüllt werde, die besagt: er ist unter die Übeltäter gerechnet*« (Mk 15,28 zu Jes 53,9f.). Die römischen Soldaten »*mussten*« seine Kleider unter sich teilen, aber um seinen ungeteilten Rock würfeln, da es im Ps 22,19 heißt: »*Sie teilen unter sich meine Kleider und werfen das Los um mein Gewand*«. Dieselben Legionäre durften seine Beine nicht zerschlagen (Joh 19,33), wie dies als Gnadentod für Gekreuzigte damals üblich war, da solch ein Zerbrechen der Knochen beim Verzehren des Passahlammes verboten ist (Ex 12,46). Sie »*mussten*« ihm jedoch eine Lanze in die Seite stoßen, da Sacharja in einer umstrittenen Stelle besagt: »*Sie werden auf mich hinblicken, den sie durchstoßen haben*« (Sach 12,10). Und so geht es weiter: vom Händewaschen des Pilatus und dem Schild über dem Kreuz zum Spott der Vorübergehenden zu Golgota, über die »Ysopstaude« eines der römischen Söldner bis hin zum letzten Kreuzeswort, das ein wörtliches Zitat aus Ps 22,2 ist.

Es gibt fast keinen Punkt, kein Detail in den evangelischen Jesusberichten, die nicht von dieser wörtlichen Schriftgebundenheit beeinflusst sind, wobei die oft krampfhaft anmutende Suche nach »prophetischer Schrifterfüllung« mehr rituell als real klingen muss. Ja, oft kann man nicht umhin, an das Goethewort aus dem »Tasso« zu denken: »Man merkt die Absicht und man ist verstimmt.« Dass dabei Markus (1,2-3) ein Maleachi-Zitat (Mal 3,1) fälschlich dem Jesaja zuschreibt, Matthäus (27,9-10) einen Sacharjatext (11,12-13) mit einem Spruch des Jeremia verwechselt – was tut's, solange *»alles erfüllt werden muss, was von mir (Jesus) geschrieben ist im Gesetz(!) des Mose, in den Propheten und in den Psalmen«* (Lk 24,44). Und wenn ein Prophetenwort nicht genau mit einem Detail in Jesu Leben übereinstimmt, wird es entweder zurechtgebogen (z. B. Jes 49,8 in 2 Kor 6,1-2; Ex 3,6 in Mt 22,31-32; Jes 8,23 und 9,1 in Mt 4,15-16), frei erfunden (z. B. Joh 7,38; Eph 5,14; Jak 4,5) oder man behauptet, die Propheten, die von der Gnade geweissagt haben, hätten den vollen Sinn ihrer eigenen Worte gar nicht richtig erfasst – bis ihnen die Autoren des NT ihre christologische Deutung zu geben wussten (vgl. 1 Petr 1,10-12).

Mit den Worten des evangelischen Theologen Markus Barth: »Wir geben zu, dass seit dem ersten Jahrhundert nach Christi Geburt Christen prophetische Aussprüche aus der hebräischen Bibel gesucht, gesammelt und wiederholt haben, um den Juden die Messianität Jesu zu beweisen (...) Aber das tut weder ihnen noch einem Juden etwas Gutes.«[30] Vielleicht wäre es heute an der Zeit, dem hebräischen NAWI wieder sein gottgewolltes Amt des Künders, Mahners und Rügers zurückzugeben, ohne ihn zum Orakelsprecher umzufunktionieren.

Schalom

Da das Vokabular der hebräischen Bibel nur 7706 Wörter umfasst, besitzen die meisten von ihnen eine vielschichtige Bedeutungsbreite, die sich gegen vereinheitlichende Übersetzung stemmt.

Genauso wie RUACH – das dreihundertsiebenundsiebzigmal vorkommt – Hauch, Atem, Wind, Geist, Gewissen oder Gesinnung bedeuten kann, heißt NÄFÄSCH – das siebenhundertfünfundfünzigmal erscheint – nicht nur »Seele«, sondern auch Atem, Leben, Verlangen, Empfinden, Mensch, Wille und eine Umschreibung des Personalpronomens – nur um die wichtigsten Bedeutungen zu nennen.

Ähnlich ergeht es dem deutschen Wort »Frieden«, das weder mit Schalom deckungsgleich ist noch mit irgendeinem anderen deutschen Wort ganz auf seine Rechnung kommt.

Während einerseits die berühmte Friedensvision Jesajas (2,2-4) ohne das Wort SCHALOM auskommt, schwingen andererseits in den drei göttlichen Tugenden CHÄSÄD (Huld, Gnade, Bundestreue usw.), ZÄDÄK (Recht, Gerechtigkeit usw.) und ÄMÄT (Wahrheit, Treue, Zuverlässigkeit usw.) einige der Grundkomponenten von Frieden mit. BERACHA (Segen) heißt nicht nur »mit irdischen Glücksgütern versehen«, sondern auch »von Gott geführt werden«, »seinen Schutz genießen«, was mit dem Gewähren des SCHALOM weitgehend gleichbedeutend ist. Ebenso ist BERIT (Bund, Verheißung, Bündnis usw.) gedanklich mit SCHALOM verbunden. Um dem semantischen Dilemma näher zu Leibe zu rücken, müssen wir mit dem Verbalstamm SCH-L-M beginnen, denn wie schon Johannes Gottfried Herder wusste, zentriert sich im Hebräischen alles um das Zeitwort, aus dem die meisten Hauptwörter, ja sogar das Tetragramm des Gottesnamens hergeleitet werden.

So heißt also SCHALOM in der Verbalform QAL »ganz, voll, genügend« oder »vollkommen sein«; im Participum »wohlbehalten« oder »unversehrt« (Gen 33,18); mit jemandem »schalem« sein (Gen 34,21; 1 Kön 8,61) heißt, ihm die Treue bewahren, also nicht heimlich uneins werden – und SCHALLEM in der piel-Verbalform heißt »bezahlen, ersetzen, ahnden, vergelten« (Ex 21,33ff.; Dtn 32,41; 1 Sam 24,20; Rut 2,12; Ps 137,8 usw.) – mit einem Wort: wieder gutmachen, was durch Schaden oder Treuebruch im negativen Sinne, durch eine Wohltat im positiven Sinne der Ergänzung bedarf.

SCHALOM – zweihundertsiebenunddreißigmal in der hebräischen Bibel und als »Friede« siebenundachtzigmal im NT – das hieraus entstammende Zeitwort entspricht also weder der

»eirene« der Griechen als Nicht-Krieg oder Waffenstillstand noch der »pax« der Römer als Ordnungsmacht oder Siegesvertrag, sondern bedeutet vor allem ein integrales Ganzsein als Antithese aller Schizophrenie und Entzweiung: ein dreidimensionales Heilsein, das sowohl nach innen als Herzenseinheit (Klgl 3,17), nach »oben« als Gotteseinheit (Ri 6,24) und nach allen Seiten hin als Menschen- oder Völkereinheit (1 Kön 5,4) eine all-einige, gottgewollte Harmonie zum Ausdruck bringt (Ps 85,9).

Dem biblischen Ganzheitsgedenken gemäß, ist hierbei Soziales, Politisches und Religiöses genauso wenig voneinander zu scheiden wie Leib von Seele oder Fleisch von Geist. So sind also Wohl und Heil, Wohlbefinden, Wohlwollen und Seelenruhe, Wohlfahrt und Sicherheit, Glück und Sozialharmonie die einander ergänzenden Bestandteile ein und desselben SCHALOM, der so unteilbar ist wie die biblischen Bereiche von Politik, Gesellschaft, Natur und Theologie – alles Teile einer einzigen Weltordnung unter dem einen Schöpfergott. Unfrieden in einem Bereich stiften heißt »den Gesamtfrieden gefährden«, denn nur der Einklang dieser dreidimensionalen Gänze kann dem hebräischen Zusammenwirken von Gott und Mensch gerecht werden.

In der »Erklärung über das Verhältnis der Kirche zum Judentum« der deutschen Bischöfe vom 28. April 1980 heißt es: »Christen und Juden sollen und können gemeinsam eintreten für das, was in der hebräischen Sprache SCHALOM heißt. Dies ist ein umfassender Begriff, der Frieden, Freude, Freiheit, Versöhnung, Gemeinschaft, Harmonie, Gerechtigkeit, Wahrheit, Kommunikation, Menschlichkeit bedeutet« (Fulda, April 1980, S. 27). Frieden ist nur einer der Bestandteile von SCHALOM, dessen ganze Bedeutungsbreite in keinem deutschen Einzelwort versprachlicht werden kann.

Gerechtigkeit

Was in der hebräischen Bibel rund einhundertachtzigmal und im NT über siebzigmal mit »Gerechtigkeit« verdeutscht wird, gibt im besten Fall nur einen Bruchteil des hebräischen Topos wieder, der diesem Grundbegriff beider Testamente zugrunde liegt. Wo Erlösung durch Gnade die Mitte der Heilsgeschichte darstellt, wie es im Christentum der Fall ist, muss die Liebe der Gipfel aller Sittlichkeit sein. Wo jedoch der Mensch als freier Partner Gottes zur verantwortlichen Wahl zwischen Gut und Böse bestimmt bleibt, muss Liebe und Gerechtigkeit vereint sein. Denn der Jude weiß: Liebe ohne Gerechtigkeit führt zur Anarchie sowie Gerechtigkeit ohne Liebe zur Tyrannei führen muss. Weder »billige Gnadenliebe«, wie Bonhoeffer sagt, will der Gott Israels noch übermenschliche Gerechtigkeit, sondern ZEDAKA, dieses urhebräische Wort, das beide Eigenschaften zugleich zum Ausdruck bringt und zur höheren Einheit verschmilzt. Denn nur die Harmonie der beiden entspricht dem jüdischen Weltbild eines gerechten Schöpfers und einer mündigen Menschheit.

Diese ZEDAKA entspricht weder der griechischen »dikaiosyne« noch der römischen »justitia«, die als Abwägung von Soll und Haben zu juridischen Fachausdrücken geworden sind. Hiermit wird aber das ethische Rechtsein der Hebräer oder die Bewährung vor Gott – bei der immer wieder betont wird: dass das, was legal ist, noch lange nicht legitim sein muss – zu einer richterlichen »Gerechtigkeit«, die den Menschen vor Gott »rechtfertigt«. Was bei der Übersetzung verlorengeht, ist die Stimme der göttlichen Liebe, die unüberhörbar im Prophetenschrei nach Gerechtigkeit mitschwingt, und das Bewusstsein, dass mein Recht, im Rahmen der ZEDAKA, immer das Recht des Nächsten mit einschließt.

Wenn Abraham es wagt, im Streitgespräch mit Gott um Sodom und Gomorra seinem Schöpfer vorzuwerfen: »*Willst du den Gerechten mit dem Gottlosen umbringen (...) sollte der Richter aller Welt nicht gerecht richten?*« (Gen 18,23ff.), so denkt er weder an Gerichtsbarkeit noch an Rechtsprechung, sondern an diese Harmonie von richterlicher Barmherzigkeit und rechtschaffender Liebe, die zum Kernstück der jüdischen »Imitatio Dei« gehört. Sie ist fest verankert in der hebräischen Glaubenswahrheit, dass Gott *Der Gerechte* ist, der ZADDIK, wie er in der

Bibel heißt, der selbst diese ZEDAKA übt und sie dem Menschen als Träger Seines Ebenbildes zur Daseinsaufgabe setzt. Denn schließlich und endlich ist das ganze Spektrum der ethischen Grundwerte in dieser so verstandenen Gerechtigkeit mit einbegriffen. Kurzum: Sie verlangt eine Theopolitik der kleinen Schritte im Alltag, deren gemeinsames Ziel es ist, dem Gebot in Dtn 6,18 nachzukommen: »*Auf dass du tust, was recht und gut ist in den Augen des Herrn.*«

Zwei Züge kennzeichnen diese hebräische ZEDAKA. Aus griechisch-römischer Sicht ist sie im Grunde ungerecht, denn sie macht die Schuldigkeit gegenüber den Bedürftigen – weit über die Forderungen jedweder formalen Gerechtigkeit hinaus – zum Prüfstein des gelebten Glaubens. Ja, sie vereint das Soziale mit dem Religiösen, indem sie in den Randbereichen der Gesellschaft diejenigen Glieder der Menschheitsfamilie anerkennt, denen Gottes Fürsorge und Vorliebe gilt. ZEDAKA bezeichnet daher all unser Wohltun, vom Almosengeben über den Krankenbesuch bis hin zur aufopfernden Selbsthingabe dem Nächsten zuliebe, der unter Gott unser Bruder ist. Weder um Großzügigkeit noch um herablassende Mildtätigkeit geht es hier, sondern um die Erfüllung einer Pflicht, die dem Bruder gebührt, als rechtmäßiger Anteil an der Fülle der unverdienten Gaben, mit denen Gott Seine Welt beschenkt. Solch eine Pflicht kann weder im bloßen Wohlwollen noch im müßigen Lippendienst münden. Sie muss vielmehr getan werden, tagtäglich, stets von neuem und mit einer unermüdlichen Entdeckerfreude, die keinen Status Quo gutzuheißen bereit ist.

Kein Mensch kann daher im Judentum als Einzelner »gerecht« sein oder werden. Es bedarf dazu sowohl der vertikalen Komponente in Gott, dem Allgerechten, als auch der horizontalen in der Mitmenschlichkeit, wobei die beiden einander ergänzen und vervollkommnen. Diese soziale ZEDAKA, die niemals fertig noch vollkommen sein kann, ist die jüdische Keimzelle der heiligen Unzufriedenheit, der treibende Sauerteig in der menschlichen Gesellschaft, der seit dem Sinai keine Ruhe gibt, sondern mit messianischem Eifer vorwärts drängt – hin zum Reich Gottes auf Erden, in dem endlich die höhere Gerechtigkeit ihre

Vollendung finden soll. Der Vorbereitung dieser Gottesherrschaft gilt die gesamte rabbinische Jurisprudenz. Wie unzulänglich demnach das Wort »Gerechtigkeit« ist, um all diese Bedeutungsfülle zum Ausdruck zu bringen, liegt also auf der Hand.

Wie sucht Gott heim?

»*Denn ich, der Herr, dein Gott, bin ein eifernder Gott, der die Missetat der Väter heimsucht bis ins dritte und vierte Glied an den Kindern*« (Ex 20,5). Dieser Halbsatz aus dem Zehngebot wird bis heute als schlagender Beweis für den so genannten »jüdischen Rachegott« missbraucht, ein Gott, der nicht nur gnadenlos bestraft, sondern auch die »Erbschuld« an den Kindeskindern der Sünder heimsucht. Diese Abwertung jüdischen Glaubens, die noch immer tragische Urständ feiern kann, beruht auf zwei sachlichen Fehlern. Vor allem sollte der Satz bis zu Ende zitiert werden, denn in seiner zweiten Hälfte liegt ja die hauptsächliche Pointe: »(...) *an den Kindern derer, die mich hassen, aber Barmherzigkeit erweist an vielen Tausenden, die mich lieben und meine Gebote halten.*« *Es* geht also um die Hervorhebung der Gnadenliebe Gottes, die viel umfassender und überströmender ist als seine Gerechtigkeit, die hier nicht den Gelegenheitssündern gilt, sondern denen, »*die Gott hassen*«, also Bösewichtern, die gegen alle Normen der fundamentalsten Moralität verstoßen. Die zweite Irreführung basiert auf der Fehldeutung des Wortes »heimsuchen«, das sogar in den Wörterbüchern als Synonym für »strafen« oder »befallen« erklärt wird.

So kann z. B. die Bibelübersetzung »Die Gute Nachricht« den Satz aus dem Zehngebot wiedergeben als: »*Ich bestrafe dafür auch seine Kinder, sogar noch seine Enkel und Urenkel*«. Eine semantische Analyse des Zeitwortes »pakad«, das hier im Grundtext gebraucht wird, bezeugt jedoch, dass, wie Joseph Scharbert von der Katholischen Übersetzungskommission der Einheitsübersetzung feststellt, »wenige Stellen des AT so falsch übersetzt worden sind wie diese« (»Entstehungsgeschichte und hermeneutische Prinzipien der Einheitsübersetzung der Heiligen Schrift«, Bielefeld 1985, S. 164). Das hebräische Zeitwort bedeutet zunächst »etwas genau nachprüfen, in Augenschein nehmen, einer Sache genau nachgehen«. Das kann aber, wenn es um ein beurteilendes Überprüfen geht, sowohl zu einem positiven wie auch zu einem negativen Ergebnis führen. In Bezug auf Gott heißt es jedoch meistens »besuchen, aufsuchen, gedenken«, wobei es um eine strafende »Heimsuchung« gehen kann wie etwa im Falle von Hochmut (Jes 10,12) der Stadt Tyros (Jes 23,17) oder Jerusalem (Jer 6,6). Ebenso kann sich diese »Heimsuchung« aber auch segensreich erweisen wie etwa bei Sara, (Gen 21,1f.), der ein Sohn beschert wird; bei Hanna, die zur Mutter Samuels und noch fünf weiterer Kinder werden konnte (I Sam 2,21); die Brüder Josephs, denen verheißen wird, »*Gott werde euch gnädig heimsuchen*« (Gen 50,24) und die Verbannten in Babylon, denen Jeremia verspricht: »*Gott wird euch heimsuchen und will sein gnädiges Wort an euch erfüllen*« (Jer 29,10). So kann auch bei Lukas die jüdische Volksmenge nach der Auferstehung des Jünglings von Nain »*Gott loben und sprechen; Ein großer Prophet (Jesus) ist unter uns aufgestanden, und Gott hat Sein Volk heimgesucht*« (Lk 7,16). Nicht zuletzt trägt das katholische Fest, das an den Besuch der schwangeren Maria bei Elisabeth erinnert, als »*das Kind vor Freude in ihrem Schoß hüpfte*« (Lk 1,44), nicht von ungefähr den Namen »Maria Heimsuchung«, als Zeichen der Gnade, die an Maria ergangen war.

Um der Ambivalenz dieses Zeitwortes gerecht zu werden, schrieb Margarethe Susman in ihrem Werk »Das Buch Hiob und das Schicksal des jüdischen Volkes« (1946): »Gott sucht sein Volk heim – heim zu sich«.

Dies mag aus theologischer Sicht stichhaltig sein, wird aber der klassischen Heimsuchungsstelle, die dreimal vorkommt (Ex 20,5; 34,7; Dt 5,9) keineswegs gerecht. Denn hier geht es, wie der Kontext klarstellt, um ein »Überprüfen; einer Sache nachgehen;« um die Sünder im Falle von Rückfall oder Reuelosigkeit »*zur Rechenschaft zu ziehen*«. So hieß es dann auch im Probedruck der Eihheitsübersetzung ganz sachgerecht:

»*Er geht der Schuld der Väter nach bei Kindern und Kindeskindern*«. Das besagt dann, dass Gott keineswegs kollektive Vergeltung an den Nachkommen eines Sünders übt, sondern dass er lange wartet, – ist er doch »*barmherzig, langmütig und von großer Gnade*« (Ex 34,7) – und beobachtet, ob die Sünde der Väter auch noch bei ihren Kindern und Enkeln nachwirkt, indem sie im Sinn des bösen Beispiels Nachahmer findet oder ob sich die Nachkommen von den Sünden ihrer Väter distanzieren. Erst dann, und nur dann, wenn die Nachkommen ebenso sündigen wie ihre Väter es getan haben, greift Gott strafend ein.

Leider kam es bei der endgültigen Revision der Einheitsübersetzung nach langer Debatte zu einer absichtlich zweideutigen Kompromisslösung: »*Er verfolgt die Schuld der Väter an den Söhnen in der dritten und vierten Generation*« (Ex 20,5).

»Verfolgen« kann nun entweder im Sinn von strafrechtlicher Verfolgung wie auch im Sinn einer aufmerksamen Weiterverfolgung einer sittlichen Handlung in den späteren Generationen verstanden werden. Was aber hier vor allem auf Anhieb mitschwingt für unsere heutige Nachkriegsgeneration, ist der rachsüchtige Nachhall eines Nachjagens zwecks Bestrafung, Unterdrückung oder gar Tötung; ein Missklang, der dem Urtext keineswegs entspricht, sondern bedauerlicherweise dem hebräischen Gottesbild Gewalt antut.

Korrekturbedürftigkeiten

»In der Kunst der Bibelübersetzung wird ein völliger Erfolg für immer unmöglich sein. Keine Übersetzung ist endgültig, selbst wenn sie noch so glänzend ausgeführt scheint und in ihrer eigenen Sprache als ein klassisches Werk gilt.« Diese wehmütige Aussage von Charles Harold Dodd,[31] dem Mitarbeiter an der New English Bible, gilt insbesondere für die hebräische Bibel, die sich häufig gegen jedwede Übertragung zu sträuben scheint. Denn eine vollkommene Übersetzung, die dem Urtext sowohl die verbale (wortgemäße) als auch die reale (sinngemäße) und die ideale (geistgemäße) Treue hält, ist schon wegen der Inkongruenz der Sprachen nicht zu bewerkstelligen. Umso mehr, als das Hebräische auf alle Schmuckwörter und jeglichen Rede-Zierrat verzichtet, sich aller weltlichen Sprachkunst entschlagen hat, nur um ausschließlich dem lebendigen Gotteswort zu dienen, auf dass es »Fleisch werde«, d. h. in all seiner Einmaligkeit in unsere Irdischkeit und Menschlichkeit eingehe. Wie Recht Fridolin Stier, ein Meisterübersetzer, hatte, als er das Übersetzen der Bibel ein »Versetz-Geschäft« nannte, wobei man »etwas weit unterm Wert des versetzten Urwortes kriegt und weiß, man kriegt's nie voll heraus«,[32] mögen einige Stellen, stellvertretend für viele andere, nun bezeugen.

»Am Anfang schuf Gott«

Die Muttersprache der Bibel kennt keine Tempusbildung des Zeitwortes im Sinne der indogermanischen Sprachen, sondern nur zwei Zustandsformen, die entweder eine Handlung als bereits abgeschlossen und vollendet oder als noch andauernd bzw. im Werden begriffen kennzeichnen. Daher kennt das hebräische Zeitverständnis weder die krasse Dreiteilung in Vergangenheit, Gegenwart und Zukunft noch die sechs Temporalformen des Deutschen. Zeit erfährt der Hebräer eher als einen Fluss, der ewig weiter strömt und niemals stehen bleibt.

»*Gott schuf*« ist daher im Sinn des täglichen Gebets der Synagoge zu verstehen, wo es heißt: »Ich glaube mit voller Überzeugung, dass der Schöpfer, gelobt sei sein Name, alle Geschöpfe erschaffen hat, und dass er allein das Schöpfungswerk vollbracht hat, vollbringt und vollbringen wird«.

Hiermit ist nicht nur der Grundgedanke einer fortschreitenden, vorwärts- und aufwärtsstrebenden Evolution zum Ausdruck gebracht, sondern auch die Erlösung als endzeitliche Vollendung mit einbezogen. Alle drei Zeiten schwingen hier in nahtloser Kontinuität mit, denn die Schöpfung ist ja im Denken des alten Israels kein einmaliges Heilshandeln Gottes, sondern eine tagtägliche segensreiche Tatkraft.

»Er erneuert jeden Tag das Werk Seiner Schöpfung«, das ist ein Grundgedanke im rabbinischen Schrifttum, der auf den unübersetzbaren Anfangsworten der Bibel fußt.

»*Am Anfang schuf Gott Himmel und Erde; die Erde aber war wüst und wirr, Finsternis lag über der Urflut und Gottes Geist schwebte über dem Wasser. Gott sprach, es werde Licht. Und es ward Licht*« (Gen 1,1-3). Diese Verdeutschung der Einheitsübersetzung (1980) erweckt den Eindruck einer Zeitenfolge, in der das »Schaffen«, das »Schweben«, das »Sprechen« und das »Lichtwerden« einen Ablauf bilden. Dem ist jedoch nicht so im Urtext, der diese Handlung durch ein fünfmaliges »und« verbindet, das in diesem Fall die zeitliche Zusammengehörigkeit dieser vier Zeilen unterstreicht. Sinngemäß sollte es also heißen:

»*Als Gott sich anschickte, Himmel und Erde zu schaffen – das Weltall war damals (noch) Irrsal und Wirrsal mit Finsternis über der Urflut und Braus Gottes schwebend über dem Wasser –, da sprach Gott: Licht werde! Und Licht ward.*«

»*Macht euch die Erde untertan!*«

Kein anderes Wort aus dem Schöpfungsbericht wurde so arg verzerrt, so selbstherrlich missverstanden und fehlgedeutet wie diese Übersetzung Luthers, der noch in einer Randbemerkung hinzugefügt ist: »Untertan, d. h. die Erde soll euch hierin dienen, tragen und geben«, was nur als eine bibelwidrige Entwürdigung der Schöpfung erachtet werden kann, die als willenloser Untertan ausgebeutet und ausgenutzt werden darf. Im hebräischen Urtext hingegen ergeht der Auftrag an den Menschen, Gottes Welt zu betreuen, nicht zu unterjochen; zu regieren, nicht zu usurpieren; weise und umsichtig zu verwalten, zu erhalten und zu entfalten als Treuhänder Gottes, der diese gute Schöpfung seinen Kindern anvertraut hat.

In dieser Verdeutschung geht sowohl das Klangpaar als auch das Wortspiel verloren, das ADAM als »Erdling« mit der »ADAMA« als seinem Mutterboden unzertrennlich verbindet. Denn aus ihr wurde er genommen, von ihr ernährt er sich und zu ihr ist seine Heimkehr. Sie ist und bleibt, wie die Namensgebung besagt, der Ast, auf dem er sitzt, das Feld, das ihn nährt und die Heimat, die ihn im Leben und im Tod beherbergt. Und da ADAM als Urvater aller Sterblichen auch zum hebräischen Gattungsnamen MENSCH geworden ist, der sowohl die gesamte Nachkommenschaft Adams als auch jedes Menschenkind als Einzelwesen bezeichnet, kann ADAM auch als JEDERMANN oder als UNSEREINER verstanden werden – eine Sinnfülle voller Denkanstöße, die kein deutsches Wort auch nur annähernd wiederzugeben vermag.

»Ich will ihm eine Gehilfin machen, die um ihn sei«

(Gen 2,18)

So übersetzt die Lutherbibel diesen Schlüsselsatz, der zur Erschaffung der ersten Frau führt, während die katholische Einheitsübersetzung ihn wiedergibt als: »Ich will ihm eine Hilfe machen, die ihm entspricht«. Während die »Gehilfin« Luthers einen herabsetzenden Beigeschmack hat, ist die katholische Vokabel »Hilfe« dem Original näher, eine Bezeichnung, die in der Bibel häufig für Gott selbst gebraucht wird. Beide Übersetzungen werden jedoch dem hebräischen Grundwort nicht gerecht, das klipp und klar von »einer Hilfe ihm entgegen« spricht, wobei das letzte Wort nicht nur das Gegenüber, sondern auch ganz unüberhörbar die Opposition mitschwingen lässt. Eva war also weder als unterwürfige Ja-Sagerin noch als demütige Mitläuferin gemeint, sondern als Person mit Eigenrecht, die widersprechen soll und aufbegehren darf, etwa im Sinne des britischen Parlaments, das ohne »Her Majesty's Loyal Opposition« nicht funktionieren könnte.

»Adam nannte seine Frau Eva« *(Gen 3,20)*

In der tiefgründigen Namenssymbolik der Bibel hat Eva – auf hebräisch CHAWWA – drei Bedeutungen. Sie ist nicht nur die Lebensspenderin – »Mutter alles Lebendigen« –, sondern auch die Sprecherin und, nicht zuletzt, die Sinngeberin, was man heutzutage mit weiblicher Intuition zu bezeichnen liebt. Und all dies in drei hebräischen Buchstaben, deren Sinntiefe in der Übersetzung so gut wie völlig verloren geht.

Hier sei nur am Rande bemerkt, dass Eva niemals einen Apfel aß, sondern lediglich *»von der Frucht des Baumes«* (Gen 3,6) genoss, was entweder Feigen, Datteln, Oliven oder Johannesbrot sein konnte, aber sicherlich keine Äpfel, die erst im 19. Jahrhundert aus Europa in den Orient importiert wurden. Der berühmte Apfel in der abendländischen Kunst verdankt seine Rolle im Sündenfall einer Fehldeutung in der lateinischen Vulgata. Dort heißt es nämlich aus Schlangenmund: *»Eritis sicut Deus, scientes bonum et malum«*, auf deutsch: *»Ihr werdet sein wie Gott, wissend das Gute und das Böse«*, wobei das letzte Wort »malum« auf lateinisch sowohl »böse« als auch »Apfel« bedeuten kann. Eben dieser ›böse Apfel‹ wurde dann vier Zeilen zurückprojiziert in die Hände der Eva, die ihr Leben lang nie einen Apfel gesehen, geschweige denn gegessen hat.

»Da machte der Herr dem Kain ein Zeichen« *(Gen 4,15)*

Es geht hier um ein sichtbares Kennzeichen, damit jedermann wisse, dass der Herr dem ersten Brudermörder *»bis ins siebente Glied«* – auf Gewähr – vergeben habe. Hier wird also das, was man im Deutschen (und fast in allen anderen Sprachen Europas) als »Kainszeichen« und somit als Schandmal versteht, in sein Gegenteil verdreht. Aus dem göttlichen Schutzzeichen ist eine unauslöschliche Brandmarkung geworden, dem großmütigen Sinn der Bibel zum Trotz.

Die landläufige Vorstellung vom Kainszeichen als Schandmal, die im Hochmittelalter der Kirche vorschwebte, als sie die Juden zwang, einen absondernden Judenfleck zu tragen (»als Brudermörder Christi«), hat Hitler als gelben Judenstern nicht erfunden, sondern von der Kirche plagiiert. So wurde aus Gottes Schutzzeichen gegen weiteres Blutvergießen, dem Anzeichen Kains anfänglicher Buße und dem Lichtzeichen göttlicher Langmut – ein Strafzeichen menschlicher Gehässigkeit, als Brandmarkung für ein Verbrechen, das keiner der leiblichen Brüder Jesu begangen hat. Und all dies noch dazu im Namen Gottes und Seiner Heiligen Schrift!

»Da reute es den Herrn, auf der Erde den Menschen gemacht zu haben« *(Gen 6,6)*

So gibt die katholische Einheitsübersetzung diesen Vers wieder, den auch Luther mit *»Reuen«* übersetzt, während Buber, dem Ursinn viel näher, schreibt: *»Da leidete IHN, dass ER den Menschen gemacht hatte«*, wobei das Sich-Leid-Sein Gottes hier noch zu Ende des Verses verstärkt wird: *»Und Er grämte Sich in Seinem Herzen.«*

Die Weisen Griechenlands und, in ihrem Gefolge, die großen Scholastiker haben gelehrt, dass Gott, der Urgrund alles Gewordenen, »actus purus«, die reine Wirklichkeit sei, das lautere, unbegrenzte Sein, dem kein Mangel anhaftet und der über alle Emotionen und Gefühlsregungen erhaben sei. Die griechische »apatheia«, (die Unfähigkeit zu leiden) gehörte daher unverzichtbar zum griechisch gefärbten Gottesbild. Nicht so die hebräische Denkweise, für die es zwar nie einen »lieben Gott« gab, wohl aber einen Gott der Liebe, der Langmut und der Barmherzigkeit. Wenn er aber ein Gott der Liebe ist und zugleich *»ein eifernder Gott«* (Ex 20,5), so muss er ein leidenschaftlicher Gott sein, der gibt, aber auch nimmt; der vergibt, aber auch straft, fordernd und gewährend zugleich. Ein Gott ohne Zorn auf die Sünde, ohne Eifer für das Recht, der gebieterisch im Himmel thront, wäre ein apathischer Griechen-Gott, der von dem Leid der Welt nichts wissen will. Um dieses angeblich apathische Gottesbild zu widerlegen, beginnt schon im 1. Buch Mose die »Anthropopathie« Gottes, die später, nach Jes 63,9 (in der Lesart der Pharisäer des unvokalisierten Textes) sagen kann: »*In all ihrem Leid geschah Ihm Leid*«, und laut Ps 91,15 nach derselben Lesart im Namen Gottes sagen kann: »*Mit Israel bin Ich im Leid*«.

Diese Theologie vom Leiden Gottes, die später auch zum geistigen Nährboden des Christentums geworden ist, beginnt bereits, »*als der Menschen Bosheit groß war auf Erden*« (Gen 6,5) und Gott sich darüber grämte – bis auf den heutigen Tag. Nicht weniger als fünfmal heißt es in der hebräischen Bibel, dass es Gott reute, wenn Er Unheil androhen musste; doch niemals reute Ihn das Heil, der Segen und die Bündnisse, denn er ist und bleibt ein »*Gott der Treue*«, der zu seinen Verheißungen steht (vgl. Röm 3,3; 2 Thim 2,13).

»*Wenn du einen hebräischen Sklaven kaufst*« *(Ex 21,2f.)*

Das ist nicht richtig übersetzt, denn kennzeichnend für die Bibelsprache ist es, dass sie kein Wort für SKLAVE hat, sondern nur für Mietling, Fronarbeiter und Schuld-Abarbeiter. Die zeitgenössischen Völker des alten Israels, deren Volkswirtschaft weitgehend auf Sklavenarbeit beruhte, hatten etliche Ausdrücke, um den rechtlosen Sklaven zu bezeichnen, der als kaufbarer Besitz dem Tier gleichgestellt wurde und so den Menschen zur Ware entwürdigen konnte. Das hebräische Wort hingegen, das häufig als »Sklave« fehlübersetzt wird, lautet ÄWÄD, d. h. Diener oder Arbeiter, dem nichts Entehrendes innewohnt.

Heißt doch der erste Bibelsatz »*Am Anfang schuf Gott Himmel und Erde*«, und kurz darauf wird alles, was da leibt und lebt, zum »*Werk seiner Hände*« erklärt, das dem Menschen zur Betreuung und Weiterentfaltung überantwortet worden ist. Da also ein jeder aufgerufen wird, Gott zu dienen, um, in der Nachahmung Gottes, am Schöpfungswerk weiterzuarbeiten, kann Hiob sagen: »*Habe ich je missachtet das Recht meines Dieners* (nicht Sklave!) (...) *Hat nicht auch ihn erschaffen, der mich im Mutterleibe schuf?*« (Ijob 31,13ff.).

Den radikalen Unterschied zwischen *Sklaven* im heidnischen Altertum und *Knechten* im alten Israel möge ein Beispiel verdeutlichen. Der Codex Hammurabi endet mit der Satzung, laut der einem Sklaven, der in die Freiheit fliehen wollte, ein Ohr abgehauen würde; der Zivilkodex des Mose hingegen beginnt mit dem Fall eines Knechts, dessen Ohr durchbohrt werden soll, weil er sich weigert, nach sechsjähriger Dienstbarkeit befreit zu werden; »*Spricht aber der Knecht: Ich habe meinen Dienstherrn lieb, (...) ich will nicht frei werden, so bringe ihn sein Dienstherr vor Gott und stelle ihn an die Tür oder den Pfosten und durchbohre mit einem Pfriem sein Ohr und er sei ein Knecht für immer*« (Ex 21,5ff.).

Warum ausgerechnet sein Ohr? so fragt die jüdische Überlieferung – und antwortet: »*Weil es vom Berge Sinai gehört hat: Mir (Gott) sind die Kinder Israels Knechte, meine Knechte sind sie*« (Lev 25,55). Trotzdem hat er das Joch des Himmels von sich geworfen und das Menschenjoch zum Herrn über sich gemacht. Deshalb sagt die Schrift: Es komme das Ohr und werde durchbohrt, weil es nicht gehalten hat, was es gehört hat« (Mech zu Ex 21,6). Kein Wunder, dass es schon zu Ende des ersten Jahrhunderts heißt: »Wenn jemand einen hebräischen Knecht kauft, so ist es eben so, als würde er einen Herrn über sich gekauft haben« (Kidd 20a). Fazit: Sklaven soll es nach Gottes Willen nirgends geben, denn wir alle sind dazu bestimmt, freiwillige Diener der Sache Gottes zu werden.

Dementsprechend haben die Rabbinen schon im Altertum die Leibeigenschaft abgeschafft; Mose hingegen, Josua, David und alle Propheten erfreuen sich des Würdetitels ÄWÄD, d. h. Knechte Gottes.

Auge um Auge – Zahn um Zahn?

Kaum eine Woche vergeht, ohne dass in Presse, Rundfunk oder Predigt unter diesem Motto auf die »alttestamentliche Strenge« oder »Gesetzesstarrheit« hingewiesen wird. Vom »jüdischen Rachegott« ist es ja nur ein gedanklicher Katzensprung zur »grausamen Vergeltungsmoral der Juden«, sodass das so genannte »Talionsgesetz« zu einem der Lieblingsklischees der Journalisten geworden ist. Nicht nur der Journalisten. In der katholischen »Jerusalemer Bibel« z. B. heißt es: »Es ist verboten, dem Bösen in der Weise der Rache zu widerstehen, indem man Böses mit Bösem vergilt, nach dem jüdischen Gesetz der Wiedervergeltung, dem Talionsgesetz.«[33]

Der Hinweis gilt natürlich dem »*Auge um Auge, Zahn um Zahn*«, wie es Martin Luther übersetzt hat (Ex 21,24). So stand es auch anno 1972, nach dem Mord an der israelischen Mannschaft bei der Münchener Olympiade, in vielen deutschen Zeitungen, um die Forderung Israels nach Auslieferung der geständigen Mörder »eine alttestamentliche Vergeltungspolitik« zu benennen. Dabei müsste doch dem zählebigen Missverständnis, das mit dem Rumpfzitat »*Auge um Auge, Zahn um Zahn*« weiter wuchert, schon durch seinen Zusammenhang mit dem israelitischen »Sklavenrecht« der Zahn gezogen sein. Die geringste Beschädigung bzw. Verletzung des Auges oder auch nur eines Zahnes gewährleistet nämlich dem Fronarbeiter die sofortige Freilassung (Ex 21,26f.), und dieser Sinn sollte sich beim freien Israeliten nicht bewähren? Aber auch die sprachliche Gestalt der Wendung in der hebräischen Bibel (Ex 21,23-25) schließt diese Deutung einer austauschbaren Gleichwertigkeit aus *(Auge um Auge* im Sinn von Gleiches für Gleiches).

»Anstelle eines anderen« ist gemeint: Der Schädiger muss dem Geschädigten etwas geben, das an die Stelle des Gliedes oder Organs tritt, das nicht mehr seine volle Funktion erfüllen kann. Der Richter setzt die Höhe der Wiedergutmachung fest, die der Täter seinem Opfer zu leisten hat; ihm ist die Verhängung der Strafe überwiesen, der privaten Vergeltung jedoch entzogen

(Ex 21,1). Folglich musste jemand, der seinem Mitmenschen eine Verletzung schlug, nicht selbst eine erhalten, sondern ihm den Gegenwert einer Verletzung, das ist gemäß richterlichem Urteil die entsprechende Ersatzzahlung, leisten. Kurzum: die bibelwidrige Verzerrung in ein angebliches »Rachegebot« fußt auf drei sachlichen Fehlern.

1. Rache ist, wie gesagt, in der hebräischen Bibel ausdrücklich *verboten: »Sei nicht rachsüchtig (...) sondern liebe deinen Nächsten wie dich selbst!«* (Lev 19,18). Dieses Grundgebot wird durch das Gotteswort verstärkt: »Mein ist die Ahndung, spricht der Herr!« (Dt 32,35), (vgl. auch: »Du sollst nicht vergelten!« Lev 19,18).
2. Der Urtext lautet: »*Wenn aber Lebensgefahr droht, so gib Leben um Leben; Auge um Auge; Zahn um Zahn*« (Ex 21,23f.). Also *nicht* vom Geschädigten ist hier die Rede, der Rache oder Vergeltung nehmen soll, sondern vielmehr vom Schädiger, der vor dem Richter Wiedergutmachung leisten *muss.*
3. Das Schlüsselwort in der hebräischen Bibelstelle »tachat« heißt gar nicht »um« oder »für«, sondern »*anstelle von*«. Daher übersetzt Buber sowohl sinngetreu als auch textgemäß: »*Geschieht das Ärgste aber, so gib Lebensersatz für Leben; Augersatz für Auge; Zahnersatz für Zahn*«.

Mit anderen Worten:, Die humanitäre Universalregel »Maß für Maß«, die auch Jesus dreimal im Neuen Testament empfiehlt (Mt 7,2; Mk 4,24; Lk 6,38), wird zum Rechtsprinzip der Geldentschädigung und des Schmerzensgeldes in allen Fällen von Körperverletzung erhoben.

Nur in diesem Sinn der Abgeltung durch Schadensersatz wurde dieser Bibelvers im Judentum schon lange vor Jesus verstanden und angewandt, wie der Talmud (BQ 83b-84a; Ketubot 38a) deutlich beweist. Indem die hebräische Bibel den Einzelnen an den Richter verweist, hat sie dadurch das Verlangen nach Vergeltung auf das Ausmaß des erlittenen Schadens begrenzt. Dies bezieht sich auf jeden Menschen, mit dem man im Umkreis des Zusammenlebens jeweils unmittelbar zu tun hat; denn darin ist auch der »Fremde« der »Nächste« (Ex 11,2); ihm gilt das »Liebesgebot« in gleicher Weise (Lev 19,33).

Das verpönte Talionsgesetz ist also ein wesentlicher Fortschritt gegenüber der Wüstenethik der vorbiblischen Zeit und der erste wesentliche Schritt zu einer allmählichen Verfeinerung der menschlichen Moralität, wie sie später bei den Propheten Israels zum beredten Ausdruck kommt.

»David (...) verbrannte sie in Ziegelöfen« *(2 Sam 12,31)*

Wie Fehlübersetzungen in den Dienst des Antijudaismus gestellt werden können, möge ein Beispiel, stellvertretend für allzu viele, erhellen. Im Zusammenhang mit der Fernsehausstrahlung des Films »HOLOCAUST« schrieb ein Leser an die »Stuttgarter Nachrichten«, es sei schon »viel von den Nazi-Verbrechen geschrieben worden, noch nichts aber von denen des Alten Testaments«. In diesem Buche stehe nämlich ausdrücklich geschrieben, König David habe das von ihm besiegte Volk der Ammoniter herausgeführt, »legte sie unter eiserne Sägen und Zacken (...) und verbrannte sie in Ziegelöfen«. Dieser angebliche Völkermord, der König David zugeschrieben wird, wurde dann von der deutschen »Nationalzeitung« am 13. August 1982 unter dem Titel »Vor Begin war David« abgedruckt mitsamt der biblischen Belegstelle 2 Sam 12,29-31.

Dort aber steht in allen maßgeblichen Übersetzungen: »*Aber das Volk (der Ammoniter) führte er (David) heraus und stellte sie als Fronarbeiter an die Sägen, die eisernen Pickel und an die eisernen Äxte und ließ sie an den Ziegelöfen arbeiten.*«

Was König David vor drei Jahrtausenden mit den von ihm besiegten Völkern tat, war zu jener Zeit sehr human, denn damals war es üblich, besiegte Völker zu verjagen, in die Gefangenschaft zu schleppen oder gar auszurotten.

Eine unheilbare Wunde? *(Jer 30,12)*

Die Lutherübersetzung (1964) lässt den Propheten Jeremia in seiner Wehklage über Jerusalem sagen, der Fall der heiligen Stadt werde ein »*unheilbarer*« Schlag sein, während die Einheitsübersetzung ihn von »*einer unheilbaren Wunde*« sprechen lässt. Also in beiden Fällen ein Untergang, der nicht wieder gutzumachen ist. Buber hingegen übersetzt textgetreu ein »*sehr quälender Schlag*«; Tur-Sinai setzt einen »ganz schmerzlichen Schlag«; die Jerusalemer Bibel spricht in ihrer französischen Ausgabe von »*une plaie très grave*« und die neue englische Bibel von »*a cruel blow*«, was dem hebräischen Wortlaut viel näher kommt. Fest steht, dass die Vokabel »unheilbar«, die den Eindruck eines unabänderlichen Schicksalsschlages erweckt, nicht nur sprachlich falsch ist, sondern auch dem geschichtlichen Wiederaufbau Jerusalems widerspricht.

Steckt da nicht ein Stück unbewusste Schadenfreude oder unchristliches Wunschdenken hinter der auffallenden Fehlübersetzung?

Die Söhne der Propheten

»*Die Söhne der Propheten*«, wie der Nachwuchs in den biblischen »Prophetenschulen« (vgl. 1 Sam 10,10) genannt wurde, sind nun endlich nicht mehr wortwörtlich, sondern sinngemäß mit »*Prophetenjünger*« wiedergegeben worden (z. B. 2 Kön 2,3; 2,5; 2,7; 2,15 etc).

Diese Korrektur, die endlich berücksichtigt, dass der hebräische »ben« nicht nur »Sohn«, sondern auch »Nachfolger, Nachfahre, Angehöriger, Zugehöriger, Nachahmer, Mitglied, Genosse« oder »tauglich« bedeuten kann, hat auch theologische Implikationen.

Denn der biblische »*Sohn Gottes*« ist genauso wenig ein leiblicher Sprössling des Weltschöpfers, wie Ben-Jamin (Gen 43,29) nicht der wörtliche »*Sohn der Rechten*« ist, sondern ein Glückskind; »*Die Söhne des Lichtes*« bei Lukas (16,8) nur bildlich verstanden werden können; »*Die Söhne des Bundes*« (Apg 3,25) nichts anderes als Bundesgenossen sind; die beiden Gesalbten Sacharias (4,14) nie die buchstäblichen »*Söhne des Öls*« waren, genau wie »*der Sohn der Fremde*« (Lev 22,25) nichts anderes als ein Ausländer ist, und der »*Sohn des Todes*« im Munde König Davids (2 Sam 12,5) als »todgeweiht« oder »todeswürdig« verstanden werden will.

All dies wäre ein nützlicher Denkanstoß in den Überlegungen über die ursprüngliche Bedeutung der »Gottessohnschaft«, wie sie in beiden Testamenten der Bibel des Öfteren vorkommt.

Unser Leben währt siebzig Jahre (...) und was daran köstlich scheint, ist doch nur vergebliche Mühe (Ps 90,10). So heißt es seit Martin Luther, was die Einheitsbibel verschlimmbessert zu »*das Beste daran ist nur Mühsal und Beschwer.*« Der Psalm sagt aber keineswegs, die Mühe sei das Köstlichste, sondern: »*Was ihr Ungestüm war, ist doch nur Mühsal gewesen und Harm, denn rasch geht es vorbei als flögen wir davon.*«

Die Bibel sagt es, wie es ist, jedoch ohne dem Pessimismus oder der Resignation das Wort zu reden. Sie sagt nicht, dass sogar die besten Errungenschaften im Menschenleben eitle Mühe sind, sondern dass gegen die Zeit nichts zu erzwingen ist, und dass der Mensch nichts festzuhalten vermag, was ihm nicht bestimmt ist. Kurzum: das Leben ist eine bemessene Spanne, und keiner von uns kann seiner Zeit abtrotzen, was sie nicht geben will.

Gott der Rache? *(Ps 94,1)*

Noch immer geistert das Bild vom »rachsüchtigen alttestamentlichen Gott« herum, der seine Feinde erbarmungslos niederwirft und keine Gnade übt. Als »*Gott der Rache*« beschreiben Ihn noch immer ältere Bibelübersetzungen in Ps 94 (manche auch in Ps 109), wobei die neuhochdeutsche Vokabel »Rache« äußerst negativ wertbesetzt ist.

Sie ist »blind«, blindwütig, maßlos und trifft den Schuldigen wie den Unschuldigen gleichermaßen.

Noch das althochdeutsche »rechan« (vergelten, strafen) oder das gotische »wrikan« (verfolgen) entbehren zwar dieses negativen Untertons, der dem heutigen Begriff Rache anhaftet. Aber ist denn mit »EL NEKAMOT« wirklich ein »Rachegott« gemeint? Keineswegs, wie eine genauere Lesung des ganzen Ps 94 bezeugt. Er schildert Gott als jene unbestechliche höhere Macht, die gegen die Frevler, die »Witwen und Fremde töten und Waisenkinder morden«, (Ps 94,6-7) ins Feld zieht. Gott ist also Partei – für die Schwachen, Verfolgten und Bedrohten, deren Unterdrücker er zur Rechenschaft zieht. Sein Eintreten für die Entrechteten ist gleichbedeutend einem moralischen Engagement für all jene, die auf menschliche Gerechtigkeit nicht mehr hoffen dürfen.

Martin Buber wird daher dem juristisch-ethischen Sinn des Urtextes gerecht, wenn er vom »Gott der Ahndungen« spricht, der durch Bestrafung von Übeltätern das moralische Gleichgewicht wieder herstellt, das durch die Vergewaltigung von Schwachen aus dem Lot gebracht worden ist. Ganz in diesem Sinne heißt es »*Du sollst dich nicht rächen!*« (Lev 19,18), denn Gott spricht: »*Mein ist die Ahndung, Ich will vergelten!*« (Dtn 32,35) – ein Doppelspruch, den auch Paulus im Römerbrief (12,19) als eine für Christen ebenso verpflichtende Satzung wiederholt. Indem der Beter Gott um das Gericht bittet – »*richte mich und führe meine Sache!*« (Ps 43,1) –, übergibt und überlässt er nicht nur seine Gegner, sondern auch sich selbst dem, der ins Verborgene schaut und zusieht, dass letzten Endes Recht über Unrecht siegt.

Aber dennoch spukt im Denken vieler Christen noch immer eine fast mythische Zweiteilung herum vom »jüdischen« Gesetz und »christlicher« Liebe, vom grausamen Talionsgesetz der hebräischen Bibel und dem all-vergebenden Liebesgebot der Evangelien. Kurzum: eine Zwei-Götter-Lehre, die die Heilsgeschichte fein säuberlich in zwei Bereiche spaltet: einen jüdischen, in dem göttliches Gericht und Vergeltung gelten, und einen christlichen, in dem lediglich Gottes Gnade und Vergebung walten.

Wie künstlich und un-biblisch der angebliche Kontrast zwischen diesen beiden Göttern ist, mag die Heilige Schrift selbst beweisen: »*Du hast Mitleid mit dem Rizinusstrauch (...) und ich soll nicht Mitleid haben mit Ninive, der großen Stadt, in der mehr als 120 000 Menschen leben(...) und so viel Vieh?*« So fragt Gott seinen Propheten Jona (Jon 4,11);

»*Liebe will ich, nicht Opfer; Gottes Erkenntnis, nicht Brandopfer!*«, so kündet der Schöpfer seinem Propheten Hosea (6,6).

»*Denn nur einen Augenblick währt sein Zürnen; doch seine Güte ein Leben lang*« (Ps 30,6).

»*Euer Gott (...) ist der Gott, der der Waise und Witwe Recht schafft, der den Gastsassen liebt*« (Dtn 10,17ff.).

»*Liebe deinen Nächsten wie dich selbst; Ich bin Gott Der Herr*« (Lev 19,18). »*Du sollst den Fremdling lieben wie dich selbst!*« (Lev 19,33). Und nicht zuletzt jenes Wort aus Jesaja über Gottes unzerstörbaren Liebesbund – ein Spruch, der Rabbiner Leo Baeck half, wie er sagte, das KZ Theresienstadt zu überleben: »*Es sollen wohl die Berge weichen und die Hügel wanken; aber meine Liebe soll nicht von dir weichen, und der Bund meines Friedens soll nicht hinfallen, so spricht der Herr, dein Erlöser*« (Jes 54,10).

Klingen diese hebräischen Bibelstellen nicht zumindest so liebevoll wie folgende Zitate aus dem Neuen Testament:

»*Bindet ihm Hände und Füße und werft ihn hinaus in die Finsternis! Dort wird Heulen und Zähneknirschen sein*« (Mt 22,13).

(Jesus sagt): »*Gehet hinweg von mir, ihr Verfluchten, in das ewige Feuer!*« (Mt 25,41). »*Diese meine Feinde (...) bringt sie hierher und macht sie vor meinen Augen nieder!*« (Lk 19,27).

»*Ich bin nicht gekommen, Frieden zu bringen, sondern das Schwert!*« (Mt 10,34).

(Paulus sagt): »*Wenn jemand den Herrn nicht liebt, der sei verflucht!*« (1 Kor 16,22).

»*Jesus wird den Gesetzlosen durch den Hauch seines Mundes umbringen und durch das Aufleuchten seiner Ankunft vernichten*« (2 Thess 2,8).

»Herr, du Heiliger und Wahrhaftiger, wie lang noch richtest du nicht und rächest nicht unser Blut an denen, die auf der Erde wohnen?« (Apg 6,10).
Der Zweck dieser Gegenüberstellung ist es nicht, die hebräische Bibel auf Kosten des NT zu verherrlichen, sondern um endlich die primitive Zwei-Götter-Lehre und die Kontrastierung der beiden Gottesvorstellungen zu widerlegen. Beide Testamente kennen (mit gut orientalischem Temperament) Scheltreden, Fluchworte, Weherufe, Gebete um Vergeltung und Feindschaft für das Böse, jedoch beide betonen einstimmig die Vorherrschaft der Liebe – für Gott und den Mitmenschen – als Grundstein und Prüfstein alles gelebten Glaubens.

Und dennoch ist *»der liebe Gott«* eine abendländische Verniedlichung, die das Judentum nicht kennt. Ein Gott der Liebe und der Langmut – Ja; aber »Der liebe Gott« klingt wie das zuckersüße Nachtgebet eines Fünfjährigen oder wie eine Vogel-Strauss-Theologie, die die unbekannten Seiten Gottes bewusst ausklammert, um den Herrn der Welt auf einen greisen Großvater mit einem langen weißen Bart zu reduzieren. Nicht von ungefähr heißt es im NT: *»Schrecklich ist's, in die Hände des lebendigen Gottes zu fallen«* (Hebr 10,31). Wenn unser Gott ein Gott der Liebe ist, dann ist er auch ein leidenschaftlicher Anwalt der höheren Gerechtigkeit. Ein Gott der Treue, aber auch der Ahndung; der verzeiht, aber auch vergilt, fordernd, fördernd und gewährend zugleich.

Lobet den Herrn mit (...) Orgeln! (Ps 150,1ff.)

Lobet ihn mit Posaunen,
Lobet ihn mit Harfe und Zithern (...)
Lobet ihn mit Pauken und Reigen,
Lobet ihn mit Saitenspiel und ...? (Ps 150,ff.)

Das fragliche Wort dieser Sammlung heißt bei Luther *»Harfe«*, bei Martin Buber *»Schalmei«*, und fast in jeder Übersetzung steht ein anderes Instrument: Flöten, Zimbeln, Orgeln kommen vor sowie eine ganze Reihe seltsamer Neuprägungen wie etwa Lyra und Harpsichord, über die König David gestaunt hätte. Im Urtext aber steht an dieser Stelle UGAF, was vermutlich ein Blasinstrument bedeutet. Als nun die hebräische Bibel ins Griechische übertragen wurde, wussten die Übersetzer mit UGAF nichts anzufangen und wählten – um nicht einen gravierenden Fehler zu begehen – den neutralen Sammelbegriff für Musikinstrumente, also »Organon«. Damit ließen sie vorsichtshalber alle Deutungsmöglichkeiten offen.

Etwa 600 Jahre später stand Hieronymus beim Erarbeiten der lateinischen Vulgata vor derselben Psalmstelle. Dabei bedachte er sowohl den hebräischen als auch den griechischen Wortlaut. Und da zu seiner Zeit das Wort Organon – neben der allgemeinen Bedeutung von Musikinstrument – im engeren Sinne auch »die Orgel« bezeichnete, kam es bald darauf zur Übersetzung: »*Lobet den Herrn mit der Orgel!*« – ein Aufruf, den man in deutschen Landen wörtlich genug nahm, um ihn zum Anlass zu nehmen, den Kirchenorgelbau mit Eifer voranzutreiben. Und so mancher Kirchenvorstand hat seine Zustimmung zum Bau einer kostspieligen Orgel auch in unseren Tagen mit dem 150. Psalm begründet. Wer wagt da schon zu widersprechen, wenn der Orgelbau in der Bibel selbst als fromme Pflicht schwarz auf weiß vorgeschrieben ist!

Es ist ein Ros' entsprungen! *(Jes 11,1)*

Das bekannte Kirchenlied beruht auf einem Missverständnis, dem die Adventsblume ihren Ursprung verdankt. In Jes 11,1-2 heißt es: »*Es wird ein Reis hervorgehen aus dem Stamme Isais und ein Zweig aus seiner Wurzel wird Frucht bringen.*« Wie aus dem »Reis« eine »Rose« wurde, ist unbekannt, mag aber auf einem Lesfehler beruhen oder der üppigen Phantasie des alten Dichters entsprungen sein. Wie dem auch sei, von einer Rose weiß weder der Text Jesajas noch seine messianische Deutung.

Zu den Fehlübersetzungen, die in den jüngsten Bibelausgaben korrigiert wurden, gehören u. a. Gen 49,14, wo es bislang hieß: »*Issachar wird ein knochiger Esel sein und sich lagern zwischen den Hürden.*« Das letzte Wort aber bezeichnet die Sattelkörbe, die dem Esel über den Rücken gehängt wurden. So heißt es jetzt richtig und viel anschaulicher: »*... und sich lagern zwischen den Sattelkörben.*«

Bis vor einigen Jahren hieß es in den Mahnungen Gottes: »*Ich will vor dir Hornissen hersenden*« (Ex 23,28), was zwar dem lateinischen Text, der Vulgata, nicht aber dem Grundtext entsprach, demgemäß es nun richtig heißt: »*Ich will Angst und Schrecken vor dir hersenden*« (ebenso auch Dtn 7,20 und Jos 24,12).

Koh 3,11 hatte Luther übersetzt: »*Er aber tut alles fein zu seiner Zeit und lässt ihr Herz sich ängsten, wie es gehen solle in der Welt.*« Da aber das hebräische Wort OLAM nicht nur »Welt«, sondern auch »Ewigkeit« bedeuten kann, hat man sich jetzt zu der tiefsinnigen und kontextgetreueren Übersetzung durchgerungen: »*Er hat alles schön gemacht zu seiner Zeit; auch hat er die Ewigkeit in ihr Herz gelegt.*«

Auch die Tiernamen wurden jetzt genauer angegeben. Das »*Einhorn*«, unter dem man sich Jahrhunderte lang ein Fabeltier vorgestellt hat, heißt jetzt schlicht und richtiger »*Wildstier*« (Num 23,22; 24,8; Hiob 39,9; Ps 29,6 etc.).

Der sagenumwobene »*Basilisk*« ist in Wirklichkeit nur eine »Natter« (Jes 11,8; 14,29; Jer 8,17).

Da es zu Hoseas Zeiten keinen »*Schornstein*« (Hos 13,3) in den Häusern gab, verweht der Rauch nun aus dem »*Fenster*«.

Dasselbe gilt für den »*Kamin*« in Jer 36,22, der nun zeitgemäßer zum »*Kohlenbecken*« korrigiert wurde, vor dem einst König Jojakim in seinem Winterhaus saß. Andererseits sind die »*ausgehauenen Brunnen*« in Jer 2,13 zu »*Zisternen*« geworden, die es überall im Lande Israel zu Bibelzeiten gab.

Dass so manche Bibelworte im Soge ihrer Eindeutschung einen Bedeutungswandel erfahren mussten, mögen drei bekannte Beispiele erhellen. So z. B. ist heute »*ein Lückenbüßer*« einer, der eine leere Stelle ausfüllen soll. Ursprünglich hatte diese Bezeichnung jedoch eine ganz andere Bedeutung. Im Buche Nehemia (4,7) wird uns erzählt, dass in Jerusalem begonnen worden war, die Mauern »*zu büßen*«. Gemeint ist, dass die Stadtmauern ausgebessert worden sind. Hieraus entstand (nach Duden) die heutige Bezeichnung für Hilfskraft, Handlanger oder Tagelöhner.

»*Dir lese ich die Leviten*« ist jedem von uns im Zusammenhang mit irgendeinem Streich sicher schon oft gesagt worden. Der Erste, der dies tat, war kein Prophet aus der Bibel, sondern Bischof Chrodegang, der um das Jahr 760 jeden Morgen seinen Geistlichen einige Bibelstellen aus dem Buche Leviticus vorzulesen und dabei auch Mahnungen und Verweise zu erteilen pflegte. Seitdem werden uns allen ab und zu »die Leviten gelesen«.

Krethi und Plethi aus dem 2. Buch Samuel (8,18) heißt zwar heute auf deutsch »*allerlei Gesindel*«; ursprünglich war es aber ein Ehrenname für die Leibwache des Königs David, die höchstwahrscheinlich aus Krethern und Philistern zusammengesetzt war – Fremdlinge also, denen die Herrscherdynastie im alten Israel nicht weniger Vertrauen schenkte als der heutige Papst seiner Schweizer Leibwache.

Noch vieles wäre hier zu sagen über die Zahlensymbolik der hebräischen Bibel, die nichts mit Mathematik, wohl aber mit heilsgeschichtlicher Sinntiefe zu tun hat; die Poesie der Hebräer, die jedweder Wortklauberei spinnefeind ist, und die dichterische Freiheit der Künder im alten Israel, die sich gegen die Buchstäblichkeit der Übersetzer zur Wehr setzt. Kurzum: Bibelübersetzung bedarf zwar wissenschaftlicher Kenntnisse, eines hellhörigen Sprachgefühls und eines unermüdlichen Ringens um den Text, jedoch ebenso einer Ehrfurcht vor dem Wort, die sich nicht damit begnügt, Inhalte wiederzugeben, sondern die Fähigkeit, den Geist der Rede in seiner sprachlichen Leibesgestalt zu erfahren, mit der Kunst verbindet, dieses Wort-Sinn-Gefüge in seiner Gänze zu erfassen und in die Zielsprache hinüberzutragen. Dass dies manchmal auch die besten Dolmetscher überfordert, ist eine Tatsache, die zu fast unvermeidlichen Fehlerquellen führen muss. Dennoch sind die meisten Fehlübersetzungen, von denen hier nur eine repräsentative, knappe Auswahl gebracht wurde, korrigierbar. Einer vollständigeren Erörterung dieser Problematik soll eine künftige Arbeit gewidmet sein.

Die Hebraizität der Evangelien

Beide Testamente der Bibel wurden einst von Ergriffenen für Gottesfürchtige, von Menschen für Menschen niedergeschrieben und sind daher von Anfang an allen Fehlbarkeiten des Menschentums ausgesetzt. In ihrer Gesamtschau ist die Bibel weder »ein ausgeklügelt Buch«, noch eine systematische Theologie, sondern ein Sammelband von Berichten und Botschaften über das Handeln Gottes mit seinem Bundesvolk. Ihre Schriften wurden einst in der Glut der Gotteserfahrung von fantasiereichen Orientalen für ein gleichgesinntes Publikum verfasst, um viel später von abendländischen Theologen kalt gelesen, nüchtern ausgelegt und rational entmythologisiert zu werden.

Dieser drastische Klimawechsel musste zu wesentlichen Umdeutungen und Sinnentfremdungen führen, die weder dem Geist noch dem Wortlaut der Schrift gerecht werden, so wie sie von ihren ursprünglichen Autoren und deren Hörern – die Schrift wurde ja ursprünglich »ausgerufen« und als gesprochenes Wort erfahren – empfunden werden musste.

Im Falle des NT gesellten sich zum Klimawechsel auch andere Störfaktoren hinzu. Da die junge Heidenkirche weder über den jüdischen »Sitz im Leben« noch über das intuitive Sprachgefühl der ersten Christenheit verfügte, verlor sie bald den Mut, den Schriftsinn in seiner heilen Ganzheit zu erfassen, der alle Sprachensaiten ins Spiel brachte, um das letztlich Unsagbare zu übermitteln.

Überwältigt und eingeschüchtert von der Fülle der Bilderreden, Sprachgemälde, Gleichnisse und Allegorien, die kein Jude oder Judenchrist je wörtlich genommen hatte, schlugen die frisch getauften Heiden die Warnung des Paulus, dass »der Buchstabe töte«, in den Wind, um sich an Einzelwörter oft schlecht übersetzter Evangelien zu klammern.

Hinzu kam die Einzigartigkeit der hebräischen (und aramäischen) Sprache, die all ihre Fähigkeiten auf die Vermittlung des Gotteswortes konzentriert zu haben scheint und jede Übersetzung zu einer teilweisen Vergewaltigung ihrer semitischen Geisteswelt macht. Denn wer in der Bibel der Form den Inhalt entreißt, der entzweit ein Ganzes, das nur in seiner Gesamtheit den vollen Sinn erschließt.

»Die Leser mögen Nachsicht üben, wenn wir vielleicht einige der schwer zu übersetzenden Ausdrücke unbefriedigend wiedergegeben haben. Es ist aber nicht gleich, ob man etwas in der hebräischen Sprache liest, oder ob in eine andere Sprache übertragen wird.«[34] So schrieb der Enkel von Jesus Sirach im Vorwort zu seiner griechischen Übersetzung der Spruchweisheit seines Großvaters im 3. Jahrhundert vor der christlichen Zeitrechnung. Diese Binsenweisheit gilt insbesondere für die Evangelien, die zwar auf griechisch überliefert wurden, jedoch zwischen den Zeilen und hinter dem Wortlaut ihre hebräische Vorlage deutlich durchschimmern lassen.

Was sind die wesentlichen Unterschiede zwischen den beiden »Testamenten« der Bibel? Die hebräische Bibel war über ein Jahrtausend im Werdegang und im Reifeprozess, ehe sie zum Kanon festgeschrieben wurde. Das NT hingegen ist die Frucht der theologischen Entwicklung eines knappen Jahrhunderts. Die hebräische Bibel ist aus der ganzen Breite eines rund fünfzehnhundertjährigen Volkslebens erwachsen; das NT hat zum Mittelpunkt das Leben einer Person, beschränkt auf zwei bis drei Jahre seines Wirkens auf Erden. Die hebräische Bibel bietet Erzählungen, Vorbilder und eine Tatenlehre für den Lebensweg gläubiger Menschen.

Das NT verweist auf einen Heilsweg, indem es eine Frohbotschaft verkündet und zum Glauben aufruft. Vor allem aber spricht die hebräische Bibel in der Muttersprache ihres Volkes und seiner Glaubenshelden; die Evangelien hingegen hatten die Heimat und den Ursprung ihrer Gründergeneration verlassen, um sich an andere Völker in einem Idiom zu wenden, das für die erste Christenheit als Fremdsprache galt. Sicher ist, dass die Frohbotschaft Jesu von Nazareth ursprünglich in seiner jüdischen Muttersprache formuliert wurde, die immer noch das Urgestein und die Grundsubstanz des NT bildet. Nicht weniger einleuchtend ist die Annahme, dass im Zuge der Übersetzung seiner Lehre so manche Gedankengänge umgedeutet wurden, Schlüsselbegriffe einen neuen Sinn erhielten und die Denkstrukturen der Griechen dem jesuanischen Glaubensgut nicht ganz gerecht zu werden vermochten.

Bestätigung findet diese Behauptung aus der Feder Martin Luthers, der schon vor 450 Jahren die oft holprige Übersetztheit der Evangelien erahnt hatte: »Wenn ich jünger wäre, so wollte ich die ebräische Sprache lernen, denn ohne sie kann man die Heilige Schrift nimmer mehr recht verstehen. Denn das Neue Testament, ob's wohl Griechisch geschrieben ist, doch ist es voll von Ebraismis und ebräischer Art zu reden. Darum haben sie recht gesagt: Die Ebräer trinken aus der Bornquelle; die Griechen aus den Wässerlin, die aus der Quelle fliessen; die Lateinischen aber aus den Pfützen.«[35] Den letzten Zweifel zerstreut die älteste Aussage, die die Wissenschaft über die Entstehungsgeschichte der Evangelien besitzt. In ihr besagt der Bischof Papias um das Jahr 135, der Jude Levi (später Matthäus benannt) habe als erster »die Sprüche Jesu geordnet« und dieses Werk »in der hebräischen Sprache« abgefasst – worauf der vielsagende Schlusssatz folgt: »Und jeder übersetzte sie, wie er eben konnte.«[36]

Diese grundlegende Hebraizität der Evangelien findet ihren rein quantitativen Niederschlag in den 456 Zitaten und Paraphrasen aus der hebräischen Bibel, die zur theologischen Infrastruktur des Kirchenkanons gehören. Würde man sie mit einer Schere aus dem NT herausschneiden – einschließlich des Titelblattes, da ja »Neues Testament« aus Jer 31,31 stammt –, so könnte kein Mensch die restlichen Papierfetzen als zusammenhängenden Bericht entziffern.

So hebräisch der Mutterboden ist, so jüdisch ist auch die Grundstruktur der christlichen Bibel.

Die sechs semitischen Sprachebenen

Und wer vor seinen jüdischen Augen noch eine hebräische Brille trägt, der merkt bald, warum der Text oft so schlechtes Griechisch enthält. Denn er versucht, oft sklavisch, seiner hebräischen Vorlage treu zu bleiben, die zwar seit den Tagen des Kirchenvaters Hieronymus verschollen ist, die aber auf sechs verschiedenen Ebenen unverkennbare Spuren hinterlassen hat.

1. Da ist zuerst die rein lexikalische Ebene. Allen voran stehen hier solche hebräischen Eigennamen wie Jakob, Juda (Jehuda), Simon, Joseph, Johannes (Jochanan), Maria (Miriam) und Elisabeth (Elischewa), von denen insgesamt achtzehn zum Kreise Jesu gehören. Nicht weniger undenkbar wäre das NT ohne Schlüsselworte wie etwa Sabbath, Passah, Rabbi, Mammon, Hosannah, Halleluja und Amen, das im Matthäus-Evangelium allein einunddreißigmal vorkommt.
   All diese und zwei Dutzend andere Hebraismen und Aramaismen bleiben bis heute Lehnworte in allen Sprachen Europas – ein Widerhall der Stimme Jesu und ein Tribut an ihre Unübersetzbarkeit zugleich.
   Dass Paulus sich rühmt, ein Hebräer zu sein (2 Kor 11,22), ja, ein Hebräer aus hebräischer Familie (Phil 3,5), dass die Himmelsstimme, die er später hörte, ihn in hebräischer Sprache anrief (Apg 26,14) und dass Jesu letztes Kreuzeswort (Mt 27,46; Mk 15,34) ein hebräisches Psalmenzitat (Ps 22,2) war, bestärkt die Überzeugung, dass hebräisch in der Tat als die Ursprache beider Testamente gelten darf. Die Evangelisten geben ja selbst zu, dass sie auf Schritt und Tritt aus den beiden Muttersprachen Jesu übersetzen:
   »*Immanuel – das heißt übersetzt ›Gott mit uns‹*«, so lesen wir bei Mt 1,23. »*Ephata – das heißt übersetzt ›Tu dich auf!‹*«, so schreibt Mk 7,34. »*Korban – das heißt auf hebräisch ›Opfergabe‹*«, *so* erklärt Mk 7,11 es seinen Lesern. »*Der Platz des Steinpflasters, der auf hebräisch ›Gabbata‹ heißt... und die so genann-*

te Schädelstätte, die im Hebräischen ›Golgatha‹ bedeutet«, so lautet es bei Jo 19,13.17. »*RABBI – das heißt übersetzt ›Meister‹*«, (Jo 1,39). »*Messias – das heißt übertragen ›Christus‹*« (Jo 1,41). »*Kephas – das wird übersetzt ›Petrus‹*« (Jo 1,41). »*Boanerges – das heißt ›Donnersöhne‹*« (Mk 3,17). Und so weiter und so fort.

Kein Wunder, dass bei so zahlreichen und tiefgreifenden Übersetzungen sich auch hie und da Fehlübersetzungen einschleichen müssen:

»*Talitha kum – was übersetzt heißt ›Mädchen, ich sage dir: Steh auf!‹*«, so lesen wir es bei Mk 5,41 – was man nur als Über-Übersetzung bezeichnen kann, denn die beiden aramäischen Worte bedeuten nur: *Schäfchen, steh auf!* – ein damals landläufiger Kosename für kleine Mädchen. »*Rabbuni – das heißt auf hebräisch ›Meister‹*«, so schreibt Joh 20,16. Hier irrt der vierte Evangelist zweimal in einem Wort: sowohl in der Identifizierung der Sprache, die diesmal Aramäisch ist, als auch in seiner Übertragung des Titels, der wohl am besten mit »*mein Gebieter*« wiederzugeben ist.

2. Die zweite semitische Sprachebene ist die der Syntax und der Grammatik. In über 120 Fällen wurde bei Matthäus allein der griechischen Syntax Gewalt angetan, um sie hebräischer Wortfolge und Satzbildung übergetreu anzuschmiegen – viel getreuer, als der Sprachgeist des Griechischen es erlaubt.

3. Da ist drittens die begriffliche Ebene: Himmelreich, Erlösung, Gottesbund, Auserwählung, Gnade, Sühne, Reue, Rechtfertigung – ja, das ganze Vokabular des Heils ist dem klassischen Griechisch genauso wesensfremd, wie es Urgewächs aus hebräisch-biblischem Mutterboden ist.

4. Die vierte ist die theologische Ebene: Messianität, Auferstehung, die Endzeit, Heilsgeschichte, der Wille Gottes und die Menschenpflicht – die gesamte Infrastruktur der hebräischen Theologie wurde recht und schlecht – mehr schlecht als recht

– in die Sprache der attischen Philosophen übertragen, wo sie dem aufmerksamen Leser ihre hebräische Abstammung deutlich zu erkennen gibt.

5. Die fünfte Ebene betrifft die Idiomatik des Neuen Testaments. Unter den hebräischen und hebraisierenden Topoi sind hier zu nennen: »*kleingläubig*« (Mt 6,30); »*Friedensmacher*« (Mt 5,9); »*Brot essen*« *im* Sinne von »ein Mahl einnehmen« (Mk 3,20; Lk 14,1); »*Womit ist das... zu vergleichen?*« (Mk 4,30 etc.), die klassisch-rabbinische Einleitung von Lehrparabeln; die hebräische »Namensscheu«, die Gott umschreibt, wie z. B. »*Der Hochgelobte*« (Mk 14,61); »*Der Höchste*« (Lk 1,32); »*Unser Vater im Himmel*« (Mt 6,9) und »*Herr des Himmels und der Erde*« (Lk 10,21); »*Fleisch und Blut*« (Mt 16,17) als Inbegriff des Menschentums; »*Nicht ein Jota oder Häkchen*« (Mt 5,18) als betonte Verneinung; »*Friede*« (Schalom) als Begrüßung (Mt 10,12f.; Mk 5,34; Lk 8,48; Jo 20,19); ein »*Zeichen*« als Vorzeichen der Endzeit (Mt 12,38; 16,1; 24,3; Lk 2,34; Jo 2,11); »*Söhne Gottes*« *(Mt* 5,9; Rom 8,14) als lobende Bezeichnung für die Gerechten; »die *Völker der Welt*« (Lk 12,30) als Bezeichnung der nichtjüdischen Umwelt Israels; »*ein Mann Prophet*« (Lk 24,19 nach Ri 6,8); »*lebendiges Wasser*« (Jo 4,10f.); »*Am ersten Tag der Woche*« (Joh 20,1) als Bezeichnung des Sonntags; »*Ein Sabbatweg*« (Apg 1,12); »*das Brot brechen*« (Apg 2,42); die »*Gottesfürchtigen*« (Apg 13,16) als Bezeichnung für Halb-Proselyten, sowie Dutzende von anderen Hebraismen, Aramaismen und dem Hebräischen nachgebildete Ausdrücke und Redensarten.
Hebräisch-biblisch ist ebenso der neutestamentliche Gebrauch von Symbolzahlen wie z. B. »*die Zwölf*«, die als Apostelschar auf die Gesamtheit der zwölf Stämme Israels hindeuten; »*Vierzig Tage*« als beträchtlicher Zeitabschnitt, wie etwa die Länge der Sintflut (Gen 7,4); die Gnadenfrist vor der angekündigten Zerstörung Ninives (Jon 3,4) und vor der Himmelfahrt (Apg 1,3), sowie die vierzig Fasttage des Mose (Ex 34,28), des Elia (1 Kön 19,8) und Jesu (Mt 4,2).

Ähnliches gilt für die »*zwei Schwerter*« (Lk 22,38); die »*drei Kreuze*« auf Golgatha (Mk 15,27); die »*vier Winde*« (Mt 24,31); die »*fünf Worte*« der Vernunft (1 Kor 14,19); die »*sechs Tage*« (Mt 17,1; Mk 9,2); die »*sieben Teufel*« der Magdalenerin (Lk 17,1); »*nach acht Tagen*« (Joh 20,26); die »*neun Aussätzigen*« (Lk 17,17); die »*zehn Jungfrauen*« (Mt 21,1-13); die »*elfte Stunde*« (Mt 20,6); die »*zwölf*« Legionen Engel (Mt 26,53); die »*siebzig*«, die Jesus aussandte (Lk 10,1); das »*siebenundsiebzigmalige*« Verzeihen (Mt 18,22); die »*neunundneunzig Schafe*« (Mt 18,12); die »666« des apokalyptischen Untiers (Apk 13,18); und die »*tausend*« Jahre des Reiches (Apk 20,7).
In all diesen Fällen steckt beträchtlich mehr hinter den Zahlen, als sich die trockene Arithmetik träumen lässt.

6. Nicht zuletzt gibt es für den »Bibeldetektiv« eine unterirdische Schicht von Hebräisch, die wie ein Palimpsest anmutet, ein altes Pergament, dessen ursprüngliche Beschriftung abgeschabt und abgewaschen wurde, um es mit neuem Text zu beschreiben. Hier geht es vorerst um Evangelienstellen, die kontextuell stutzig machen, den Gedankenduktus schroff unterbrechen, Implausibilitäten beinhalten, obskur, verworren oder gar sinnlos anmuten oder an Solözismen grenzen. Hier ergeht die Herausforderung an den Spürsinn, das Sprachgefühl und die Hellhörigkeit, um durch behutsame Rück-Hebraisierung ursprüngliche Zusammenhänge wieder herzustellen, den Sinn zu vertiefen und hin und wieder ein Echo der Urworte Jesu zu erlauschen.
   Durch mühselige Ameisenarbeit gelingt es sogar hie und da, so manches Rätsel der Exegeten auf einen Verlesfehler oder Abschreibefehler der alten Kopisten zurückzuführen, dunkle Jesusworte zu verdeutlichen und Einsichten zu bergen, an denen der griechische Evangelienredaktor offensichtlich ahnungslos vorbeigegangen ist.
   Wer mit der Praxis der Schreibstuben der Antike und des Mittelalters vertraut ist, weiß, dass Kenntnisse des Hebräischen damals genau so rar wie die Fehlerquellen der Abschreiber nur allzu häufig waren.

Im Falle der Evangelisten und ihrer End-Redaktoren käme hierzu auch die Wahrscheinlichkeit einer willkürlichen oder unwillkürlichen Änderung semitischer Quellen, die mit ihrer eigenen Theologie – oder ihrer Christusvorstellung – im Widerspruch standen.
Kurzum: neben den physiologisch bedingten Fehlerquellen der äußeren Umstände (des Lesens, des Hörens, des Schreibens etc.) machten es psychologische, theologische und sprachliche Faktoren so gut wie unmöglich, eine genaue Übersetzung oder deren quellgetreue Abschrift in der Frühzeit des Christentums zu erwarten.
Das Fazit liegt auf der Hand: Wir stehen heute vielleicht an der Schwelle einer neuen Epoche in der Forschung, die mit den Entdeckungen der ältesten neutestamentlichen griechischen Handschriften der Evangelien im vorigen Jahrhundert vergleichbar ist. Anderthalb Jahrtausende begnügte man sich in der Christenheit mit der lateinischen Vulgata – die nichts anderes ist, als die Übersetzung einer Übersetzung –, um dann schrittweise zum griechischen Text vorzustoßen. Heutzutage erst wird langsam klar, dass man ohne Hebräisch und Aramäisch keine echte Einsicht, weder in den Geist, noch in den ursprünglichen Wortlaut der Evangelien gewinnen kann. Denn weder Jesus, noch seine apostolische Urgemeinde mitsamt ihren ersten Tradenten dachten auf griechisch oder gar auf lateinisch. Nur die »hebraica veritas«, die Hieronymus einst so überschwenglich rühmte, kann uns ›zu den Quellen‹ zurückführen, um uns jenen Jesus von Nazareth zu vergegenwärtigen, der allzu lange durch dicke Schichten von Übertragungen, Übersetzungen und Überlagerungen uns allen entfremdet worden ist, Hier gilt es, Neuland zu erschließen, das so manches Mysterium der Ausleger und cruces interpretum – wie z. B. die Feststellung der Heimatstadt Jesu (Bethlehem, Nazareth oder Kapharnaum?) die Frage nach dem Datum des Abendmahls, der umstrittene Menschensohntitel, das so genannte »Messiasgeheimnis« und andere mehr – einer Lösung näher bringen könnte.

»Die Männer der Urkirche dachten, sprachen, schrieben und beteten in jüdischen Kategorien«, so schreibt der katholische Theologe Franz Mussner.[37] »Das Christentum hat sich keineswegs als eine neue Glaubensreligion der jüdischen Glaubensreligion gegenüber etabliert (...) christlicher Glaube wird immer in der Struktur jüdischen Glaubens Glaube sein.« So bestätigt es der evangelische Bischof Ulrich Wilckens.[38] Wenn dem so ist, wäre es nicht an der Zeit, die sprachlichen Konsequenzen aus diesem Tatbestand zu ziehen? Doch vorerst einige Kostproben mutmaßlicher Fehlübersetzungen im NT und ihre Korrektur durch Rückkehr zum wahrscheinlichen Urlaut und Ursinn der ersten Christenheit und ihres Gründers. Drei Beispiele, stellvertretend für viele andere, sollen die fundamentale Hebraizität der Evangelien beleuchten.

Warum musste er Jesus heißen?

»*Du sollst ihm den Namen Jesus geben, denn er wird sein Volk erlösen*«, so sagt ein Engel dem Joseph im Traum (Mt 1,21). Christen, die von Kind auf gewöhnt sind, ihre Bibel zu lesen, verfallen nur allzu leicht dem Trugschluss, Vertrautheit mit dem Wortlaut mit wahrem Schriftverständnis zu verwechseln. Diese falsche Vertrautheit fällt der Macht der Trägheit zum Opfer, die den Sinn verwischt, den Text oft verwäscht, worauf der Grünspan der Gepflogenheit die Prägnanz durch die Frequenz ersetzt. Sonst wäre vielen schon längst aufgefallen, dass das begründende Wörtchen »*denn*«, das die beiden Satzhälften verbindet, eigentlich jedweder Logik entbehrt.

Warum könnte das noch ungeborene Kind nicht Simon, Judah oder Abraham heißen und genauso gut sein Volk erlösen? Erst wenn man diese Aporie (Verlegenheit) ins Hebräische zurückübersetzt, kommt der Sinn zum Vorschein, wobei das ursprüngliche Wortspiel, die biblische Diktion und die rhythmische Gliederung zu erneuter Geltung gelangen:

WE KARATA SCHEMO JESCHUA KI JOSCHIA ÄT AMMÖ. Dadurch, dass der Nazarener bei den Seinen niemals Jesus hieß, sondern JESCHUA, was »*er wird erretten*« oder »*Gott wird erlösen*« bedeutet, wird jetzt nicht nur die Kausalität des Wörtchens »*denn*« offensichtlich, sondern die zweite Satzhälfte wird nun zur sachlichen Deutung des Namens; als Zeichen der Sendung des Sohnes Marias.

Diese Symbolik gliedert sich nahtlos in eine lange Reihe von hebräischen Namensgebungen ein, wo ebenso die Begründung jeweils mit einem ausdrücklichen »denn« oder »darum« eingeleitet wird. So z. B. heißt es schon beim Stammvater der Hebräer: »*Darum sollst du (...) Abraham heißen, denn ich habe dich zum Vater vieler Völker gemacht« (Gen* 17,5), wobei »Abraham« einem hebräischen Kürzel für »Vater vieler Völker« gleichkommt. *Jetzt endlich wird mein Mann an mir hängen*«, sagt Lea bei der Geburt ihres Sohnes, »*darum nannte sie ihn Levi*« (Gen 29,34), was soviel wie »Anhang« bedeutet. »*Sie gebar einen (weiteren) Sohn*«, so heißt es in der Folge, »*nun will ich dem Herrn danken; darum nannte sie ihn Jehuda*« (Gen 29,35), was »es sei gedankt« besagt. »*Da sprach Rachel: Gott hat mir Recht verschafft und (...) mir einen Sohn gegeben; darum nannte sie ihn Dan*« (Gen 30,6), was »Richter« heißt.

Bei diesen und Dutzenden von anderen biblischen Gestalten ist also die Namensgebung nichts anderes als ein hebräisches Stenogramm ihrer heilsgeschichtlichen Prädestination – genau wie im Falle Jesu, bei dem in Mt 1,21 noch dazu ein Psalmvers (Ps 130,8) zu Wort kommt.

Einen Mann »erkennen«

Dem Engel, der ihr einen Sohn verheißt, stellt Maria die gut hebräische Frage »*Wie wird das geschehen, da ich keinen Mann erkenne?*«(Lk 1,34).

Es geht hier keineswegs um ein bloßes »kennen« oder »kennenlernen« im deutschen Sinn des Wortes, sondern um ein gesamtmenschliches Erkennen, das, wie beim ersten Menschenpaar (Gen 4,1), die geschlechtliche Vereinigung von Adam und Eva zum Ausdruck bringt.

Ein und dieselbe Vokabel beschreibt in der hebräischen Bibel die Erkenntnis Gottes (z. B. Hos 2,22) und das liebevolle Erkennen einer Frau auf dem Weg allen Fleisches. Denn »erkennen« ist für den Hebräer – ungleich dem Griechen – kein abstrakter Vernunftprozess, sondern ein Brückenschlag zwischen Herz und Kopf; zwischen Gefühl und Verstand, wobei das Greifen der Nähe zum Begreifen führt, um dann im gemeinsamen Ergriffensein zu gipfeln. So ist im »Lieben« und »Erkennen« letztlich dieselbe Urwahrheit enthalten, die die Vereinigung zweier Liebender zur Quelle der tiefsten Erkenntnis erhebt. Mit den Worten Goethes, der in seiner Jugend Hebräisch studiert hatte: »Man lernt nichts kennen, als was man liebt. Und je tiefer und vollständiger die Kenntnis werden soll, desto stärker, kräftiger und lebendiger muss die Liebe sein.« Erst wenn man sich dieser Tiefendimension der hebräisch verstandenen Geschlechterliebe innewird, versteht man die nüchterne Sachlichkeit von Marias Einwand.

Der »dritte Tag« der Hochzeit zu Kana

»*Und es war am dritten Tag, da fand eine Hochzeit zu Kana in Galiläa statt*«, so beginnt das zweite Kapitel des Johannesevangeliums. Warum ausgerechnet »*am dritten Tag*«, wo doch keinerlei Hinweis in den vorangehenden noch in den darauffolgenden Versen zu finden ist, der diese exakte Zeitangabe erklären oder rechtfertigen könnte.

Christliche Exegeten haben des öfteren hier eine Präfiguration der Auferstehung Jesu in den Wortlaut hineingelesen, die ja ebenso »am dritten Tage« stattfand, jedoch scheint all dies bei den Haaren herbeigedeutet, da keine Silbe im Text selbst eine solche Auslegung zu erhärten vermag.

Erst bei der Rückübersetzung ins Hebräische wird klar, dass es sich hier um nichts anderes als den Dienstag handelt, auf hebräisch »der dritte Tag« in der Schöpfungswoche im ersten Buch Mose (Gen 1,13). Dieser dritte Tag genießt den biblischen Vorzug, dass es an ihm allein zweimal heißt: »*Gott sah, dass es gut war*« (Gen 1,10 und 1,12) – wobei das erste Gutheißen den eben erschaffenen Festland und Meeren galt, während das zweite einen tieferen Sinn erschließt. Denn von der Flora an heißt es nicht mehr wie zuvor: Es werde Licht! Es werde eine Feste! Es sammle sich das Wasser! Diesmal sagt Gott: »*Sprießen lasse die Erde Gesproß!*« (Gen 1,11), wobei die Kreatur nicht mehr stumpf daliegen soll, sondern ihren tätigen Beitrag am Gotteswerk zu leisten hat. Kurzum: Gott will von nun an Mitarbeiter am Schöpfungswerk, denen er die freie Kreativität gewährt.

So ist Gott nicht mehr allein; er hat sich Partner erkoren, die mit ihm die Schöpfung weitertreiben als tatkräftige Mitarbeiter des Herrn der Welt, denen das zweite »*es war gut*« nun gilt. Von jedem Brautpaar wird demgemäß erwartet, dass es die fortschreitende Schöpfung fördert, indem es einen neuen Mensehen zur Welt bringt. Und dass bei jeder Menschwerdung Gott selbst beteiligt ist, bestätigt bereits Eva bei der Geburt Kains, als sie jubelt: »*Ich habe einen Mann gewonnen, mit der Hilfe des Herrn!*« (Gen 4,1)- Deshalb ist dieser »dritte Tag« seit uralten Zeiten zum klassischen Hochzeitstag der Juden geworden – aus zwei triftigen Gründen: als Wink mit dem Zaunpfahl zur Erfüllung des Fruchtbarkeitsauftrages (Gen 1,28) und als doppelt gutes Omen. Denn das erste »KI-TOW« (»es ist gut«) gilt dem Bräutigam, während das zweite als Segen für die Braut eine glückliche Ehe vorausdeuten soll.

Deshalb fand jene Hochzeit zu Kana – wie die meisten jüdischen Trauungen bis auf den heutigen Tag – »am dritten Tag« der Schöpfungswoche statt.

Am Rande sei hier an die deutschen Namen der Wochentage erinnert, die auffallend unbiblisch sind. So ist der *Sonntag* eine Erinnerung an den römischen Feiertag der unbesiegten Sonne, die die Anhänger des Mithraskultes anbeteten; *Montag* dient in gleicher Weise der Mond-Göttin; *Dienstag* ist ein verballhornter Zeus-Tag (vgl. das englische Tuesday); *Donnerstag* ist noch immer dem germanischen Donner-Gott geweiht; *Freitag* ist der heilige Tag der Freya, die Herrin des germanischen

Walhalla, und *Samstag* (wie der englische Saturday noch klarer bezeugt) ist dem vergotteten Saturngestirn geweiht. Nur der *Mittwoch* ist ›Koscher‹ – als wertneutraler Tag, dessen Name im Deutschen vom Heidentum unbesudelt geblieben ist – aber nicht im Englischen, wo er dem Wotan (Wednesday) und im Französischen dem Gott Merkur (Mercredi) gewidmet ist.

Mutmaßliche Übersetzungsfehler im Neuen Testament

Lobt Jesus einen Betrüger?

Kein Leser der Parabel vom ungerechten Haushalter (Lk 16,1-9) wird behaupten wollen, dass dieser Verwalter ein Ehrenmann gewesen sei, bei dessen Vorgehen es sich lediglich um ein »Kavaliersdelikt« handelte. Der Mann ist vielmehr ein regelrechter Betrüger und Urkundenfälscher, der vor keinem Gericht bestehen könnte, sondern schwer bestraft werden müsste. Und dennoch wird eine so üble Korruptionsaffäre zum (angeblichen) Gegenstand einer Lehre, die Jesus seinen Jüngern anscheinend erteilen will – es sei denn, der Schein trügt.

Doch vorerst zum Text und dem Ablauf der Geschichte.

Das Gleichnis vom ungetreuen Verwalter ist in drei Akte aufgebaut, deren Ablauf logisch vonstatten zu gehen scheint – bis zum überraschenden Schluss, der aller Logik Hohn spricht. Im ersten Akt handelt der Herr, der seinem Verwalter Veruntreuung vorwirft, Rechenschaft von ihm fordert und ihn wegen schlechter Amtsführung entlässt. Dabei werden zwei Dinge hervorgehoben: der Beschuldigte hat eine gehobene Stellung, ist also kein gewöhnlicher Knecht – und: er weiß, dass die Anklage gerecht ist und er keine entschuldigende Rechenschaft ablegen kann. Der zweite Akt erzählt, was er daraufhin tut. Seine Lage ist aussichtslos, und da er nicht kräftig genug ist, um Knechtsarbeit zu verrichten, bleibt ihm eigentlich nur der schmähliche Bettel. Doch halt! Plötzlich fällt ihm ein Ausweg ein, der es ihm ermöglichen würde, in seiner Erniedrigung woanders Aufnahme zu finden. Doch wie wird er das bewerkstelligen? Die Spannung, die bislang mit knappen Stilmitteln gesteigert wurde, gipfelt nun im dritten Akt in der Aufforderung des entlassenen Verwalters – wohl in Ausnützung seiner (bisherigen) Stellung – an zwei Schuldner seines Herrn, ihre Schuldscheine um beträchtliche Summen zu fälschen.

Worauf es nun im griechischen Text ganz unerwartet heißt: »*Und der Herr lobte den ungetreuen Verwalter, weil er klug gehandelt hatte*« (Lk 16,8).

Dass »ein reicher Mann« seinen Verwalter »loben« könnte, nachdem dieser »seine Güter verschleudert«, ihn dieser dann noch durch Urkundenfälschung bestohlen und zu guter Letzt seine Schuldner noch durch Betrug zu Komplizen gemacht hat, straft sowohl alle Moralität als auch jedwede Plausibilität Lügen. Noch unglaubwürdiger ist die Annahme, dass Jesus ein derartiges Skandalon zum Gegenstand einer Lehrparabel gemacht habe.

Die Auslegung der Parabel, deren Schwierigkeit schon der frühen Christenheit bewusst war, bleibt bis heute umstritten. Um so mehr, als auf den paradoxalen Höhepunkt (Lk 16,8) eine Spruchreihe folgt, die gekünstelt anmutet, unterschiedliche Anwendungen gibt und den straffen Rhythmus der ersten acht Sätze durch einen schroffen Wechsel im Duktus unterbricht. Kein Wunder, dass es in der Auslegung zu einer Reihe von eigenwilligen Klärungsversuchen gekommen ist. Die einen wollen im Gleichnis ein Beispiel für den richtigen Gebrauch von Reichtum sehen; die anderen halten das Verhalten des Verwalters für ein abschreckendes Beispiel; eine dritte Schule versucht, im Betrüger, der die kurze Zeit vor seiner Verjagung aus dem Amt zu seinen Gunsten nutzt, eine Mahnung zu entdecken – in welchem Sinn auch immer –, die jetzige Zeit vor Anbruch der Endzeit bestmöglich zu nutzen usw. usw.

Mit Recht kommentiert Ulrich Wilckens hierzu: »Das Gleichnis ist unter allen sonstigen Gleichnissen Jesu eigenartig: Ein skandalöser Betrug wird zum Bild für die rechte Einstellung zum Gottesreich! (...) Der Herr lobt seinen Verwalter, statt ihn zu tadeln.«[39] Jörg Zink übersetzt Lk 16,8 in höchst beeindruckender Weise: »Als der Besitzer von der Sache erfuhr, imponierte ihm der Geschäftsführer, trotz aller Betrügereien und Schliche. Er war klug! Er hatte seine letzte Chance genutzt.«

Fast unmoralisch klingt der Kommentar der »Jerusalemer Bibel«: »Der Verwalter wird nicht wegen seines Betruges gelobt, sondern wegen seines Geschicks, sich aus einer verzweifelten Situation zu ziehen.«[40]

Das Rätsel nähert sich einer Lösung, wenn man den anstößigen Satz ins Hebräische des 1. Jahrhunderts zurückübersetzt, worauf sofort die zwei Bedeutungen der beiden Schlüsselworte ins Auge stechen – nämlich »BARECH«, das zwar im allgemeinen »segnen« oder »loben« heißt (Gen 24,1; 28,6 etc.), aber auch als Euphemismus das Gegenteil bedeuten kann: »Verfluchen, absagen, verwünschen«, wie es z. B. in Ijob 2,9 von Hiobs Frau berichtet wird; wie es in 1 Kön 21,13 beim fälschlich angeklagten Naboth der Fall ist und in der Birkath-ha-Minim, die fälschlich als »Ketzersegen« bekannt ist, obzwar sie im Grunde einem Ketzerfluch gleichkommt. Hierzu gesellt sich die Doppeldeutigkeit des Eigenschaftswortes »arúm«, das zwar »klug« oder »verständig« bedeuten kann (wie z. B. in den Sprüchen Salomons 12,13 und 13,16), aber auch »listig« oder »hinterlistig« (wie die Schlange im Paradies (Gen 3,1) bezeichnet wird), wobei nur der größere Zusammenhang den Leser belehrt, welche, der beiden Bedeutungen in jedem Einzelfall gemeint ist.

Wenn also Lukas, der Grieche, unter den »vielen Berichten«, denen er »von Anfang an sorgfältig nachgegangen ist« (Lk 1,1), auch ein hebräisches Urevangelium zur Verfügung hatte, jedoch nicht genügend mit den Ambivalenzen der biblischen Sprache vertraut war, wäre es höchstwahrscheinlich, dass er danebengeraten hat. Und so setzte er »lobte« anstatt »fluchte«; und anstatt »hinterlistig« übersetzte er »klug«.

Was jedoch ursprünglich gemeint war, wie es sowohl der Kontext als auch die jesuanische Ethik nahelegen, war:

»Und der Herr verdammte den betrügerischen Verwalter, weil er hinterlistig gehandelt hatte.« In diesem Falle ist Ulrich Wilckens zuzustimmen, der im Blick auf Lk 16,9-13 schreibt: »Schon früh hat man den Sinn des Gleichnisses nicht mehr verstanden und fügte so (...) Sprüche hinzu, die zu verlässlicher Treue im Kleinen wie im Großen mahnen.«[41]

Soll der Herr seinen Knecht »entzweihauen«?

An seine Rede über die bevorstehende Zerstörung Jerusalems und die unbekannte Stunde, wenn dann »der Menschensohn« erscheinen wird, schließt Matthäus ein Gleichnis an, das allgemein als Mahnung zum Wachbleiben der Jünger in der Zwischenzeit bis zum Anbruch des Weltgerichtes gedeutet wird. Es gäbe auch eine andere Deutungsmöglichkeit, die inzwischen dahingestellt bleiben soll, denn in der Folge geht es lediglich um einen Vergleich zwischen einem »treuen und klugen Knecht«, der alle Zeit seines Amtes waltet, so dass der zurückkehrende Herr ihn bei der Arbeit trifft. »Der böse Knecht« hingegen missbraucht die Abwesenheit seines Herrn, um mit seinen Mitknechten zu raufen und mit Trunkenbolden zu schlemmen und zu zechen.

Bei der unerwarteten Rückkehr des Herrn erfolgt nun, wie zu erwarten war, die Erteilung von Lohn und Strafe. Während der treue Knecht »selig« gepriesen und vom Herrn »über seine ganze Habe« gesetzt wird, lässt der Herr den Letzteren *»entzweihauen und ihm seinen Anteil mit den Heuchlern geben«* (Mt 24,51). Martin Luther verschlimmert diese Hinrichtung noch zum »vierteilen«, womit er die Absurdität auf die Spitze treibt. Denn solch unmenschliche Grausamkeit, noch dazu in einer paränetischen Lehrparabel, scheint aus dem Munde Jesu völlig unglaubwürdig – um so mehr, als sich zu ihr drei Implausibilitäten gesellen.

1. Der schroffe Gegensatz zwischen der Barbarei der ersten Strafe: einen lebendigen Menschen entzweihauen, was noch niemand überlebt hat; und der Milde der zweiten Strafe; »ihm

seinen Anteil mit den Heuchlern geben« ein Hebraismus, der seine Anprangerung als Heuchler bedeutet, wovon noch niemand gestorben ist.

2. Die krasse Inkommensurabilität zwischen dem Vergehen des Knechtes – raufen und saufen – und seiner blutigen Tötung, die aller jesuanischen Ethik Hohn spricht.

3. Nicht zuletzt befremdet die Reihenfolge der beiden Bestrafungen: *Zuerst* soll der Knecht getötet werden, *worauf* seine Leiche dann als »Heuchler« angeprangert werden soll!?

Die Jerusalemer Bibel versucht in einer Fußnote zur Stelle das Paradoxon umzudeuten: »Wohl bildlich zu verstehen im Sinne von: Er wird sich von ihm trennen – eine Art von Exkommunikation«.[42]

Paul Gaechter hingegen wittert zwar eine »Fehlübersetzung«, meint aber, dass es ursprünglich geheißen habe, »er wird ihm eine Tracht Prügel geben lassen«[43].

Andere Ausleger suchen Zuflucht im Bereich der Allegorien oder Metaphern oder sie übergehen die Verlegenheit stillschweigend. Kurzum: Hier stimmt etwas nicht – was den Verdacht eines Übersetzungsfehlers nahelegen muss.

Doch lasst uns schrittweise vorgehen. Die Parabel beginnt mit den Worten »*wie ergeht es wohl einem Knecht (...)*? (Mt 24,45) – eine typisch rabbinische Eröffnungsfrage, wie sie uns im Talmud und im Midrasch zu Dutzenden begegnet. »*Amen, ich sage euch*« (Mt 24,47) ist ebenso eine gut rabbinische Beteuerungsformel, wie wir sie bei Jesus des Öfteren treffen. Nicht weniger hebräisch ist, wie gesagt, die Redewendung »*ihm seinen Anteil mit den Heuchlern geben*« (Mt 24,51), die sowohl auf griechisch als auf deutsch fremdartig klingen muss, aber zugleich beweist, dass das Strafurteil einst in Jesu Muttersprache gesprochen wurde.

Wir dürfen also annehmen, dass es sich hier im Kern der Sache um eine echt jesuanische Parabel handelt, die ursprünglich in der Muttersprache des Nazareners überliefert worden ist. Wenn wir die anstößige Vokabel »entzweischneiden« in das zeitgenössische Hebräisch Jesu übersetzen, stoßen wir auf ein Zeitwort: GASAR, dem zwei Bedeutungen innewohnen (wie das französische: trancher); es kann »in Stücke schneiden« oder »entscheiden; beschließen« heißen, wobei der gemeinsame Nenner das »scheiden« ist, im Sinne von zer-teilen oder ent-scheiden.

Der dubiose Satz konnte also aus dem höchstwahrscheinlichen Urtext in zweierlei Weise ins Griechische übersetzt werden:

A. »*Er wird (ihn) entzweihauen und seinen Anteil (...)*«, was der ersteren Bedeutung von GASAR (1 Kön 3,25; Jes 53,8) entspricht oder

B. »*Er wird beschließen, seinen Anteil (...)*«, was der zweiten Bedeutung von GASAR (Ijob 22,28; Est 2,1) gerecht wird. Wobei die zweite Übersetzung nicht nur kontextgetreuer wäre, sondern auch im Nu alle drei Implausibilitäten entfernt, der Ethik Jesu viel besser entspricht und, nicht zuletzt, auch ein passenderes Gegenstück zur Belohnung des treuen Knechtes (Mt 24,47) darstellt.

Dass wir auch nach dieser Emendation in der griechischen Version schwerlich das Ursprüngliche erblicken dürfen, ergeht u. a. daraus, dass der schlechte Knecht, der dem Genussleben frönte, ein »Heuchler« genannt wird, wobei doch Bezichtigungen wie Gauner, Schurke oder Betrüger seinem Missverhalten viel besser entsprächen. Die lukanische Parallele scheint dem Urtext näher, indem sie ihn zu den »apistoi« zählt (Lk 12,46), was zwar in den meisten deutschen Ausgaben mit »ungläubig« übertragen wird, aber hier »treulos« bedeuten müsste.

Da aber »Heuchler« zu den Lieblingsworten des Matthäus zählt, die er ein rundes Dutzend Mal Jesus in den Mund legt, musste auch hier der ungetreue Knecht zum »Heuchler« werden, der nicht nur lebendigen Leibes »entzweigehauen« wird, sondern noch zu guter Letzt – nach seiner barbarischen Exekution – in die Hölle verdammt wird. Wie anderes können wir den völlig unnötigen zusammenhanglosen Schlusssatz verstehen: »*Dort wird Heulen und Zähneknirschen sein*« (Mt 24,51) –

eine finstere Drohung, die Matthäus den liebevollen Jesus nicht weniger als sechsmal (Mt 8,12; 13,42; 13,50; 22,13; 24,51; 25,30) aussprechen lässt.

Auf zwei Eseln reitend?

Beim Einzug Jesu in Jerusalem trägt er zwei von seinen Jüngern auf:

»*Zieht in das Dorf (...) dort werdet ihr eine Eselin angebunden finden und ein Füllen bei ihr. Bindet sie los und führt sie zu mir!*« (Mt 21,2). Worauf Matthäus, wie schon so oft, ein messianisches Beweis-Zitat folgen lässt: »*Dies ist aber geschehen, damit erfüllt werde des Propheten Wort: Sag der Tochter Zion; Siehe, dein König kommt zu dir, sanftmütig, auf einer Eselin reitend und auf dem Füllen, dem Jungen eines Esels*« (Sach 9,9).

Dieses Füllen zog die Aufmerksamkeit etlicher Kirchenväter auf sich, deren Meinung Thomas von Aquin wiedergibt:

»Die Eselin, welche unter dem Joch ging und gezähmt war, bedeutet die Synagoge, die das Joch des Gesetzes getragen hat; das Füllen der Eselin hingegen ist das ausgelassene und freie Heidenvolk.« Wie dem auch sei, heißt es gleich danach: »*Als aber die Jünger hingegangen waren und getan hatten, wie Jesus ihnen aufgetragen, brachten sie die Eselin und das Füllen (...) und Jesus setzte sich auf sie*« (Mt 21,6-7).

Wer die Wegstrecke von Bethanien nach Jerusalem kennt und bereit ist, sich Jesus drei Kilometer lang auf zwei Tieren reitend vorzustellen, wird sich schwertun, ein Schmunzeln zu unterdrücken: Sollte ihn kein Wunder vor den zu erwartenden Folgen bewahrt haben, so musste er mit wundem, wenn nicht aufgeriebenem Gesäß in der Hauptstadt angekommen sein.

Jedoch nur laut Matthäus. In der Parallelstelle des Markus (11,2) und Lukas (19,30) ist die Rede lediglich von einem Eselsfüllen, »*und er setzte sich auf es*«. Dies entspricht nicht nur dem Zweck seines Einrittes in Jerusalem, sondern auch jener messianischen Erwartung, der gemäß Israels *erster* Erlöser, Mose, seine

Frau und Söhne auf einem Esel reiten ließ (Ex 4,20) und Israels *letzter* Erlöser ebenso auf einem Esel reiten werde (Sach 9,9).

Da dies jedoch der landläufigen Hoffnung auf einen siegreichen Herrscher-Messias, der auf einem stolzen Pferd erwartet wurde, ganz offensichtlich widersprach, gab sich Sacharia Mühe, den Überraschungseffekt seines schlichten Reittieres zu unterstreichen – indem er es sprachlich verdoppelte.

Dem Sprachgeist des Hebräischen gemäß, geschah dies schon bei der ursprünglichen Bezugsstelle im Jakobssegen, der gemäß der »kommende Held« dereinst »*seinen Esel an den Weinstock und seiner Eselin Füllen an die edle Rebe binden wird*« (Gen 49,11) – ein Spruch, der schon früh messianisch gedeutet wurde. »Abraham, Abraham!« so lautete einst der Ruf des Engels an den Stammvater (Gen 22,11). »Saul, Saul!« so begann jenes Damaskus-Erlebnis des Heidenapostels (Apg 9,4), wobei in beiden Fällen die Verdopplung nur eine rhetorische Hervorhebung bezweckt und erwirkt. Martin Luther scheint dies verstanden zu haben, denn er bewerkstelligt eine elegante Ehrenrettung des Evangelisten, indem er sinngemäß übersetzt: »... *und er setzte sich darauf*« – wobei es absichtlich unklar bleibt, ob es sich um ein oder zwei Tiere handelt. Schließlich und endlich konnte ja das Eselsfüllen hinter dem Muttertier einhertraben, wie es viele Kommentatoren annehmen, womit die Verlegenheit so gut wie behoben wird.

Wann und wo erschien der Auferstandene?

Wir dürfen annehmen, dass zumindest ein Teil der Widersprüche in den Auferstehungsberichten der Evangelisten auf Übersetzungsfehlern ihrer semitischen Grundtexte und Vorlagen beruhen. Zwei solche Fehlübersetzungen, die Ort und Zeit der Auferstehungserscheinungen betreffen, mögen diese Annahme erhärten.

Der Schauplatz der Auferstehungserscheinungen war laut Markus und Matthäus in Galiläa, laut Lukas aber in Jerusalem. Einige Forscher erklärten dann die galiläische Erscheinung Jesu aus einem alten Irrtum des Markus, womit der fatale Widerspruch beseitigt gewesen wäre, hätten nicht andere Gelehrte von einem zweifellosen und noch dazu absichtlichen Fehler des Lukas gesprochen. Darüber hinaus berichten weder Markus noch Matthäus von Erscheinungen in Jerusalem noch Lukas von solchen in Galiläa; und in der ebenfalls dem Lukas zugeschriebenen Apostelgeschichte gebietet der Auferstandene den Jüngern ausdrücklich, »sich von Jerusalem nicht zu entfernen, sondern dort die Erfüllung der Verheißungen des Vaters abzuwarten« (Apg 1,1ff.). Lukas kennt somit nur Erscheinungen in und bei Jerusalem; von Erscheinungen in Galiläa weiß er nichts. Dieser Widerspruch kommt einer Lösung näher, wenn wir uns erinnern, dass »Galil« und die weibliche Form »Galilah« auf hebräisch nichts anderes als »Umkreis, Landstrich« bedeuten. Seit Jes 9,1, der vom »Bezirk der Heiden« (Galil-ha-Gojim) spricht, pflegt man zwar die nördliche Bergprovinz als »Galiläa« zu bezeichnen, was der griechischen Transkription von »Galilah« gleichkommt, jedoch kennt Ezechiel 47,8 eine »Galilah Kadmonah« (östlicher Umkreis), die dem Landstrich östlich vom Tempelplatz in oder bei Jerusalem entspricht.

Dies könnte mit großer Wahrscheinlichkeit die Umgebung von Bethanien bezeichnen, die dem Jüngerkreis als »*die Stadt Marias und ihrer Schwester Martha*« (Joh 11,1), als Raststätte nach dem feierlichen Einzug in Jerusalem (Mk 11,11), als Ort der Wiederbelebung des Lazarus (Joh 11,43ff.) und als Ort der Salbung Jesu (Mt 26,6-13 par) wohlbekannt war. Dieser »*Bezirk Jerusalem*« (Galilah Jeruschalaim) konfrontierte anscheinend die späteren griechischen Evangelisten, die mit den topographischen Bezeichnungen ihrer jüdischen Vorlagen nicht vertraut waren, mit einem Rätsel, das Lukas durch die Verlegung der Erscheinung des Auferstandenen nach Jerusalem, Matthäus und Johannes hingegen nach Galiläa zu lösen versuchten.

Diese Hypothese gewinnt an Plausibilität sowohl durch den Hinweis Tertullians (2. Jahrhundert) in seinem »Apologeticum« auf »Galiläa, eine Gegend in Judäa«, als auch durch die landläufige Verwendung des Wortes »Galil« im heutigen Israel zur Bezeichnung jedweden Landkreises. Diese Lösung eines missverstandenen »Ostbezirkes« in der Nähe von Jerusalem entspräche sowohl dem mutmaßlichen Standpunkt der Jünger am Ostersonntag als auch dem Auftrag an die Apostel, Jerusalem bis Pfingsten nicht zu verlassen. Hinzuzufügen wäre noch, dass Jerusalem als Stadt der letzten Predigt Jesu, seiner Kreuzigung und der erwarteten Parusie (Apg 1,11) auch der einleuchtendste Ort seiner Auferstehungserscheinung sein müsste.

Ähnliches gilt für den Zeitpunkt der Auferstehungsbotschaft am leeren Grab, die Matthäus noch auf die Nachtzeit, gleich nach Ausgang des Sabbaths, Markus und Lukas aber erst auf den frühen Ostersonntagmorgen datieren. Die obskure, dem Griechischen unbequeme Formulierung des Matthäus (28,1) »*nach dem Sabbath, beim Aufleuchten zum ersten (Tag) der Woche* (oder: des Sabbaths)« oder nach der Elberfelder Übersetzung »*spät am Sabbath* (griechisch: opse de Sabbaton) *in der Dämmerung des ersten Wochentages ...*« scheint auf einer im Mischnah-Hebräisch geläufigen Redewendung zu beruhen:

MOTZAY-SCHABBAT OR-LE-ÄCHAD BE-SCHABBAT, die zwar wörtlich besagt: »Am Ende des Sabbaths (im) Licht zum Ersten Tag (...)«, jedoch mittels eines Euphemismus (Licht = Nacht) nichts anderes sagen will als: »Am Sabbath-Ausgang, in der Nacht vor dem Sonntag«. Grundlegend ist die Tatsache, dass der Sabbath seit Gen 1,15 am Freitagabend beginnt und am nächsten Abend endet, wie auch jeder neue Tag »vom Abend an bis wieder zum Abend« dauert (Lev 23,32). Unvertrautheit mit diesem Hebraismus scheint zu widersprüchlichen Zeitangaben in den Evangelien geführt zu haben. Die Seelennot des Jüngerkreises seit Karfreitag spricht auf jeden Fall für einen baldest möglichen Besuch der Grabstätte Jesu, also mit Anbruch der Nacht, die dem Sabbath-Ausgang unmittelbar folgt, wie es die Rückhebraisierung der im Griechischen obskuren Stelle bezeugt.

Entdeckung des verschollenen Esseners

»Es ist höchst erstaunlich, dass die Essener im NT nicht namentlich vorkommen. Ich kenne keine völlig zufriedenstellende Erklärung dieses Umstandes. Sicherlich ist es nicht auf ihre Unbekanntheit zurückzuführen.«[44] Diese Meinung von Frank Moore Cross bringt den Konsens der meisten Bibelwissenschaftler zum Ausdruck. Während die Pharisäer, wie bekannt, die Bühne des neutestamentlichen Heilsdramas so gut wie beherrschen und die Sadduzäer vierzehnmal genannt werden, ist in allen 27 Büchern des NT keine einzige Erwähnung der »Dritten Schule« zu finden – obwohl Josephus Flavius ihr über sieben Seiten widmet[45] – achtmal mehr als den beiden anderen. Auch fehlt es keineswegs an essenischen Affinitäten, Anspielungen sowie Lehnwörtern und Lehnwerten aus ihrem Glaubensgut. So z. B. klingt das Logion in Mt 19,21 wie ein typisch essenisches Lob der Armut; die Jubelrufe aus Mt 11,23-30 muten essenisch-qumranisch an, sowohl in ihrer Poesie als auch in der Preisung der Demut.

Wie die Essener glaubte auch Jesus an die Schwierigkeit für Reiche, ins Himmelreich zu kommen (Mk 10,25); mit ihnen brachte er seine Heilsbotschaft zu den Armen, Unterdrückten und den »Armen im Geiste« (Mt 5,3). Ja, sogar die Zwölfzahl seiner Apostel (Mt 19,28), die Seligpreisung Petri (Mt 16,17-18) und die scharfe Gegenüberstellung von Gottesliebe und Habgier (Mt 6,24) sind eng mit essenischer Lehre verwandt. Um so merkwürdiger ist die Abwesenheit dieser asketischen Idealisten im NT, deren Gedankengut durch alle vier Evangelien, die Apostelgeschichte und zumindesten zwei der Paulusbriefe (Kol und 2 Kor) widerhallt.

Ein Essener scheint dennoch im Evangelium erwähnt zu werden, sogar an prominenter Stelle, wenn auch unter seltsamer Verkleidung. In der Perikope von der Salbung Jesu in Bethanien sprechen sowohl Markus (14,3) als auch Matthäus (26,6) vom Ort der Handlung als dem »*Haus Simons, des Aussätzigen*«, während nach Lukas (7,30-50) Jesu Gastgeber »*ein Pharisäer namens Simon*« war.

Dass Jesus und seine 12 Apostel die Nacht im Hause eines stadtbekannten Aussätzigen verbracht hätten, widerspricht aller historischen Logik, da die Vorschriften über die Feststellung und hierauf folgende Absonderung (Quarantäne!) aller Aussätzigen seit Bibelzeiten streng vorgeschrieben waren (Lev 13,45-14,32) und in allen Einzelheiten peinlichst durchgeführt wurden. Dies geschah nicht so sehr aus medizinischen Gründen – obwohl einige Rabbinen die Gefahr der Ansteckung betonen –, sondern hauptsächlich aus Gründen der theokratischen Heiligkeit des Gesamtvolkes, die durch die moral-religiöse Unreinheit des Aussatzes gefährdet war. Denn im Aussatz sah man eine Plage, die unmittelbar von Gott als Strafe für Verleumdung[46], Hochmut[47], Blutvergießen, Meineid oder Unzucht[48] verhängt wurde.

Kein Wunder daher, dass ein Aussätziger, nach rabbinischem Recht, nicht nur das besudelte, was er berührte, schon sein bloßer Eintritt in ein Haus verunreinigte alles, was darin war.[49] Ein Aussätziger, der es dennoch wagen sollte, verbotenes Wohngebiet zu betreten, wurde mit Geißelung bestraft.[50] Josephus bestätigt, dass die biblische Bestimmung, Aussätzige müssten »allein wohnen (...) außerhalb des Lagers« (Lev 13,46), auch zu Jesu Zeiten eingehalten wurde: »Aussätzige durften in keiner Stadt und in keinem Dorf wohnen«,[51] – ein Verbot, das insbesondere für Jerusalem und seine Umgebung, zu der Bethanien gehörte, streng gehandhabt wurde.[52]

Simon, der Gastgeber Jesu, konnte daher als Aussätziger unmöglich in Bethanien, in unmittelbarer Nähe der heiligen Stadt, gewohnt haben, in deren Umgebung die Reinheitsbestimmungen verschärft wurden, noch konnte er ein vom Aussatz Geheilter gewesen sein, der den Beinamen »Aussätziger« trug, da es nach rabbinischem Ethos als schwere Sünde galt, jemandem sein Gebrechen (oder sein bereits verbüßtes Verbrechen) vorzuhalten[53], wie auch der Bergprediger gut jüdisch betont (Mt 5,21-22). Auch wurde es moralisch nicht geduldet, den Aussätzigen seinem Schicksal zu überlassen. Hilfe und Unterstützung waren für alle, die ihnen begegneten, eine unabdingbare Verpflichtung der Nächstenliebe.[54] Dass Jesus, der die biblische Nächstenliebe bis hin zur Entfeindungsliebe verabsolutierte, der vorher elf Aussätzige geheilt (Mt 8,1-4; Lk 17,11-19) und seinen Jüngern den Auftrag gegeben hatte: »Macht Aussätzige rein!« (Mt 10,8) – dass er und die Seinen hier im Hause eines Aussätzigen auch nicht den geringsten Versuch einer Heilung oder Hilfeleistung unternahmen, ist genauso unwahrscheinlich wie die angebliche Tatsache, dass dieser Simon, ungleich all den Hunderten von Kranken, die Jesus bis zu jener Stunde geheilt hatte, Jesus nicht um Heilung anging.

Da Simon also unter den Umständen kein Aussätziger gewesen sein konnte – was war er also?

Eine Rückhebraisierung ermöglicht die Annahme, dass die Urschrift von einem »Schim'on ha-Zanua« sprach, was nur allzu leicht als »Schim'on ha-Zarua« verschrieben oder fälschlich entziffert werden konnte – um so mehr, als sich die Buchstaben Nun und Resch in der qumranischen Paläographie ähneln.

Das Letztere aber heißt »Simon der Aussätzige« (vgl. Lev 28,3), während das Erstere »Simon der Essener« bedeuten würde. Die Macht der Gewohnheit konnte Lukas dazu bringen, dieses HAPAX LEGOMENON in einen »Pharisäer« zu verwandeln, da er ja von zwei anderen Pharisäern schrieb, die Jesus ebenfalls in ihre Häuser eingeladen hatten (Lk 11,37; 14,1).

Dieselbe Macht der Gewohnheit, eine abgenützte Schriftrolle oder beide Faktoren zusammen, konnten Matthäus und Markus dazu gebracht haben, auf das Homöogramm »Aussätziger« zurückzukommen, dem beide Evangelisten vorher eine ganze Perikope gewidmet hatten (Mk 1,40-45; Mt 8,1-4).

»Zenua«, das »bescheiden, fromm, keusch und demütig« bedeutet, ist eine der talmudischen Bezeichnungen der Essener[55], deren griechischer Name »Essenoi« (oder: »Essaioi«) nach einer Theorie aus der Verballhornung der hebräischen Pluralform »Zenuim«, entstanden sein soll.

Ihre Selbstbenennung stammt wahrscheinlich aus den Sprüchen Salomos:

Wo Hochmut ist, da ist Schande,
Aber Weisheit ist bei den Demütigen« (Spr 11,2).

Was diese Hypothese noch plausibler macht, ist die Erwähnung eines »Simon des Esseners« in der rabbinischen Literatur.[56] Es handelt sich dabei um einen Schriftgelehrten, der in oder bei Jerusalem vor der Zerstörung des 2. Tempels lebte und als Teilnehmer an einer Debatte über Fragen ritueller Reinheit vorgestellt wird – eines der Hauptanliegen dieser enthaltsamen Schule.[57]

Die griechische Version des »Jüdischen Krieges« von Josephus Flavius kennt ebenso »einen gewissen Simon, der zu den Essenern gehörte«[58] und gegen Ende der Herrschaft des Archaelaos, eines Sohnes des Herodes, lebte.

Schließlich erwähnt dann auch eines der slavischen Addenda zu Josephus »Simon, einen Schriftgelehrten essenischer Herkunft«[59] als Zeitgenossen Johannes des Täufers. Last not least, liefert die Salbungsperikope selbst textuelle Indizien zur Erhärtung dieser Hypothese.

»Es gibt eine Reihe von polemischen Passagen im NT, die am besten als gegen die Essener gerichtet verstanden werden können«, schreibt Frank Moore Cross.[60]

Zu dieser antiessenischen Polemik gehört u. a. Mt 12,28, das ihre Eschatologie zu widerlegen versucht; Lk 16,8-9, wo die »Söhne des Lichtes« wegen ihres essenischen Separatismus gerügt werden; das Gebot der Entfeindungsliebe (Mt 5,43f.), das gegen essenischen Dualismus und das qumranische Gebot des Feindeshasses[61] zu wettern scheint; die Hervorhebung des Dienens als Vorzug (Lk 22,24-27), die offensichtlich gegen die essenische Betonung der hierarchischen Rangordnung gerichtet ist, und die Parabel vom Gastmahl – eine Allegorie des messianischen Banketts, zu dem »die Krüppel und Blinden und Lahmen« (Lk 14,15-24) geladen werden – gerade diejenigen, die aus den Führungsgremien der Essener ausgeschlossen waren.[62]

In einem ähnlichen Tenor scheint die Salbungsperikope gegen die übertriebene Enthaltsamkeit der Essener von allem irdischen Labsal zu polemisieren. »Sie lehnen jede sinnliche Lust ab (...), während sie die Enthaltsamkeit als Tugend betrachten (...), den Reichtum verachten sie (...), das Öl gilt ihnen als unrein, und kommt jemand gegen seinen Willen mit Öl in Berührung, so reinigt er seinen ganzen Körper«, schreibt Josephus[63], der einige Jahre seines Lebens unter essenischer Zucht verbrachte – wogegen Jesus seinen Gastgeber Simon rügt:

»*Mit Öl hast du mein Haupt nicht gesalbt, sie aber hat mit Salböl meine Füße gesalbt*« (Lk 7,46).

Die Tatsache, dass die meisten Essener das Zölibat hielten[64], während hier »eine Frau« – nach Lukas sogar »eine Sünderin« – Jesus »eine Wohltat« erweist, wofür er sie, laut allen drei Synoptikern, lobend in Schutz nimmt, mag Jesu polemische Pointe noch zuspitzen.

Wesentlich zur Auseinandersetzung mit den Essenern ist jedoch ein zweiter Punkt. Wohltätigkeit und Liebeswerke erfreuten sich bei den Essenern solch absoluter Priorität, dass dieser Bereich ihrer Tätigkeiten von dem ansonsten streng eingehaltenen Obrigkeitsgehorsam ausgenommen war. Mit den Worten des Josephus: »Die Essener unternehmen sonst nichts, was ihnen nicht von den Vorstehern aufgetragen wird, und nur in zwei Fällen dürfen sie nach eigenem Ermessen entscheiden, nämlich wenn es gilt, Hilfe zu leisten oder Barmherzigkeit zu üben. Es bleibt ihnen selbst anheimgestellt, dort zu helfen, wo Hilfe nötig ist.«[65]

Um dies didaktisch zu profilieren, wird nun nicht gewöhnliches Öl zur Salbung Jesu verwendet, wie es im Talmud als häufige Gepflogenheit erwähnt wird[66], sondern mittels »eines Alabastergefäßes mit ungemein wertvollem Salböl« (Mt 26,7; Mk 14,3) – was eine typisch essenische Reaktion hervorrufen musste: »Wozu diese Verschwendung? Dieses Salböl konnte doch für viel Geld verkauft und den Armen gegeben werden!?« (Mk 14,4f.; Mt 26,8f.) - Der Einspruch Jesu gegen diesen Tadel nimmt die edle Absicht der »Verschwenderin« in Schutz, die ja ein Liebeswerk vollbracht hat, worauf Jesus einen fast sprichwörtlichen Bibelvers zu ihrer Verteidigung zitiert: »Denn Arme habt Ihr ja alle Zeit bei euch« (Dtn 15,11). Dies kann in diesem Kontext nur anti-essenisch gemeint sein, was den Eindruck eines polemischen Zusatzes erweckt, da Jesu Fürsorge und Vorliebe für die Armen ja zu bekannt ist, um der Schriftbelegung zu bedürfen.

Seine hierauf folgenden Worte können nur als dritte Leidensankündigung verstanden werden, die sicherlich zur späteren Gemeindebildung gehört. Soweit das Herzstück der Perikope, deren anti-essenische Intention in allen vier Evangelien durchleuchtet.

Während Pharisäer (Mt 3,1f.; Mt 23,13ff.) und Sadduzäer (Mt 21,38ff.; Mt 16,6) im griechischen Evangelium des Öfteren eindeutig und vehement verurteilt werden – aus Gründen, die aufzuführen den Rahmen dieser Arbeit sprengen würden –, erscheinen die Essener nur einmal: in der Person eines Freundes Jesu, in dessen Haus zwei essenische Grundprinzipien sanftmütig gerügt werden. Die bedeutende Anzahl essenisch-frühchristlicher Affinitäten und die Tatsache, dass sich gewisse Essenergruppen bald nach dem Jahre 70 der Kirche anschlössen, mag etwas mit dieser Milde zu tun haben.

Zwei weitere Essener oder Gruppen von Essenern mögen sich hinter zwei anderen Andeutungen in den Evangelien verbergen. In den Vorbereitungen zum letzten Abendmahl sagt Jesus zu zwei von den Jüngern: »*Geht in die Stadt, und es wird euch ein Mensch begegnen, der einen Wasserkrug trägt. Ihm sollt ihr nachfolgen (...)*« (Mk 14,13). Lange Zeit hindurch war man in der deutschsprachigen Theologie der Meinung, die auch heute noch Joachim Gnilka in seinem Markuskommentar zum Ausdruck bringt, wenn er von der »Alltäglichkeit« dieses Zeichens spricht – »den Wasserträgern (...) konnte man in Jerusalem sicher zu jeder Stunde begegnen«.[67] Das entspricht jedoch nicht den Gepflogenheiten des Orients, wo es Frauen sind (vgl. Gen 24,15), die Wasserkrüge auf ihrem Kopf oder auf der Schulter tragen. Ein Mann, der solches tut, könnte wohl nur ein Junggeselle sein (wie es die meisten Essener waren) und müsste in der Tat auffallen. Wenn dem hinzugefügt wird, dass Josephus Flavius uns von einem »Essener-Tor« in der damaligen Stadtmauer Jerusalems spricht;[68] dass in den Schriftrollen von Qumran deutliche Hinweise auf eine »Essener-Gemeinde in Jerusalem« gefunden wurden[69] und dass rezente archäologische Funde den Berg Zion als den Sitz dieser Gemeinde um die Zeitenwende nahelegen,[70] so gewinnt der Wasserträger aus Mk 14,13 an theologischer Relevanz.

Umso mehr, als die Damaskus-Schriftrolle erklärt, dass kein Essener in Jerusalem verheiratet sein durfte.[71] Von diesem unbekannten – Jesus aber wohl bekannten – Wasserträger heißt es in der Folge: »*Ihr sollt ihm nachfolgen, und wo er hineingeht, sagt dem Hausherrn: Der Lehrer sagt: Wo ist meine Unterkunft, in der ich das Paschamahl mit meinen Jüngern esse? Und er wird euch ein großes Oberzimmer zeigen, das (mit Teppichen) belegt und zugerüstet ist. Und dort sollt ihr es für uns bereiten*« (Mk 14,13-15) In diesem Zusammenhang lohnt es sich, an die Beschreibung der Essenersitten zu erinnern, wie Josephus sie uns schildert: »In jeder Stadt, wo sie wohnen, ist einer von ihnen beauftragt, sich um Gäste zu kümmern, um sie mit Speise und allem Notwendigen zu versorgen.«[72]

Es scheint daher wahrscheinlich, dass das letzte Abendmahl in einem Essener-Gemach stattfand, was die Vermutung nahelegt, dass es nach dem essenischen Sonnenkalender und gemäß essenischem Brauchtum gefeiert wurde – doch all dies soll anderswo erörtert werden.

Bei der Erzählung von der Hochzeit zu Kana lesen wir: »*Es waren aber dort sechs steinerne Wasserkrüge aufgestellt, für die bei den Juden übliche Reinigung; sie fassten je zwei bis drei Maß*« (Joh 2,6).

Da aber bayerische Leser keinen Respekt vor Krügen hätten, die nur »zwei bis drei Maß« fassten, was im Freistaat Bayern nur zwei bis drei Liter wären, haben die Revisoren der Lutherbibel (1975) die Übersetzung nun verbessert: »... und in jeden gingen etwa einhundert Liter.«

Gefäße aus Stein gelten zwar nach rabbinischer Auslegung als unempfänglich für rituelle Unreinheiten,[73] jedoch sind 600 Liter weit mehr, als für normale Zwecke der rituellen Reinigung und das Abspülen der Hände bei frommen Juden damals benötigt wäre. Nicht so bei den Essenern, die in ihrem Drang nach vollkommener Läuterung auf einem Tauchbad bestanden; in dem jeder ihrer Männer untertauchen musste,[74] »tief genug, um einen Mann zu bedecken.«[75]

Es scheint also, dass jene Hochzeit zu Kana in einer essenischen Wohnstätte stattfand, was vielleicht auch den sparsamen Umgang des Bräutigams mit dem Wein (Joh 2,3 und 2,10) erklären könnte. Ebenfalls käme hier ein weiterer Kontakt Jesu mit Essenern zum Vorschein, der neue, weitgehende Denkanstöße liefert.

Hier irrte Paulus!

Von den zweiundachtzig Zitaten, die Paulus aus seiner hebräischen Bibel bringt, stimmen rund dreißig mit der Septuaginta-Übersetzung überein; sechsunddreißig weichen beträchtlich von ihr ab; zwölf Zitate weisen wesentliche Sinnveränderungen auf; der Rest besteht aus äußerst freien Paraphrasen, die kaum dem Sinn, geschweige dem Wortlaut des Originals entsprechen. Für sie gilt wohl das Pauluswort: »Alle sind sie abgewichen« (Röm 3,12).

Typisch für solche Quasizitate, die Paulus häufig für seine eigenwillige Argumentation zurechtbiegt, ist Gal 3,16, wo es heißt: »*Nun ist die Verheißung Abraham zugesagt und seinem Nachkommen*«, es heißt nicht »Und den Nachkommen«, als gälte es vielen, sondern es gilt *einem:* »und seinem Nachkommen, welcher ist Christus.« In fast allen Bibelausgaben steht hier der Randverweis: »Gen 22,17«. Schlägt man dann aber dort nach, so findet man genau das, was Paulus leugnet – nämlich »*dein Geschlecht*« oder »*deine Nachkommenschaft*« im kollektiven Sinne *aller* Nachfahren. Hier widerspricht Paulus nicht nur dem hebräischen Sprachdenken, das »Same« im Sinne der Nachkommenschaft nur in der Einzahl kennt, sondern auch dem Petrus, der seine Mit-Juden in Jerusalem als »Söhne der Propheten und des Bundes« anspricht, denen allesamt eben diese Verheißung gilt, die einst an den Stammvater erging: »Und in deiner Nachkommenschaft werden alle Geschlechter der Erde gesegnet werden« (Gen 22,18 = Apg 3,25).

Doch Paulus geht noch weiter, indem er beweist, dass ihm der richtige Sinn vom hebräischen »Samen« sehr wohl bekannt ist.

Denn in Röm 9,7 verwendet er denselben – Abraham verheißenen »Samen« – als »Isaak« und dessen Nachkommenschaft – also ganz Israel, die er »*die Kinder der Verheißung*« nennt.

In Röm 11,1 erreicht Paulus die Spitze seiner Selbst-Widerlegung, indem er auch von sich selbst bezeugt, »*ein Israelit, aus dem Samen Abrahams*« zu sein – womit er völlig Recht hat. Mehr noch! Es besteht kein Zweifel, dass unter der Einzahl »Samen« in Gen 12,7; 13,16; 15,18; 17,7-8; 17,19; 26,3-4 und 28,14 jeweils die gesamte Nachkommenschaft der Erzväter Abraham, Isaak und Jakob zu verstehen ist, zu der freilich sowohl Jesus als auch Paulus gehören.

Interessant ist es zu sehen, wie die Übersetzer mit dieser Verlegenheit zurande kommen. Da für die meisten der Begriff »Samen« nicht tragbar zu sein schien, entschied sich die Einheitsübersetzung nach dem Vorbild der Zürcher Bibel für »*Nachwuchs*«, nur um mit »er« im Querdenken des Paulus fortzufahren. Luther hat sich nicht gescheut, den »*Samen*« wörtlich wiederzugeben, während die Lutherrevision (1975) mit »*ihrem Nachkommen*« dem Paulus folgt, um damit offenbar auf Jesus allein hinzuweisen. »Die Gute Nachricht« hingegen hatte den Mut, den Plural »*die Nachkommen*« zu setzen – im Widerspruch zum Widersinn des Paulus. Mit den Worten des katholischen Theologen Joseph Blank: »Würde ein heutiger Experte mit der Schrift so umzugehen wagen wie Paulus mit dem AT, dann wäre er wahrscheinlich wissenschaftlich und kirchlich erledigt.«[76]

Die »zwei Schächer« – verleumdete Märtyrer?

Nach Mt 27,38 und Mk 15,27 wurde Jesus »zwischen *zwei Räubern*« (Luther schreibt »Schächern«) gekreuzigt. Einige späte Markus-Handschriften fügen hierauf das als unecht erkannte Einschiebsel hinzu: »*Und erfüllt wurde die Schrift: Und unter die Gesetzlosen wurde er gezählt*«, – ein klarer theologisierender Hinweis auf den leidenden Gottesknecht in Jes 53,12.

Diese »schändlichste Art der Hinrichtung«, wie Cicero sie nennt, war nach der Lex Julia Majestatis für zwei Arten von Schwerverbrechern vorgesehen: entlaufene Sklaven und Rebellen gegen das Kaiserreich in den Provinzen. Rebellenkreuzigungen waren im damaligen Israel nichts Außergewöhnliches. Kurz nach der Geburt Jesu wurden nach dem Bericht des Josephus in den Bergen von Jerusalem zweitausend jüdische Rebellen gekreuzigt. Als um das Jahr 6 der Kaiser Augustus eine Volkszählung zwecks Steuererhebung veranlasste, brach unter Judas, dem Galiläer, ein Aufstand aus, der in einem Blutbad und weiteren Massenkreuzigungen (vgl. Apg 5,37) erstickt wurde. Pontius Pilatus wird, nach konservativer Schätzung, die Kreuzigung von 6000 Juden angelastet, die meisten nach kurzem Prozess oder ohne jedwedes Gerichtsverfahren.

Und dennoch schwelte der antirömische Widerstand ununterbrochen weiter, bis er im Jüdischen Krieg (66-70) und der Zerstörung Jerusalems endete. Was danach geschah, berichtet Josephus: »Die Soldaten trieben voller Wut und Hass ihren Spott mit den Gefangenen, indem sie jeden in einer anderen Stellung ans Kreuz nagelten, und bald fehlte es an Platz für die Kreuze und an Kreuzen für die Leiber – so viele waren es.«[77]

So zentral war dieser Rebellentod am Römerkreuz im Denken des Nazareners, dass er Gegenstand eines fünfmal wiederholten Jesus wert ist:

»*Wer nicht sein Kreuz auf sich zu nehmen bereit ist, der kann mir nicht nachfolgen*« (Mt 10,38; 16,24; Mk 8,34; 10,21; Lk 9,23). Auch dieser Spruch wurde, wie so viele andere Aussagen Jesu, von den späteren Kirchenvätern aus aller Realität entrückt, um in den Bereich der Allegorien verbannt zu werden. Was er zu Jesu Zeiten für jüdische Ohren bedeuten musste, war viel einfacher und bluternst: Wer nicht bereit ist, auch die letzte Konsequenz aus der Jüngerschaft zu ziehen, der bleibe besser daheim.

Aufschlussreich ist hier das griechische Wort für »Räuber« – LESTES –, das sowohl Strabo, der Historiker, und die Seleuziden, für die hasmonäischen Freiheitskämpfer, als auch Josephus

Flavius – zweiundvierzigmal in seinem »Jüdischen Krieg« allein! – und die Römer für die Zeloten, die »Dolchmänner« (sicarii), und andere Guerilla-Insurgenten verwendeten. Es ging dabei um denselben Charaktermord, wie ihn die Nazis an den französischen Maquis begingen, die als »Saboteure« und »Marodeure« angeprangert wurden, wie auch »die Banditen«, wie die Verteidiger des Gettos Warschau in den Lageberichten des SS-Generals Jürgen Stroop hießen, ehe beide Gruppen rücksichtslos ermordet wurden. Dass die so genannten »Räuber« in der Tat politische Aufrührer waren, ergeht auch daraus, dass gemeine Straßenräuber und Wegelagerer von den Römern ohne viel Federlesens niedergemacht wurden, während »Räuber«, vor allem in Judäa, zwecks Abschreckung auf Hochkreuzen weithin zur Schau gestellt wurden, ihr »Verbrechen« auf einem »titulus« am Kreuze in der Landessprache kundgegeben wurde, um sie dann in oft tagelanger Agonie langsam verbluten zu lassen.

Das politische Schmähwort »Räuber« war zu Jesu Lebzeiten so gebräuchlich, dass es als aramäisches Lehnwort in den rabbinischen Sprachgebrauch (lestes; listim; lestim) aufgenommen wurde,[78] und der eifernde Priester Pinchas (Num 25,6-13), der zum Vorbild aller Zeloten erhoben wurde, im Talmud »Pinchas lestes« benannt wird.

Da so gut wie alle jüdischen Aufstände, Kriege und Rebellionen gegen das Heidenjoch von Galiläa ausgingen – der sprichwörtliche »Herd« aller Befreiungsbewegungen im alten Israel und die Heimat Jesu und all seiner Jünger, reimt sich all dies leicht mit seiner steigenden Popularität in Galiläa zusammen, wie wir sie aus 27 Evangelienaussagen hören.[79] Was diesem Tatbestand jedoch auffallend widerspricht, ist Jesu Stillschweigen zu den Zeloten und, noch merkwürdiger, seine politische Enthaltsamkeit in den Evangelien gegenüber der brutalen Römerherrschaft.

Nur ein geistiges Zurücksteigen in den Zeitgeist der Verfassungsjahre der vier Evangelien kann dieses Rätsel lösen. Gegen Ende des Jahres 64, als einige Bezirke der Hauptstadt Rom eingeäschert wurden, schob Kaiser Nero die Schuld dafür den Christen in die Schuhe, worauf Tausende von Christen vor die Löwen geworfen, andere als lebendige Fackeln verbrannt und Abertausende als Volksbelustigung in grausamster Weise öffentlich hingerichtet wurden. Kein Christ, der nach dieser Katastrophe schrieb – und die Evangelien wurden kurz danach endgültig redigiert –, konnte dieses Trauma verdrängen noch konnte er umhin, die einzig mögliche Schlussfolgerung zu ziehen: alles Menschenmögliche zu tun, um jedweden Verdacht, die junge Kirche, ihr Gründer oder ihre Apostel hätten auch nur die leiseste Abneigung gegen das römische Kaiserreich, im Keime zu ersticken.

Daher sind alle Römer im NT auffallend sympathisch geschildert; die Juden hingegen als boshaft und jesusfeindlich, aber vor allem erscheint Jesus selbst als friedliebender, romfreundlicher Heilsbringer, der nicht das Geringste mit Politik – geschweige denn jüdischer Befreiungspolitik – zu tun haben wollte.

Und dennoch brechen hie und da Fragmente der historischen Wahrheit durch die systematische Entpolitisierung der griechischen Umredigierung. Unter den Zwölfen wird Simon zweimal ganz offenmütig »der Zelot« genannt (Lk 6,15; Apg 1,13); unter dem Beinamen »Iskariot« des Judas, der in drei verschiedenen Verballhornungen die Aufmerksamkeit vom wahrscheinlichsten Ursprung dieser Benennung ablenken soll, ist »sicarius«, d. h. der Dolchmann, am einleuchtendsten. Auch »Bar Jona«, der Beiname, den Jesus dem Petrus gibt (Mt 16,17), erfährt in »Sohn des Jona« eine durchsichtige Verharmlosung, denn im Aramäischen bedeutet er ›ein Verbannter‹, ›Geächteter‹ der »draußen« hausen muss – kurzum: ein von den Römerschergen verfolgter Rebell.

Dass im Spitznamen »*Donnersöhne*«, unter dem die beiden Söhne des Zebedäus bekannt waren (Mk 3,17), ihre Neigung zu Gewalttaten zum Ausdruck kommt, beweist ihr einziger Auftritt im NT, wo sie Jesus vorschlagen, die ungastlichen Samaritaner nach dem Faustrecht zu züchtigen (Lk 9,54).

Dass so gut wie die Hälfte von Jesu Jüngern zu den militanten Aktivisten im damaligen Israel zählte, sollte niemanden mit historischem Gespür überraschen.

Wer als Jude in einem vom Feind okkupierten Land gelebt hat, kann sich in die politischen Umstände in der Heimat Jesu zu seinen Lebzeiten unschwer einfühlen. Unter der Peitsche der römischen Gewaltherrschaft zerfiel ganz Israel damals in drei Hauptgruppen, die nichts mit den Parteien und Sekten zu tun hatten: die Masse der Mutlosen, für die das Überleben zum Hauptziel wurde; die Überläufer, die ihr Erbrecht für ein Linsengericht am Tische der Machthaber verkauften und die Starken, für die ein Leben ohne Recht und Freiheit sinnlos geworden war. Wer sich diese Dreiteilung vergegenwärtigt, kann nicht mehr zweifeln, wohin ein Mann von der Statur des Nazareners gehörte. Solch eine Einstellung hatte nichts mit modernem Nationalismus oder gar Chauvinismus zu tun, sondern war fest in der Bibel verankert. »Der Gerechte«, so wird Jesu Vater Joseph (Mt 1,19) und Jesus selbst (Apg 3,14) genannt. Als solcher galt nur ein frommer Jude, der die Thora in ihrer Gänze zur Norm seines Lebens machte; der also auf »kein Jota noch ein Tüttelchen« von der Gotteslehre zu verzichten bereit war, wie Jesus es so deutlich (Mt 5,18) zu betonen wusste.

Im fünften Buche Mose aber heißt es: »*Wenn du in das Land kommst, das der Herr dein Gott dir geben wird (...)* so sollst du den zum König über dich setzen, den der Herr dein Gott erwählen wird. Du sollst aber einen aus deinen Brüdern zum König über dich setzen. Du darfst keinen Ausländer, der nicht dein Bruder ist, über dich setzen« (Dtn 17,14-15). Dieses ausdrückliche Verbot aller Fremdherrschaft machte es den Thora-Treuen im Lande unmöglich, sich mit dem Heidenjoch abzufinden.

Es waren aber auch nicht wenige, die daraus ein Gebot entnahmen, sich der Besatzungsmacht zu entledigen. »*Wer kein Schwert hat, der verkaufe seinen Mantel und kaufe ein Schwert!*« So rät Jesus seinen Zwölfen (Lk 22,36).

Doch zu spät! Denn kaum hatte er es ausgesprochen, da ziehen »sie« bereits »zwei Schwerter« aus ihren Gewändern – was entweder zwei oder vierundzwanzig Schwerter hätten sein können. In beiden Fällen war es jedoch ein schweres Vergehen gegen das Römergesetz, das allen Juden das Tragen von Schwertern aufs Strengste verbot, wobei Zuwiderhandelnde häufig als Rebellen gekreuzigt wurden. Dass die Jünger auch Gebrauch von ihren Schwertern machten, bezeugt Lukas (22,50), wobei jedoch ihr Gegenangriff, aus berechtigter Angst vor der römischen Zensur, auf das Abhauen eines einzigen Ohres zurecht-redigiert werden musste.

»*Wie gegen einen Räuber seid ihr ausgezogen mit Schwertern und Knüppeln*« (Lk 22,52 et par), so lehnt sich Jesus gegen seine Gefangennahme auf – womit der politische Grund der Arrestierung klargestellt wird. Auch das darauffolgende Wort »abführen« (syllambanein) in Mk 14,49 entstammt der römischen Gerichtssprache, als Terminus für die Festnahme eines Rebellen.

Ebenso klar stellt Johannes (18,12), dass nicht weniger als eine ganze römische Kohorte (600-800 Mann) unter dem Befehl eines Obersten seine Arrestierung befehligte, was wohl nahelegt, dass es sich wohl um mehr als 13 harmlose Wanderprediger gehandelt haben musste. Dass diese Römeraktion zu später Nacht nicht ganz friedlich verlief, bezeugen seine Jünger, die ihn fragen: »*Herr, sollen wir mit dem Schwerte dreinschlagen?*« (Lk 22,49), was zumindest für eine Vielzahl von Schwertern in den Händen der Jünger spricht.

Ebenso fällt auf, dass Jesu Prozess von Pontius Pilatus in Verbindung mit Barabbas gebracht wird, der »mit *den* Aufständischen festgenommen worden war, die bei *dem* Aufruhr einen Mord begangen hatten« (Mk 15,7).

Wir lernen also, dass just zu der Zeit, als Jesus in Jerusalem tätig war, ein Aufstand in der Stadt tobte – *der* Aufstand, wie es heißt, also: ein allen bekanntes Ereignis, bei dem mehrere »Räuber« festgenommen worden waren.

»Er bringt das Volk in *Aufruhr* mit seiner Lehre«, so heißt es zur selben Zeit in Jerusalem, »in ganz Judäa, von Galiläa angefangen bis hierher« (Lk 23,5).

Da also Jesus durch eine römische Kohorte (mit Hilfe der Tempelpolizei) arrestiert wurde, er also von Anfang an ein Gefangener der Römer war, sein Prozess auf drei politischen Anklagen fußte (Lk 23,2) und der römische Statthalter ihn aufgrund von römischem Recht als politischen Rebellen verurteilte, wie das

Schild am Kreuz »König der Juden« ganz unzweideutig bestätigt; da die römische Todesstrafe ebenso auf eine Auflehnung gegen Rom verweist, darf man annehmen, dass die beiden »Räuber«, mit denen er zusammen den Rebellentod erlitt, keineswegs Banditen oder Verbrecher waren, sondern heißblütige Patrioten und Märtyrer für ihren Glauben – wahrscheinlich aber auch Gesinnungsgenossen Jesu, die wie er ihr Leben für die Befreiung Israels dahingaben.

Die gemeinsame Hinrichtung der drei Juden, von denen zwei als Rebellen bezeichnet werden, während der dritte als gescheiterter »Messiaskönig« angesprangert wird, kann für zeitgenössische Römer und Juden nur eine einzige Bedeutung gehabt haben: so bestraft Rom all diejenigen, die sein Imperium gefährden. Für selbstbewusste Juden aber galten alle Opfer der Tyrannei als »Heilige« – der hebräische Würdetitel für Märtyrer und Glaubenshelden. Wenn also Paulus viel später sagen kann »*Mit Christus bin ich gekreuzigt*« (Gal 2,19), um diese Kernaussage zur Mitte seines Evangeliums zu machen, so gilt dasselbe, noch konkreter und bedeutsamer, auch für die beiden Leidensgefährten Jesu von Nazareth, die seit fast zwei Jahrtausenden auf ihre Rehabilitierung warten.

Etwa zweitausend Schweine? (Mk 5,13)

Die Wunderheilung des Besessenen in Gerasa, die zu den umfangreichsten Perikopen in der synoptischen Tradition gehört, zeigt deutliche Merkmale wiederholter Überarbeitung.

Sie hat recht unterschiedliche Deutungen erhalten, die in ihrer Mehrzahl annehmen, dass die ursprüngliche Exorzismusgeschichte erst später durch die Episode mit den Schweinen bereichert worden ist. Der mehrmalige Wechsel von Einzahl zu Mehrzahl (Mk 9,10), von Vergangenheit zu Präsens (Mk 9,14), dass es sich bei Markus (5,12) und Lukas (8,26-39) nur um *einen* Besessenen; bei Matthäus (8,28-34) aber um *zwei* handelt. Die Tatsache, dass die Stadt Gerasa zwei Tagesreisen vom See Gennesaret entfernt ist, so dass »das Meer« (Mk 5,1.13) höchstwahrscheinlich erst redaktionell an den Heilungsort verlegt wurde – all diese Ungereimtheiten gehören zu den Schwierigkeiten, die diese Erzählung dem Exegeten auferlegt.

Völlig unglaubwürdig aber sind die »etwa zweitausend Schweine«, in die, laut Mk 5,13, Jesus die Dämonen einfahren ließ, die er dem Besessenen im Lande der Gadarener ausgetrieben hatte. Dass diese Zahl alle plausiblen Dimensionen einer Schweineherde – und Schweine sind keine Herdentiere – bei weitem übersteigt, liegt auf der Hand. Auch Matthäus (8,32) und Lukas (8,33) scheinen dieser Ansicht gewesen zu sein, da sie zwar den Schluss der Perikope über die Dämonenaustreibung fast mit den Worten des Markus wiedergeben, jedoch die Anzahl der Schweine verschweigen.

Auch hier könnte eine Rückhebraisierung die Schwierigkeit lösen: *Ba'alafim* hieße auf hebräisch »in Rudeln« oder »in Scharen«, da das Stammwort ÄLÄF sowohl »Vieh, Rinder« als auch »Tausend« oder »Sippe, Gruppe« heißen kann. Da sich in der hebräischen Schrift die Buchstaben BETH und KAF sehr ähnlich sind, wäre es auf häufig benutzten Schriftrollen kaum möglich, die beiden deutlich voneinander zu unterscheiden.

KA'ALAFIM kann somit leicht als K'ALPAIM gelesen werden (vgl. Josua 3,4 und 7,3), was seinerseits »*etwa zweitausend*« bedeutet.

Wegen dieser Zweideutigkeit wäre in den fünfziger Jahren die Regierung Israels fast zu Fall gekommen. Da David Ben Gurion, der damalige Ministerpräsident, in seinem Bibelhauskreis darauf bestand, Ex 12,37 nicht traditionsgemäß mit »etwa 600 000 Mann« zu übersetzen, sondern die Meinung äußerte, es habe sich beim Auszug aus Ägypten lediglich um »600 Sippschaften« gehandelt, forderten die Religiösen Parteien in der Knesseth ein Vertrauensvotum, das nur von der Tagesordnung abgesetzt werden konnte, nachdem Ben Gurion amtlich erklärt hatte, diese eigenwillige Bibelexegese sei seine private Anschauung und verpflichte die Regierung zu keiner Stellungnahme. Die Freiheiten, die sich Ben Gurion nahm, und der höchstwahrscheinliche Irrtum des Markus haben ein und denselben Grund: die Vielschichtigkeit der hebräischen Sprache, die durch die unvokalisierte Schrift noch vergrößert wird.

Die Erzählung mag aber sehr wohl eine halbversteckte Tiefendimension haben, deren wir nur gewahr werden, wenn wir den Stellenwert des »Schweines« im damaligen Israel berücksichtigen. Wie bekannt, ist das Schwein nicht tauglich zum Verzehr (Lev 11,7; Dtn 14,8), und Schweinezucht war in ganz Israel strengstens verboten (BQ 7,7). »*Verflucht der Mann, der Schweine züchtet!*« (M 64b und Sota 49b) galt als unumstößlicher Grundsatz.

»Das Schwein« galt aber ebenso als Sinnbild des verhassten Römerreiches, wobei man sich meistens auf Ps 80,14 berief, wo es heißt: »*Es haben ihn (den Weinstock Gottes = Israel) die wilden Säue zerwühlt.*«

Hinzu kommt die Tatsache, dass die Zehnte Frätensische Legion, die im damaligen Israel die berüchtigte »Pax Romana« mit brutaler Schwertgewalt durchzusetzen wusste, einen Eber als Maskotte besaß.

Wenn dem hinzugefügt wird, dass die römischen Legionäre ihr karges Militärmenü häufig durch Schweinefleisch aus den griechischen Dörfern der Dekapolis bereicherten, war es einleuchtend, dass die Begriffe »Schwein« und »Legion« einen politisch abschätzigen Beigeschmack erhielten, insbesondere bei allen, die »auf die Befreiung Israels hofften«, wie es so beredt im Magnificat (Lk 1,49-55), im Benedictus (Lk 1,68-71) und in der Weissagung der greisen Hanna (Hk 2,38) zum Ausdruck kommt.

Wenn also Jesus die Seinen davor warnt, »*ihre Perlen nicht vor die Säue zu werfen*« (Mt 7,6), so sind damit die Heiden – vornehmlich aber die Römer – gemeint, auf die man keine Thora-Weisheit vergeuden sollte (vgl. Spr 11,22).

Wenn es im Gleichnis vom Verlorenen Sohn heißt: »*Da ging er hin und verdingte sich (...) zum Schweinehüten*« (Lk 15,15), so mag hiermit nicht bloß ein Auszug aus dem jüdischen Wohngebiet gemeint sein, sondern eine noch verächtlichere Tat: die Kollaboration mit den Römern, also gedungene Komplizenschaft mit den Heidentyrannen. In der Tat: ein Herabsinken bis zum Abschaum der Menschheit. Es handelte sich also im Gleichnis um einen Juden, der sein biblisches Erbe verleugnet hatte, zum Verräter wurde, aber zu guter Letzt dennoch den Weg der reuigen Umkehr gefunden hat.

Und wenn hier in der Heilung des Besessenen von einem »unreinen Geist« die Rede ist, der sich als »*Legion*« vorstellt, »*weil wir ja viele sind*«, der dann Jesus »inständig bittet, sie nicht aus der Gegend zu verjagen«, nur um hierauf zu ersuchen: »*Banne uns in die Schweine!*«, so klingt all dies wie eine Reihe von durchsichtigen Anspielungen auf die unwillkommene Römermacht. Auch sie wollten ja »*die Gegend*« nicht verlassen; auch sie hatten einen »*unreinen Geist*« und waren sehr zahlreich; und sie waren ja im Volksmund unmissverständlich mit den Schweinen assoziiert. Ebenso unüberhörbar ist die Schadenfreude des Erzählers über den Untergang der vielen (römischen) Schweine, für die »*das Meer*« ausdrücklich herbeibemüht worden war. Waren doch die Römer »vom Meer« her nach Israel gekommen, gegen den Willen der jüdischen Bevölkerung, sodass ihre Heimkehr übers Meer, oder besser noch »hinab in das Meer« (Mk 5,13), den Wünschen fast aller damaligen Juden entsprach. Ergänzend mag hier erwähnt werden, dass Matthäus den Ort der Heilung Gadara nennt, das, ungleich der Stadt Gerasa, nicht weit vom Meer liegt und zweimal im Krieg gegen Rom zerstört wurde – beide Male von Vespasian, während seine Einwohner vom Reitergeneral Placidus teils niedergemetzelt, teils gefangen genommen oder gekreuzigt worden waren.[80]

Der historische Kern dieser Geschichte mag also den durchaus verständlichen Wunsch der Überlebenden jenes Gemetzels zum Ausdruck bringen, die ›Römerschweine‹ mögen doch – wie einst Ägyptens Ross und Reiter (Ex 14,27) – in den Meeresfluten versinken. Auch Joachim Gnilka vermutet in seinem Markuskommentar zu Recht, dass »der Ursprung der Geschichte ein zelotischer« sein könnte und man »in der Wortwahl (...) eine Anspielung auf die politischen Verhältnisse im Lande (...) vermuten dürfte.«[81]

»Kehret um« oder »Sinnt um«? *(Mk 1,15; Mt 3,2)*

Hier haben wir den seltenen Fall, wo eine Fehlübersetzung der Sachlage gerecht wird. Mehr noch: eine genaue Übersetzung hätte zu einer Sinnentstellung führen können. Was nämlich Johannes der Täufer (Mt 3,2) und später auch Jesus (Mt 4,17) den jüdischen Volksmengen predigten, war: »SCHUWU!« – ein Aufruf, der im Grunde der Botschaft aller Propheten gleichkommt. Gemeint ist hiermit eine Abkehr vom falschen Kult, vom Nachhuren nach den Abgöttern der Götzendiener, auf die eine Rückkehr zum Gott der Väter folgt, als Heimkehr zu den religiösen Ursprüngen des alten Israel.

Eine »Rückkehr« ist aber genau das, was den Heidenchristen der Frühkirche *nicht* gepredigt werden durfte, denn jedweder Appell, der sie zurück zu ihren Ursprüngen gerufen hätte, hieße ja ein Rückfall in ihren ehemaligen Zustand als Heiden, »da ihr keine Hoffnung hattet und ohne Gott wäret in der Welt« (Eph 2,12). Daher übersetzen sowohl Matthäus (3,2 und 4,17) als auch Markus (1,15) die hebräische »Rückkehr« mit »metanoia«, die auf griechisch einem »Umdenken« gleichkommt, also einer radikalen Richtungswende innerhalb der heidnischen Denkstrukturen – *weg* vom Götzendienst ihrer Vorväter, *hin* zum Glauben an den Einen Gott, den Jesus nicht müde wurde zu predigen und zu verkündigen. Um sowohl dem hebräischen Urtext als auch der griechischen Uni-Übersetzung gerecht zu werden, wählten die jüngsten Bibelausgaben den Begriff, der dem Sinn der beiden Wortlaute annähernd gerecht wird: »TUT BUßE!«

Zur so genannten »Bergpredigt«[82]

Die drei Kapitel 5-7 im Matthäusevangelium heißen zwar seit Jahrhunderten »die Bergpredigt«, jedoch widerspricht dieser Name sowohl dem Inhalt als auch der erklärten Absicht Jesu, der uns hier das Herzstück seiner Lehre bietet. So steht es auch dreimal im Text. Am Anfang lesen wir: »*Als er sich gesetzt hatte, traten seine Jünger zu ihm ... und er lehrte sie*« (Mt 5,1-2).

Und am Ende heißt es: »*Als Jesus diese Worte beendet hatte, waren die Volksscharen ganz betroffen über seine Lehre. Denn er lehrte sie wie einer der Macht hat* (Mt 7,28-29).

Von »Predigt« ist zwar häufig in den Synagogen seiner Heimat die Rede, aber hier geht es um viel mehr: das Wesentliche seiner Ethik, der Bauplan einer neuen Gesellschaft und die Wegbereitung zum Himmelreich.

Wir sollten also – in seinem Sinne – von der BERGLEHRE sprechen, um ihr jenen zeitlosen Anspruch zu gewähren, der hier so deutlich zum Ausdruck kommt.

Gott in den »Seligpreisungen«

»Selig sind die Trauernden, denn sie werden getröstet werden (...) gesättigt werden (...) ›gebarmherzigt‹ werden.«

Während es im Deutschen gar nicht klar ist, wer dafür sorgen wird, dass all diese Entrechteten doch letzten Endes auf ihre Rechnung kommen, lässt das Hebräische des Grundtextes keine Zweifel übrig. Es geht nämlich um das so genannte PASSIVUM DIVINUM, eine fromme Umschreibung Gottes, dessen Namen man sich scheut, gemäß dem Zehn-Gebot, allzu häufig in den Mund zu nehmen. Und so umschreibt man IHN durch Decknamen wie etwa: der Hoch-Gelobte, der Herr der Welt, der Heilige, und – die passive Form. Er allein ist es also, der Trost spendet, der Speise schenkt, Gerechtigkeit übt und den Barmherzigen Barmherzigkeit angedeihen lässt. Immer ist es Gott, der in keiner der neun Seligpreisungen fehlt, auch wenn er nicht immer namentlich genannt wird.

Selig, die um der Gerechtigkeit willen Verfolgten (Mt 5,10)

Diese Aussage scheint im folgenden Vers eine unnötige Verdoppelung zu erfahren: »*Selig seid ihr, wenn sie euch (...) verfolgen*« (Mt 5,10). Dies scheint um so merkwürdiger, als alle vorhergehenden Seligpreisungen aktive Handlungen oder Zustände beschreiben: die Armen, die Milden, die Trauernden, die Erbarmenden etc., während erst in Mt 5,11 das passive Erdulden von Schmähungen, Verfolgung und Verleumdung zur Sprache kommt. Wenn wir Mt 5,10 ins Hebräische zurückübersetzen, stoßen wir auf die Vokabel RADAF, die »verfolgen« oder »nachjagen« bedeutet, häufig im Sinne einer beharrlichen Praxis des gerechten Handelns, so z. B.:

»*Was Recht ist, dem sollst du nachjagen*« (Dtn 16,20)

»*Hört mir zu, die ihr der Gerechtigkeit nachjagt*« (Jes 51,1)

»*Wer der Gerechtigkeit nachjagt, den liebt der Herr*« (Sprüche 15,9).

Da in allen diesen Aufrufen, der Gerechtigkeit nachzujagen (oder: sie zu verfolgen), Gottes Segen dem Gerechten zugesprochen wird und die »bessere Gerechtigkeit« (Mt 5,20) das Hauptthema der Berglehre ist, wäre es sachgemäßer anzunehmen, dass Jesus hier die Gerechten und diejenigen, die keine Mühe scheuen, um der Gerechtigkeit nachzujagen, – auch zu ihren eigenen Ungunsten – seligsprechen will.

Dies entspräche auch denen, die »*hungern und dürsten nach Gerechtigkeit*« (Mt 5,6), denn sie könnten leichter »*satt werden*«, wenn ihnen die Gerechten zu eben dieser Gerechtigkeit verhelfen. Zu guter Letzt sollte bemerkt werden, dass »*die um der Gerechtigkeit willen Verfolgten*« einen zwielichtigen Beigeschmack hat. Es klingt nämlich, wie der griechische Text nahelegt, als handle es sich um Leute, die zu Recht verfolgt werden, oder wie Menschen, die guten Grund haben, der Gerechtigkeit zu entfliehen.

Der Geringste im Himmelreich? (*Mt 5,19*)

»*Wer nun eines von diesen geringsten Geboten auflöst und lehrt die Menschen, so zu tun, der wird der Geringste heißen im Himmelreich*« (Mt 5,19).

Das kann Jesus unmöglich gemeint haben – aus zwei guten Gründen: Vor allem deshalb, weil das Judentum zwar »schwere« und »leichte« Gebote kennt, aber sich weigert, die 613 Gebote der Thora nach einer willkürlichen Wertskala als »gering« oder »gewichtig« einzustufen. Noch klarer aber ist es, dass dieser Wortlaut die vorangehenden Verse Mt 5,17-18 Lügen strafen würde. Denn wenn »*kein Jota noch ein Tüttelchen der Thora vergehen wird*«, wie kann dann einer ein ganzes Gebot auflösen – und dennoch Einlass ins Himmelreich erlangen?

Mehr noch! Der Satz könnte als Ausrede für Laxheit in der Gebotserfüllung missbraucht werden, ja sogar zum Thorabruch verführen, denn ausschlaggebend für Jesu Zeitgenossen war es, irgendwie ins Himmelreich hineinzukommen, und sei es auch als »Geringster«. Umso mehrmals ja »*viele der Ersten die Letzten sein und viele der Letzten die Ersten sein werden*« (Mt 19,30).

Was Jesus höchstwahrscheinlich gesagt hat, ist, dass jeder, der auch nur das leichteste Gebot aufhebt wie etwa den Zehnten von Minze, Dill und Kümmel (Mt 23,23), für das Reich Gottes »zu leicht« befunden werden wird – ganz im Sinne von jenem Gottesurteil über Belschazzar, dessen Reich »*gezählt (...) gewogen und zu leicht befunden wurde*« (Dan 5,25ff.).

Wobei das »Tekel« (zu leicht) aus diesem berühmten Mene-Mene-Tekel-Spruch ein gelungenes Wortspiel zum »leichtesten Gebot« ergeben würde. Die Bestätigung für solch eine konsequente Einstellung hallt aus dem Brief des Bruders Jesu wider: »*Denn wer die ganze Thora hält, aber in einem einzigen Punkt strauchelt, der ist in allen Geboten schuldig geworden*« (Jak 2,10).

Ehebruch im Herzen (Mt 5,28)

»*Jeder, der eine Frau begehrlich anblickt, hat in seinem Herzen schon die Ehe mit ihr gebrochen*« (Mt 5,28). Auch hier scheint etwas nicht zu stimmen. »Frau« heißt auf Griechisch als Sammelname jedes weibliche Wesen; auf hebräisch heißt jedoch »Ischah« im allgemeinen nur eine verheiratete Frau, die zu Jesu Zeiten durch ihre Haube (oder Schleier) und Haartracht schon von weitem als Ehefrau erkennbar war. Denn seit Rebekka sich mit einem Schleier verhüllte, als ihr zukünftiger Gatte Isaak ihr entgegenkommt (Gen 24,65), galt die Regel, dass Ehefrauen verschleiert in die Öffentlichkeit traten, Unverhüllte aber als ledig anerkannt wurden. So wusste also jeder Mann auf Anhieb, wer »noch zu haben war« und wer nicht. Und da man bekanntlich mit keiner Ledigen »die Ehe mit ihr« brechen kann, muss Jesus mit »Ischah« eine Ehefrau gemeint haben. Denn ein Junggeselle, der eine Jungfrau nicht begehrlich ansieht, sollte eigentlich zum Psychiater gehen.

»Wer dich auf die rechte Backe schlägt« (Mt 5,39)

Hier ist vorerst zu bemerken, dass das im Normalfall gar nicht geht. Versuchen Sie doch einmal, eine Person, die vor Ihnen steht, auf die rechte Backe zu schlagen! Nur Linkshänder oder Akrobaten bringen das fertig. Da aber Jesus weder das eine noch das andere war, müssen wir tiefer schürfen, um seiner Aussage gerecht zu werden. Auch hier hilft uns der Talmud aus der Patsche.

Kein Wunder, wurde er doch in Jesu Muttersprache in seiner Heimat um seine Lebzeiten herum anfänglich verfasst und atmet Geist von seinem Geiste.

Im Talmudtraktat über Körperverletzungen lesen wir: »Wenn jemand seinem Nachbarn eine Ohrfeige gibt (...) so zahlt er ihm vor dem Richter 200 Sus als Wiedergutmachung (etwa DM 60,–) (...) geschah es aber mit verkehrter Hand, also mit dem Handrücken, so zahlt er ihm 400 Sus – das Doppelte. Warum? Der

Talmud erklärt: Der Schlag mit dem Handrücken schmerzt zwar weniger, gilt aber als Geste der Verachtung, die zwiefach bloßstellt und blamiert (BQ 8,6 und T BQ 9,31).

Also nicht von Schmerzensgeld allein ist hier die Rede, sondern von einer gezielten Verunglimpfung, wie sie zu Jesu Zeiten – von Römerhand – nur allzu häufig begangen wurde, auf die Jesus aber den Seinen rät, mit äußerster Zurückhaltung zu reagieren.

Ein gutes und ein böses Auge

»*Wenn nun dein Auge gut (oder: gesund, oder: lauter) ist, so wird dein ganzer Leib licht sein. Wenn aber dein Auge böse ist, so wird dein ganzer Leib finster sein*« (Mt 6,22-23).

Auf Anhieb klingt das wie ein Fall für den Augenarzt, der mehr mit Medizin als mit Moral zu tun hat.

Was hier nur allzu wörtlich übersetzt wurde, sind zwei Hebraismen: Wer ein gutes Auge hat, ist wohlwollend oder freigebig; ein böses Auge hingegen ist der Ausdruck für Neid, Missgunst und Geiz. Zu übersetzen wäre also sinngemäß: »*Wenn nun dein Auge Wohlwollen ausstrahlt, so wird dein ganzes Wesen von Licht erfüllt; wenn aber dein Auge durch Missgunst trübe wird, so wird dein ganzes Wesen verfinstert.*«

Hassen und Lieben

»*Niemand kann zwei Herren dienen; entweder wird er den einen hassen und den anderen lieben oder er wird dem einen anhangen und den anderen verachten*« (Mt 6,24).

Bibelhebräisch ist eine erdnahe Sprache, die gerne in Kontrastpaaren denkt, die nicht wörtlich gemeint sind, sondern mit der Hellhörigkeit des Gesprächspartners rechnen. *Hassen* und *Lieben* ist ein Paradebeispiel hierfür.

In den Bedingungen der Nachfolge sagt Jesus den Seinen: *Wenn jemand zu mir kommt und hasst nicht seinen Vater und seine Mut-*

ter und seine Frau und seine Kinder (...) der kann nicht mein Jünger sein« (Lk 16,26) – was wie ein Aufruf zum Bruch des Gebotes der Elternliebe für alle »Buchstabilisten« anmuten muss. Noch ärger klingt das Wort aus seiner Abschiedsrede: »*Wer sein Leben in dieser Welt hasst, wird es zum ewigen Leben bewahren*« (Jo 12,25) – was den Selbstmord nahezulegen scheint. Nur wer sich daran erinnert, dass »hassen« in der hebräischen Bibel häufig den Sinn von »hintansetzen, weniger lieben, geringschätzen« hat, wobei das Kontrastwort »lieben« den Sinn von »vorziehen, Vorliebe haben« besitzt, wird der Aussageabsicht Jesu gerecht. So z. B. heißt es im Gotteswort: »*Jakob habe ich geliebt; Esau aber habe ich gehasst*« (Mal 1,2-3 und Rom 9,13). Derselbe Sinn ergibt sich auch aus dem Abschnitt über den Ehemann mit zwei Gattinnen, »*eine, die er liebt, und eine, die er hasst*« (Dtn 21,15) – wozu der Talmud mit Recht fragt: »Gibt es denn vor Gott Geliebte und Gehasste?« (Jeb 23a).

Fazit: Jesus und seine Worte sind ohne Kenntnis seiner hebräischen Bibel oft unklar und missverständlich.

Führe uns nicht in Versuchung!?

Dieser Wortlaut der sechsten Vater-Unser-Bitte scheint anzudeuten, dass Gott selbst den Gläubigen verführen wolle – was alle biblischen Vorstellungen vom gütigen Gott der Liebe Lügen strafen würde. Das kann doch Jesus nicht gemeint haben.

Und in der Tat, bei der Rückübersetzung dieser Fürbitte ins Hebräische stoßen wir hier auf ein Zeitwort (have), das vom Verbum »kommen« abgeleitet wird und entweder »bringen« oder »führen« (als causativum) oder »kommen lassen« (als permissivum) bedeuten kann.

Im letzteren Sinn kommt es häufig in der Synagogenliturgie vor wie z. B. im jüdischen Abendgebet, wo es heißt: »Lass mich nicht kommen in die Gewalt der Sünde,

Noch in die Gewalt der Schuld

Noch in die Macht der Versuchung (...)« Wobei wir selbst es sind, die immer wieder in die Versuchung hineinstolpern, ja oft sogar ihr entgegeneilen, um ihr willig zum Opfer zu fallen. Auf diese nur allzu menschliche Schwäche reagiert der hebräische Urtext Jesu, indem er Gott um innere Widerstandskraft bittet. Im Klartext gemeint ist: lass mich doch nicht wieder straucheln noch der Versuchung zum Opfer fallen; gib mir den Mut zum Neinsagen!

Diese Deutung erhärtet der Jakobusbrief ganz unmissverständlich: »*Niemand sage, wenn er versucht wird: ich werde von Gott versucht. Denn Gott kann nicht vom Bösen versucht werden, und er selbst versucht auch niemanden. Ein jeder aber wird versucht, wenn er von seiner eigenen Begierde fortgezogen und versucht wird*« (Jak 1,13).

Mit einem Wort: lass mich nicht der Versuchung unterliegen!, aber sicherlich nicht: *Führe mich nicht in Versuchung!* Noch: *Führe mich in der Versuchung!* – wie etliche Übersetzer auszuweichen versuchen.

Werft eure Perlen nicht vor die Säue! (Mt 7,6)

Weder von Perlen noch von Säuen ist hier die Rede, sondern von Heiden im Allgemeinen, aber insbesondere von Römern,[83] auf die man keine Thora-Auslegungen, Weisheitssprüche oder Schriftworte vergeuden soll. Jesus mahnt also seine Jünger, ganz im Sinne von Mt 15,24 ihren Missionsbereich auf die Sünder und Abtrünnigen innerhalb des jüdischen Volkes zu beschränken und »*nicht auf der Straße der Heiden zu gehen*« (Mt 10,5).

Diese wiederholte Distanzierung von allen Heiden, die er auch »Hunde« nennt (Mt 15,21ff.), des »leeren Geplappers« bezichtigt (Mt 6,7); seinen Jüngern als abschreckendes Beispiel vorhält (Mt 6,30-32) und den damals verpönten Zöllnern gleichstellt (Mt 18,15-17)„wirft ein seltsames Licht auf den Missionsauftrag des Auferstandenen, der denselben Aposteln gebietet, »alle Völker zu Jüngern zu machen« (Mt 28,19). Sollte er seine Meinung nach Ostersonntag radikal geändert haben?

Heilt Jesus den Aussätzigen? *(Mk 1,40-45)*

»Heilung eines Aussätzigen« – so betiteln fast alle Bibelübersetzungen diese kurze Episode, von der uns alle drei Synoptiker berichten, obwohl, wie bekannt, der Grundtext keinerlei Titel noch Untertitel enthält. Auch kommt das Wort »Heilung« oder »Heilen« im Wortlaut kein einziges Mal vor. Seltsam ist auch das Schweigegebot, das an den vom Aussatz Gereinigten ergeht – im Widerspruch zum Auftrag, den Jesus ihm erteilt, »*geh, zeige dich dem Priester und opfere für deine Reinigung!*« (Mk 1,44).

Am Ende hört man weder etwas davon, dass der Gereinigte zum Priester in Jerusalem gegangen sei, noch hat er sich an das Schweigegebot gehalten – wie zu erwarten war –, sondern ganz im Gegenteil: *Er aber ging hinaus, begann eifrig zu verkündigen und das Wort bekannt zu machen*« (Mk 1,45). Da hier »das Wort« ziemlich sinnlos anmutet, hatte ihm doch Jesus weder eine Botschaft noch irgend einen Spruch anvertraut, so dürfen wir annehmen, dass hier im Urtext »Dawar« gestanden hat, was zwar auch »Wort« bedeuten, aber ebenso gut »die Sache« oder »das Geschehnis« bezeichnen kann (vgl. S 17). Noch seltsamer aber ist Jesu Reaktion auf die Bitte des Aussätzigen, ihn »rein zu machen«. Denn gleich darauf lesen wir: »*Und zornerfüllt streckte er seine Hand aus, rührte ihn an und sagte zu ihm: Ich will, sei rein!*« (Mk 1,41). Da Jesus bei anderen Heilungen – wie z. B. der des blinden Barthimäus – »von Mitleid erregt war« (Mt 20,34), einem Gefühl, das auch hier dem Zusammenhang gemäß zu erwarten wäre, scheint es sich um ein Missverständnis des griechischen Evangelienredaktors zu handeln.

Und in der Tat heißt es in einigen alten Handschriften anstatt »*zornerfüllt*« viel einleuchtender »*voll Mitleid*«.

Die Verwechslung dieser beiden so ganz und gar verschiedenen Gefühlsregungen, die auch im griechischen Wortlaut keinerlei sprachliche Nähe aufweisen, kann nur auf hebräisch plausibel werden. »Im Zorn« oder »zornerfüllt« heißt nämlich BE-CHE-MAH, während »voll Mitleid« BE-CHEMLAH hieße. Den Hunderten von Auslassungen und Schreibfehlern in den griechischen Evangelienschriften entsprechend, ist nichts leichter vorzustellen, als dass Markus (oder sein Redaktor bzw. Abschreiber) hier den hebräischen Buchstaben LAMED vergessen oder übersehen hat. Ungewöhnlich ist hier auch die formelhafte Äußerung Jesu: »Ich will, sei rein!« (Mk 1,41), die keinem der Heilungsworte Jesu auch nur annähernd ähnelt.

Für einen, der dem Vater im Himmel gesagt hat: »*Nicht mein Wille, sondern deiner geschehe!*« (Mt 26,39), scheint dieser Spruch auch von einem viel stärkeren Selbstbewusstsein geprägt zu sein, als der ansonsten so bescheidene Jesus der Synoptiker an den Tag legt.

Auch hier könnte eine Rückübersetzung zu einem besseren Sinn verhelfen. Sollte er in der hebräischen Urschrift gesagt haben« »RATSON JEHI TAHER«, was bedeuten würde: »*Möge es (Gott) wohlgefällig sein, dass du rein seiest!*« – eine fromme Formulierung, die das Wort »Wille« oder »Wohlgefallen«, der hebräischen Namensscheu gehorchend, ganz unzweideutig auf Gott bezieht,[84] so käme dies einem kurzen Wunschgebet gleich, das der Vater-Unser-Fürbitte »Dein Wille geschehe« gedanklich nahekommt. Diese drei hebräischen Worte könnten aber in der Paläographie des 1. Jahrhunderts, wie wir sie aus Qumran kennen, wo Wortzwischenräume häufig fehlen, leicht auch anders gelesen werden, nämlich »RETZONI HITAHER!«, was man als »*Ich will, werde rein!*« wiedergeben könnte. Wobei die grammatisch passive NIF' AL-Form von »gereinigt werden« ebenso eindeutig auf Gott als den Urheber der Heilung hinweist.

Dies würde auch viel besser mit der Rückübersetzung der gesamten Perikope übereinstimmen, die das so auffallende Fehlen des Wortes »Heilung« unmissverständlich zu erklären vermag. Es handelt sich nämlich gar nicht um eine Heilung durch Jesus, sondern lediglich um eine Reinheitserklärung des »bislang« Aussätzigen nach erfolgter göttlicher Heilung.

Das Schlüsselwort, das alle drei Synoptiker verwenden (katharisai; auf hebräisch: TAHER), bedeutet nämlich im 13. Kapitel des Buches Leviticus, auf das sich Jesus hier mehrfach bezieht (Mk 1,44; Mt 8,4; Lk 5,14), nichts anderes als »rein erklären«.

In diesem ganzen Kapitel, das *nur* der *Feststellung* von Aussatz gewidmet ist, wird dieses Zeitwort sowohl im hebräischen Grundtext als auch in der griechischen Septuaginta nicht weniger als siebenmal in diesem alleinigen Sinn gebraucht.[85]

Hierbei lässt der Kontext keinen Zweifel aufkommen, dass Gott, und nur Er allein, die Heilung des Aussatzes erwirken kann (Lev 14,3; 14,18), worauf es dem Priester obliegt, diese Heilung zu konstatieren, den Kranken als rein zu erklären und Gott, als Dank dafür, das »*Sündopfer (...) Brandopfer (...) und Speiseopfer auf den Altar darzubringen*« (Lev 13,19-20). Kurzum: Da die Heilung eines Aussätzigen durch Gott auch soziale Folgen hatte – Aufhebung seiner Absonderung und Wiederaufnahme in die Gemeinde –, musste seine Genesung vom Priester amtlich bestätigt und durch Opfer der Dankbarkeit im Tempel zu Jerusalem besiegelt werden. Den Zusammenhang zwischen Lev 13 und Mk 1,40-45 untermauert noch das Jesuswort »*zeig dich dem Priester*«, das wörtlich aus Lev 13,49 entnommen ist, – ein weiteres Beispiel für Jesu Thora-Treue, aber auch für seine prinzipielle Bejahung des Tempelopferdienstes in Jerusalem.

Es ist damit zu rechnen, dass unsere Perikope vor dem Hintergrund der prophetischen Elischa-Tradition zu sehen ist, der einst dem syrischen Feldherrn Naaman die Heilung vom Aussatz ermöglichte. Der Heide kam mit einem Empfehlungsschreiben seines Königs nach Israel, um sich vom Gottesmann heilen zu lassen. Elischa aber schickte ihn, ohne ihn anzusehen, zum Flusse Jordan, wo er siebenmal untertauchen sollte. Zunächst sträubte er sich: »Sind nicht die Flüsse von Damaskus (...) besser als alle Gewässer in Israel?« (2 Kön 5,12), lässt sich aber letztlich von seinen Dienern dazu überreden, dem Propheten Gehör zu schenken, worauf es heißt: »*Und sein Fleisch wurde wieder heil*« (2 Kön 5,14).

Was aber heilte ihn? Die hebräische Bibel lässt keinen ihrer Leser im Unklaren: weder das Wasser des Jordans noch der Prophet Elischa konnten solches erwirken, sondern der Glaube des Aussätzigen, dass Gott auch in Fällen schwerster Krankheit helfen kann, in denen alle menschliche Heilkunst versagt. Dies bezeugt der geheilte Feldherr, als »*er vor den Mann Gottes trat und sprach: Nun weiß ich, dass kein Gott ist in allen Landen außer in Israel*« (2 Kön 5,15), eine Bibelwahrheit, die Elischa noch dadurch bestärkt, indem er sich weigert, ein Geschenk für die Heilung anzunehmen (2 Kön 5,16).

Es ist derselbe Glaube an Gott und Seine Heilstaten, die Jesus nicht müde wird zu betonen: »*Dein Glaube hat dir geholfen!*«, so sagt er der blutflüssigen Frau nach ihrer Gesundung (Mt 9,22). »*Dein Glaube hat dir geholfen!*«, so spricht er zum Blinden, sobald dieser wieder sehen konnte (Mk 10,52). »*Dein Glaube hat dir geholfen!*«, so sagt er der Sünderin, der Gott vergeben hat (Lk 7,50). »*Dein Glaube hat dir geholfen!*«, so heißt es ebenso aus seinem Munde (Lk 17,19) zum Aussätzigen, der auf dem Weg zum Priester rein geworden war (Lk 17,14). Dass dieser Glaube auf Gott gerichtet ist – nicht auf Jesus –, beweisen ebenso zahlreiche Stellen in den Evangelien:

»*Als er (der Aussätzige) geheilt worden war,* (wobei das Passivum Gott umschreibt) *pries er Gott mit lauter Stimme*« (Lk 17,15). Zur gekrümmten Frau sagte Jesus: »*Weib, du bist erlöst von deiner Krankheit*«, worauf er ihr die Hände auflegt, »*und sogleich richtete sie sich auf und pries Gott*« (Lk 13,12f.).

Nach der Heilung des Gelähmten lesen wir: »*Alle waren außer sich vor Staunen, priesen Gott und sagten: Noch nie haben wir solches gesehen:* (Mk 2,12). Nach der Auferweckung des toten Jünglings von Nain heißt es von den Dabeistehenden: »*Schauder aber ergriff alle, und sie lobten Gott*« (Lk 7,16).

Fazit: Was Jesus in unserer Perikope tat, entspricht nicht nur der rabbinischen Praxis seiner Zeit[86] und der Schilderung von Josephus Flavius,[87] sondern auch dem ursprünglichen Wortlaut der Perikope, in der die Rede von einer »Reinsprechung« durch Jesus ist – eine menschliche Feststellung einer von Gott erwirkten Heilung, dem Jesus als frommer Jude durch den Aufruf, das biblisch vorgeschriebene Opfer darzubringen, die Ehre gibt.

Wie es dennoch zur irrigen Meinung kommen konnte – insbesondere unter Heiden, für die ja die Evangelien viel später auf Griechisch übersetzt wurden – bezeugt die Perikope des besessenen Heiden, »von dem die Dämonen ausgefahren waren«

(Lk 8,38). Jesus trägt ihm ausdrücklich auf: »*Kehre zurück in dein Haus und erzähle was Gott Großes an dir getan hat*« (Lk 8,39). Der geheilte *Heide* hingegen »*ging hin und verkündete in der ganzen Stadt*«, im krassen Widerspruch zu Jesu Geheiß, »*was Jesus Großes an ihm getan hatte*« (Lk 8,39).

Wie sehr die Heidenwelt des ersten Jahrhunderts dazu neigte, Heilkundigen und Wundertätern göttliche Huldigungen zuteilwerden zu lassen, lernen wir auch aus den Erfahrungen des Paulus. Als er in Lykaonien einem Gelähmten zur Heilung verhelfen konnte, »*da er den Glauben hatte*« (Apg 14,9), heißt es in der Folge: »*Als die Volksmenge sah, was Paulus getan, erhob sie ihre Stimme und rief auf lykaonisch: Götter sind in Menschengestalt zu uns herabgekommen*« (Apg 14,11-12).

Ähnliches geschah in Malta, als Paulus eine Viper, die ihn gebissen hatte, ins Feuer warf, »*ohne Schaden zu nehmen*« (Apg 28,5). Hierauf lesen wir über die Reaktion der »Eingeborenen«: »*Als sie sahen, dass ihm kein Leid widerfuhr (...) meinten sie, er sei ein Gott*« (Apg 28,6).

Wie die zahlreichen Anklänge an essenische Lehren im jesuanischen Gedankengut nahelegen, hat der Nazarener höchstwahrscheinlich einen Teil der »verborgenen Jahre« (zwischen dem Alter von zwölf und dreißig Jahren) in Qumran oder in einer der Essenischen Stadtgemeinden[88] verbracht (siehe das Kapitel »Die Entdeckung des verschollenen Esseners«). Eine Annahme, die durch die kurze Wegstrecke zwischen Jesu traditioneller Taufstelle am Jordan (Mk 1,9 et par) und dem essenischen Wüstenkloster am Ufer des Toten Meeres bestärkt wird. Dass er sich dabei auch Kenntnisse aus ihrer damals weitberühmten Heilkunst angeeignet hat, liegt wohl auf der Hand. Dies könnte viele seiner Heilungen erklären – auch auf dem Gebiet der Psychosomatik (Dämonenaustreibungen!), die in den Augen des galiläischen Landvolkes sicherlich wie Wunder anmuten mussten. Er selbst jedoch betonte immer wieder, dass alle Heilungen Gottes Werk sind – ganz im Sinne des Bibelwortes: »*Ich bin Der Herr, dein Arzt*« (Ex 15,26).[89]

Statt eines Schlusswortes: Vorwort für morgen

Alles schön und gut, so mag nun dieser oder jener Leser einwenden, Übersetzungsklügeleien und Haarspaltereien mögen sprachliche Leckerbissen für philologische Feinschmecker sein, aber die Bibel ist doch für die ganze Menschheit bestimmt.

Dann muss sie doch in allen Sprachen die Botschaft Gottes wiedergeben können. Das ist prinzipiell zwar richtig, erweist sich jedoch in der Praxis als unhaltbar. Denn, wie Gerhard Lohfink, der katholische Neutestamentler, mit Recht betont:

»Niemals werden wir auf Erden, wenn Gott spricht, das reine, absolute Wort Gottes hören. Es kommt zu uns bereits in Menschenworte eingekleidet.«[90]

»*Das Wort wurde Fleisch*« – dieser Kernsatz aus dem Johannesevangelium (1,14) hat nämlich auch einen hebräisch-biblischen Sinn, der vielleicht sogar der ursprüngliche war: jedes Wort Gottes ist schon in unsere fehlbare Menschlichkeit und Irdischkeit eingedrungen, bevor es uns erreicht. Es musste also durch Menschenohren, Menschenaugen und Menschenhände hindurchgehen, ehe es Schrift werden konnte – eine Dreiheit subjektiver Zwischenstationen, die keine lupenreine, unversehrte Wiedergabe gewährleisten können. Einen gläubigen Denkanstoß in dieser Richtung liefert uns Blaise Pascal, der französische Denker, der binnen einer Nacht vom Atheismus zum Christentum bekehrt worden ist. Er schreibt: »Die Heilige Schrift enthält genug Klarheit, um die Auserwählten zu erleuchten, und genug Dunkelheit, um sie demütig zu machen.«[91]

Nicht zu vergessen ist auch, dass die Sprache – jede Sprache – Offenbarung und Geheimnis zugleich ist, wie Max Picard sagt, sodass es keine sichere Basis für das Verstehen gibt. Martin Buber geht einen Schritt weiter:

»Es geht darum, zu erkennen (...), dass die Menschen und die Menschengeschlechter dazu neigen, Gott misszuverstehen. Der Mensch ist so geschaffen, dass er verstehen kann, aber nicht verstehen muss, was Gott ihm sagt. Gott gibt den erschaffenen Menschen den Nöten und Ängsten nicht preis. Er leiht ihnen den Beistand Seines Wortes (...) Er spricht Sein Wort ihm zu. Der Mensch aber horcht nicht getreuen Ohrs auf das ihm Zugesprochene, er vermengt schon im Hören Himmelsgebot und Erdensatzung miteinander (...) Von diesem Tatbestand sind auch die Heiligen Schriften nicht ausgenommen, auch die Bibel ist es nicht (...) Es geht darum, dass in dem Werk der Kehlen und der Griffel, aus dem der Text der Bibel entstanden ist, sich wieder und wieder Missverstehen ans Verstehen heftete, Hergestelltes mit Empfangenem verquickte. Wir haben kein objektives Kriterium für die Scheidung: wir haben einzig den Glauben – wenn wir ihn haben.«[92]

»*Mein Volk versteht es nicht*«, so klagt Jesaia (1,3) und seufzt später auf: »*Sie wissen nichts und verstehen nichts*« (44,18). Ja, sogar der Prophet Daniel sagt von seiner Vision: »*Ich hörte es, aber ich verstand es nicht*« (Dan 12,8).

»*Versteht ihr dies Gleichnis nicht*«, so rügt Jesus seine Apostel, »*wie wollt ihr dann die anderen verstehen?*« (Mk 4,13). Und kurz darauf heißt es von den Zwölfen: »*Sie aber verstanden das Wort nicht und fürchteten sich, ihn zu fragen:* (Mk 9,32). Wenn solches Unverstehen sogar am grünen Holz der Bibel wachsen kann, was muss dann erst an Missverstehen am dürren Holz der Bibelübersetzungen zu befürchten sein!?

Und in der Tat, wenn man an all die Hexen- und Ketzerverbrennungen, Kriege und Kreuzzüge denkt, die sich alle auf die Bibel beriefen, um »im Namen Gottes« Hekatomben von Menschenblut zu vergießen, so wird das Missverstehen sogar der zentralen Liebesbotschaft, die die Bibel so eindringlich verkündet, in seinen tragischen Folgen nur allzu gegenwärtig. Was die Evangelien betrifft, so sind sie ebenso wenig »über Nacht« entstanden noch sind sie das alleinige Werk der vier Autoren, deren Namen sie tragen.

Gerhard Lohfink erläutert: »Die moderne biblische Forschung hat gezeigt, dass unsere Evangelien nicht völlige Neuschöpfungen der Evangelisten sind, sondern, dass in jedes der Evangelien die Arbeit vieler anderer Menschen mit eingeflossen ist. Denn alle Evangelisten haben mündliche und schriftliche Traditionen *verarbeitet*, die es längst vor ihnen in der Kirche gab. Die Niederschrift eines Evangeliums ist nur die Schlussphase eines langen und vielfältigen geschichtlichen Entstehungsprozesses.«[93] Was das Lukasevangelium betrifft, aber ebenso für alle vier Evangelien gilt, fügt Lohfink hinzu: »Es wäre eine ungeheure Sensation, wenn einmal eine dieser Vorlagen des Lukasevangeliums gefunden würde.«[94]

Solch eine Sensation kann ich leider nicht liefern, wohl aber den Versuch unternehmen, der Stimme der Gewährsmänner des Lukas nachzugehen, »*die vom Anfang an Augenzeugen und Diener des Wortes gewesen sind*« (Lk 1,2) – ausnahmslos Juden und Jüdinnen, die semitisch dachten, sprachen und überlieferten, denn andere Jünger hatte ja Jesus zu Lebzeiten nicht.

Anders gesagt: es lohnt sich, mit allen Mitteln der Sprachkunde, der historischen Akribie und der Bibelwissenschaften hinter den griechischen Evangelientext vorzudringen, um den ältesten Jesusbericht seiner Erstjünger so nahe zu kommen, wie es nur menschenmöglich ist. Jesus selbst werden wir wohl nie aus den Geröllhalden des über ihn Geredeten und Geschriebenen herausbaggern; ihn herauszuziehen aus dem Schwemmsand der erbaulichen Sprache, mit der ihn die Nachgeborenen in den Griff zu bekommen versuchten, scheint heutzutage kaum noch möglich. Aber noch lebt in den ältesten Berichten ein Umriss von jenem Unbewältigten, ein Widerhall der Rede jenes Unverrechenbaren, der über alle Begrenzungen und Verständnisse hinausragt, in denen ihn seine späteren Nachlassverwalter einzufangen versuchten.

Diesem Unterfangen einer anfänglichen Schuttabräumung spätgriechischer Überkrustungen zwecks Freilegung eines Stück Weges zurück zum Nazarener ist dieses Buch gewidmet.

Nicht der Verunsicherung der Christusgläubigen gilt diese Arbeit, sondern als Hilfe zur Rückkehr zu jenem »*vernünftigen Glauben*«, wie Jesus ihn gepredigt hat (Mk 12,29-34) – ein Glaube, der bereit ist, hinter den vielen Wörtern das wahre Wort zu erjagen. Es geht um einen Großglauben an jene Wahrheit, »*die euch frei machen wird*« (Joh 8,32); ein Glaube, der zwar »nicht jedermanns Sache ist« (2 Thess 3,2), der aber offen genug ist, um die gelegentlichen Irrtümer der Evangelisten zuzugeben; der sich nicht ängstlich an Einzelwörter klammert, sondern um das Sinnganze ringt; der dem Text keine dogmatische Zwangsjacke auferlegt und der sich weigert, nachweisliche Übersetzungsfehler heilig zu sprechen.

Mit anderen Worten: es gilt dem Glauben der ersten Christenheit, die aus Jesu ureigenen Jüngern bestand, näher zu kommen – einem jesuanischen Glauben, der in seiner unübersetzten Unmittelbarkeit sowohl zur Glaubensgeschichte Israels als auch zu den Annalen der Frühkirche gehört.

Nicht was über Jesus und nach ihm gesagt worden ist, soll gelten, sondern was er selbst gesagt, getan und gewollt hat – unvermischt und unverwandelt –, das allein soll den Ausschlag geben.

Um dies auch nur annähernd zu erkunden, müssen noch viele Fragen geklärt werden, die seit Jahrhunderten so manchen Leser bis heute verwirren:

- Was bedeutet der geheimnisvolle Titel »*Menschensohn*«, den Jesus rund achtzigmal auf sich selbst bezieht, und was besagt er über Jesu viel umstrittenes Selbstverständnis?
- Hat er wirklich den Pharisäern gesagt »*Das Reich Gottes ist in eurer Mitte*« (Lk 17,21), oder könnte diese Aussage auch anders gemeint gewesen sein?
- Welche Erwartung steckt hinter dem Jubelruf »*Hosianna in den Höhen*« (Mk 11,10 et par), und was besagt er für den begeisterten Empfang, den die Volksmenge Jesus in Jerusalem bereitete?
- Was ist mit dem »*Ausgang*« (Exodos) gemeint, über den Moses und Elia mit Jesus (Lk 9,30) während der Verklärung sprachen?
- Weshalb musste Jesus »*Nazoräer*« heißen (Mt 2,23), wo doch keine Bibelstelle solches verlangt?

- Warum verflucht Jesus einen Feigenbaum, nur weil er außerhalb der Erntezeit keine Früchte tragen will? (Mk 11,12-14)
- Was besagte der biblische Würdetitel »*Sohn Gottes*« zu Jesu Lebzeiten und in seiner eigenen Muttersprache?
- »*Dies ist mein Leib!*« (Mk 14,22 et par), wie musste das beim letzten Abendmahl in den Ohren der Zwölf klingen, wo es doch gar kein Wort für »*ist*« auf hebräisch und aramäisch gibt?
- Hat Jesus beim letzten Abendmahl von seinem Blut als dem »*Blut des Bundes*« gesprochen (Mt 26,28; Mk 14,24) oder vom »*Neuen Bund in meinem Blute*« (Lk 21,20 und 1 Kor 11,25), und was ist der theologische Unterschied zwischen den beiden Fassungen?
- Können »*die Pforten der Hölle*« (Mt 16,18) jemanden »*überwältigen*« – oder steckt dahinter etwa ein Verlesfehler?
- Welche von den fünf möglichen Bedeutungen des Gebetsrufes *MARANATHA* (1 Kor 16,22) ist wohl die richtige? Und was besagt sie für die Hoffnung der apostolischen Urgemeinde?

Diese und so manche anderen Schwierigkeiten könnten mittels der Hebraistik einer Lösung näher gebracht werden, um uns jenen Jesus besser zu vergegenwärtigen, der durch ungenaue Übertragungen, Fehlübersetzungen und Spätüberlagerungen uns allen entfremdet worden ist.

Demnächst will ich versuchen, neues Licht auf diese alten Fragen zu werfen.

»Das geht uns nichts an; das sind doch interne Kirchenangelegenheiten«, so mögen einige Juden nun einwenden. Kirchenintern mögen Fragen wie die der Eucharistie, des Amtsverständnisses und der Trinitätslehre sein, aber ein kirchliches Umdenken im Hinblick auf die Juden und das Judentum ist für uns eine Frage von Leben und Tod. Und damit ist die Frage nach dem Juden Jesus unzertrennlich verbunden.

»Was sucht der Jude im kirchlichen Bereich der Theologie?« so könnten etliche Christen nun fragen. Wenn christliche Alttestamentler sich seit Jahrhunderten mit der Erforschung der hebräischen Bibel beschäftigen, so sollten auch jüdische Neutestamentler bei der erneuten Suche nach dem irdischen Jesus und seiner Botschaft mithelfen – umso mehr, als die historische Erfahrung uns gelehrt hat, dass die Wirkungsgeschichte christlicher Theologien auch künftige Generationen von Juden unmittelbar betreffen wird.

»Wer Jesus Christus begegnet, begegnet dem Judentum.« So lautet der Anfangssatz der jüngsten Erklärung der Deutschen Bischöfe vom 28. April 1980 mit Bezug auf das Verhältnis der Kirche zum Judentum. Ein vielsagendes Wort, das sich auch der Papst zu Eigen gemacht hat, als er in Mainz im November 1980 zu einer Delegation von Juden sprach.

Diese Aussage, die dem christlich-jüdischen Dialog neue Impulse verleihen könnte, erhebt nun endlich Jesu Jude-Sein zu einer konstitutiven Komponente der Christologie und die Judaistik zu einem unverzichtbaren Werkzeug der christlichen Theologie.

Wer ist Jesus? Zu dieser noch immer offengebliebenen Frage schreibt Hans Küng: »Vielleicht könnte der Jude dem Christen helfen, jene zentralen neutestamentlichen Aussagen über Jesus und insbesondere seine Ehrentitel, die einen eminent hebräischen Hintergrund haben, besser zu verstehen.«[95]

Franz Mussner erweitert diesbezüglich das theologische Blickfeld: »Wir können gar nicht genuin christlich reden, denken und beten, wenn wir es nicht in den übernommenen jüdischen Kategorien tun. Jesus war seiner menschlichen Natur nach Jude (...) die christliche Sprachwelt stammt weithin aus dem Judentum (...) Jesus wurde (...) zum großen Mittler zwischen Israel und den Völkern. Er macht die Menschheit, soweit sie christlich wurde und wird, »jüdisch«; denn durch ihn kamen die jüdischen Kategorien in das Bewusstsein der Völker und wirken darin wie ein Sauerteig, der das Ganze durchsäuert.«[96]

Der evangelische Landesbischof Ulrich Wilckens bestätigt diesen Gedankengang: »Das Christentum hat sich keineswegs als eine neue Glaubensreligion der jüdischen Gesetzesreligion gegenüber etabliert, sondern christlicher Glaube ist alttestamentlich

– jüdischer Glaube in neuer heilsgeschichtlicher Situation (...) Christlicher Glaube wird immer in der Struktur jüdischen Glaubens Glaube sein.«[97]

Dass sich aus diesen Denkstrukturen und Glaubenskategorien auch sprachliche Konsequenzen für die ntl. Forschung ergeben, ist eine Einsicht, die schrittweise an Boden gewinnt. Franz Delitzsch, der bis heute beste Übersetzer des Neuen Testaments ins Hebräische, schreibt an seinem Lebensabend:

»Mein Streben war immer darauf gerichtet, den Text so wiederzugeben, wie die ntl. Schriftsteller in Hebräisch gedacht haben.«[98]

»Beim Rückübersetzen der Evangelien ins Hebräische, bei der Rekonstruktion der ursprünglichen Texte lauschen wir den eigentlichen Stimmen der Wirksamkeit Christi«, so schreibt Jean Carmingnac, ein katholischer Forscher und Redakteur der internationalen Zeitschrift »Revue de Qumran«.[99]

Robert L. Lindsey, ein protestantischer Hebraist in Jerusalem, schreibt über seine Arbeit, der Neuübersetzung des Markusevangeliums ins Hebräische: »Dies gab mir das beklemmende Gefühl, dass ich in gleicher Weise damit beschäftigt war, ein ursprünglich hebräisches Werk zu restaurieren, wie ein gänzlich neues zu schaffen (...) Bei dieser Art von Übersetzung besteht fortwährend die atemberaubende Möglichkeit, des Öfteren die genauen Worte Jesu selbst zu entdecken.«[100] Paul Gaechter, Jesuit und Neutestamentler in Innsbruck, schreibt: »Heute besitzen wir es (das Matthäusevangelium) nur in griechischer Form, finden aber auch im Griechischen so viele Züge hebräischen Empfindens und Denkens, dass am Übersetzungscharakter dieses griechischen Werkes nicht gezweifelt werden kann – was immer für Veränderungen sonst noch am originalen semitischen Text vorgenommen sein mögen.«[101] Und in seinem Matthäus-Kommentar fügt er hinzu: »Selbst geraume Zeit nach der Übersetzung des Matthäus hat man sich nicht gescheut, nicht mehr verstandene (hebräische) Ausdrücke durch dogmatisch »richtige« zu ersetzen.«[102]

Hier geht es nicht um semantische Nuancen oder Schattierungen, sondern letzten Endes um das »Festhalten an der Lehre der Apostel« (Apg 2,42) und »die unverfälschte Lehre Jesu« (Titus 2,7), wie sie »der gesunden Lehre entspricht« (Titus 2,1), um sich nicht »durch fremde Lehren irreführen zu lassen« (Hebr 13,9), durch »Männer, die verkehrte Lehren reden« (Apg 20,30), auf dass nicht »ein jeglicher eine andere Lehre habe« (1 Kor 14,26). Denn »wer über die Lehre Christi hinausgeht, der hat Gott nicht« (2 Joh 9). Um »den sicheren Grund der Lehre« zu erfahren (Lk 1,4), gilt es daher, wie Lukas es tat, auf jene zurückzugreifen, die »Augen- (und Ohren-)Zeugen« des Lebens und der Lehre Jesu waren, um dann »Diener der Lehre« zu werden (Lk 1,1-4). Es geht um dieselben Urapostel, von denen Paulus die Erstüberlieferung »empfangen« (1 Kor 11,23; 1 Kor 15,3) und dann »weitergegeben« (1 Kor 15,3) hat. Dass auch Paulus sich der Kontrollgewalt des Petrus und der »Maßgebenden« hinsichtlich der Jesuslehre fügte, ja, dass er Wert darauf legte, dies den Galatern zu bekunden, bezeugt er in Gal 1,18 und Gal 2,1-10. Wenigstens in 1 Kor 11,23-25 lässt er durchblicken, dass es ihm nicht nur um eine Kontrolle über den Inhalt der Lehre, sondern auch um den Wortlaut der Überlieferung geht, die er fast wie ein Schulknabe zitiert, der ein Lehrstück auswendig gelernt hat.

Das damalige Judentum beruhte weitgehend auf einer Gedächtniskultur, die von Rabbinenjüngern ein hervorragendes Gedächtnis erwartete, sodass sie »wie Zisternen werden, welche nicht einen einzigen Tropfen Wasser verlieren« (Abot 2,8). »Mein Sohn, sei vorsichtig bei den Worten der Schriftgelehrten«, so hieß eine Grundregel der Thoraschulen, »denn wer sie übertritt, ist des Todes schuldig« (Er 21b). Und: »Jeder, der die Worte der Meister verunehrt (d. h.: falsch zitiert oder sich Freiheiten in der Überlieferung nimmt), wird in der kommenden Welt in siedendem Kot bestraft ... Wer sie aber ehrt (d. h.: wörtlich weitergibt), ist seines Anteils an der kommenden Welt gewiss« (Gittin 57a; Er 21b).

Die Präzision in der Abschrift der Jesaia-Rolle in Qumran und die fast fehlerlose Überlieferung der Mischna durch Generationen von Tradenten scheint die Texttreue der rabbinischen Gedächtniskultur vollauf zu bestätigen. Die rund Viertelmillion von Lesarten und Textvarianten in den Handschriften der griechischen Evangelien hingegen (wie sie in jeder wissenschaftlichen Ausgabe des NT ersichtlich sind) spricht für eine viel »freiere« Handhabung kirchlicher Urkunden durch spätere Heidenchristen. Wenn also Rabbinerschüler die Worte ihrer Meister wortwörtlich zu überliefern pflegten, um wieviel mehr ist solches von den jüdischen Jüngern Jesu zu erwarten, der ja für seine Urgemeinde viel mehr bedeutete als ein Schriftgelehrter oder Thora-Ausleger. Hieraus kann der Jesuit Paul Gaechter folgern: »Im Allgemeinen erfreuten sich die Hellenisten nicht eines Textgedächtnisses, das sich mit dem der Aramäisch redenden Juden vergleichen ließ (...) Solange sich die Jesusüberlieferung innerhalb der semitischen, altjüdischen Gedächtniskultur hielt, wird man größtmögliche wörtliche Treue voraussetzen dürfen« (»Die urchristliche Überlieferung verglichen mit der rabbinischen Gedächtniskultur«, in: Zeitschrift für Katholische Theologie, Band 95 (1973) S. 41ff.).

Aufs Ganze gesehen, weisen diese Einsichten auf gewisse Schlussfolgerungen, die sich mit wachsender Klarheit herauskristallisieren. Eugen Biser, der katholische Theologe, betont, dass es zunächst gilt, »auf jenes ungebrochene Verhältnis von Theologie und Offenbarungswort hinzuarbeiten (...) um die Gestalt des integralen Sprechens, besonders des Biblischen, darzustellen (...) um der Theologie aus ihrer szientifischen Überfremdung heraus zu helfen.« Woraus er folgert: »Das gibt der zu bewältigenden Aufgabe auf weite Strecken den Charakter einer *sprachlichen Rekonstruktion.*«[103] Dass diese »Rekonstruktion« schrittweise an Anhängern gewinnt, beweist u a. die Tatsache, dass in den letzten vierzig Jahren so gut wie alle deutschen Bibelübersetzungen in Neuauflagen Dutzende von Schriftpassagen verbessert oder korrigiert haben – sei es dank verlässlicherer alter Handschriften, die inzwischen aufgefunden worden sind, sei es aufgrund neuer Einsichten der Bibelwissenschaften und Sprachwissenschaft. Es besteht daher kein Grund, den heutigen Stand der Übersetzungen als endgültig zu erachten noch die weitere Verbesserbarkeit der Bibeltexte in Zweifel zu ziehen.

»Und lasst uns das gesagt sein, dass wir das Evangelium nicht wohl werden erhalten ohne die Sprachen«, so schrieb Martin Luther »an die Ratsherren aller Städte Deutschen Landes« (1524), wobei »die Sprachen«, von denen hier die Rede ist, die von Luther über alle anderen geschätzte hebräische und griechische sind, die er »heilig« benennt. Und er fährt fort: »Diese Sprachen sind die Scheiden, darin das scharfe Messer des Geistes steckt; sie sind die Schreine, darinnen man dies Kleinod trägt; sie sind das Gefäß, darinnen man diesen Trank fasse. Und wie das Evangelium selbst zeigt, sie sind die Körbe, darinnen man diese Brod und Fische und Brocken behält.«[104]

Leo Baeck, die letzte Leuchte des deutschen Rabbinats, ist der Überzeugung, dass es sich bei den vier Evangelien »nicht um Quellenschriften« handelt, sondern um aufeinander folgende Traditionen: »Wenn man ihnen folgt, ist es möglich, zu dem Ursprünglichen, zu der alten Botschaft hinzugelangen. In ihnen allein ist Weg, der zu den Anfängen des Christentums hinführt (...) Manches in den Evangelien bietet das Bild eines Palimpsestes; über die alte Kunde ist Neues gleichsam hinüber geschrieben worden. Aber im Ganzen ist es doch möglich, zu dem Ursprünglichen hindurch zu gelangen.«

Leo Baeck ist sich der Schwierigkeit wohl bewusst, die solch eine Quellenscheidung im zusammengewachsenen Text der Evangelien bietet, aber glaubt, spätere hellenistische Schichten ließen sich von der jüdischen Kernbotschaft abschälen, in der dann »Worte und Taten Jesu vor uns hintreten«.[105] Dieses Urevangelium will er heimholen in sein weltoffenes Judentum, um Jesus als Leuchte Israels in seinem Volke zu rehabilitieren. Mit seinen Worten: »In dem alten Evangelium, das sich derart auftut, steht mit edlen Zügen ein Mann vor uns, der während erregter, gespannter Tage im Lande der Juden lebte und half und wirkte, duldete und starb, ein Mann aus dem jüdischen Volke, auf jüdischen Wegen, im jüdischen Glauben und Hoffen, dessen Geist in der Heiligen Schrift wohnte, der in ihr dichtete und sann, und der das Wort Gottes kündete und lehrte, weil ihm Gott gegeben hatte zu hören und zu predigen (...) Einen Mann sehen wir vor uns in dieser alten Überlieferung, der in allen Zügen seines Wesens das jüdische Gepräge aufzeigt, in ihnen so eigen und so klar das Reine und Gute des Judentums offenbart (...) Ein Jude unter Juden. Die jüdische Geschichte, das jüdische Nachdenken darf an ihm nicht vorüberschreiten noch an ihm vorbeisehen. Seit er gewesen, gibt es keine Zeiten, die ohne ihn gewesen sind, an die nicht die Epoche herankommt, die von ihm den Anfang nehmen will.«[106] Was diese enthellenisierte Kernbotschaft betrifft, fährt Baeck fort: »Wenn so die alte Tradition vor den Blick tritt, dann wird das Evangelium, dieses jüdische, welches es ursprünglich war, zu einem Buche, einem nicht geringen, im jüdischen Schrifttum (...) Das Judentum darf an ihm nicht vorübergehen, es darf nicht verkennen, noch hier verzichten wollen. Auch hier soll das Judentum sein Eigenes begreifen, um sein Eigenes wissen.«[107]

Die Suchexpedition nach diesem Urevangelium war jahrhundertelang genau so unfruchtbar wie seine Herausschälung aus den synoptischen Texten von der kritischen Theologie als aussichtslos erachtet wurde, bis ein glücklicher Zufall neue Hoffnung aufleuchten ließ. Das Manuskript Nr. 1575 der Schehid Ali Sammlung in Istanbul stammt aus dem 10. Jahrhundert und beinhaltet eine der zahlreichen antichristlichen Streitschriften, die islamische Gelehrte im Mittelalter zu verfassen pflegten – so jedenfalls dachte man, bis vor etwa zwanzig Jahren *Schlomo Pines,* ein Bibelwissenschaftler der Hebräischen Universität in Jerusalem, sich die Mühe machte, die ganze Handschrift zu erforschen. Was er fand, war ein über sechzig Seiten langer Angriff auf die Heidenchristen, der sich all der klassischen Argumente des nazoräischen Judenchristentums bedient, wie wir sie aus anderen Quellen kennen: Sie haben »die Worte Christi verdreht«; da sie die Thora Mosis verlassen hatten, seien sie »zu Gegnern der Lehre Jesu« geworden, heißt es da, und die Christologie all ihrer Schulen sei grundsätzlich falsch, da Jesus zwar ein Gerechter und ein Prophet gewesen sei, aber »noch mehr« als alle anderen Propheten, »seine Unterwürfigkeit und seinen Gehorsam Gott gegenüber« erwiesen habe. Die Schrift enthält ein ausführliches Lob »der hebräischen Sprache« als »der Sprache Jesu und der Propheten«, in der auch »das wahre Evangelium« verfasst worden sei. In der Folge werden die Heidenchristen wegen ihres »Abfalls« von dieser Sprache gerügt, statt deren sie »viele andere Zungen angenommen haben, die nicht von unserem Meister Jesus und seinen Jüngern gesprochen wurden« (S. Pines, The Jewish Christians of the Early Centuries of Christianity According To a New Source, Jerusalem 1966, S. 16ff.). Um die Wiederentdeckung dieses unsterblichen Mannes aus Nazareth geht es, der im Credo seiner Kirche gar nicht gelebt zu haben scheint. Denn das Glaubensbekenntnis eilt ja vom »Geboren-werden« unverzüglich zum »Gelitten-haben« und »Gestorben-Sein« – ohne ein einziges Wort seinem Lehren und Bekehren, seiner Predigt und Botschaft, seinem Hoffen und Beten zu widmen. Ist er denn nur zur Welt gekommen, um als Sühneopfer jämmerlich am Römerkreuz zu verbluten?

Wenn es wahr ist, dass jeder, »der Jesus Christus begegnet, dem Judentum begegnet«, wie der Papst und die katholische Bischofskonferenz in Fulda betonten, so sollten Juden sich zum Anwalt jenes Jesus machen, der als »wahrer Mensch« ein »wahrer Jude« sein Leben lang gewesen ist. In den Worten Karl Barths, des evangelischen Theologen, den Papst Paul VI. als »den größten Theologen unseres Jahrhunderts« bezeichnet hat: »Die Meinung kann auch nicht die sein, dass wir an Jesus Christus glauben, der nun zufällig ein Israelit war, der aber ebenso gut auch einem anderen Volk hätte entstammen können. Hier muss man ganz streng denken: Jesus Christus (...) war notwendig Jude (...) Gott wurde Mensch im jüdischen Fleisch. An dieser Tatsache ist nicht vorbeizusehen, sondern sie gehört zu der konkreten Wirklichkeit Gottes und Seiner Offenbarung« (Kirchendogmatik Band IV/1, S. 181f.).

Dem darf ich hinzufügen, dass alles, was Jesus auf Erden vollbrachte, sagte und unterließ, nur dann seinen vollen Sinn erschließt, wenn man es aus seinem profunden Judesein zu erfassen vermag. Einer, der gar nicht Jesus hieß, sondern Jeschua (der

Name »Jesus« entstand erst zu Ende des 1. Jahrhunderts), der kein Christ war, sondern ein Sohn Israels; der nicht sonntags zur Messe ging, sondern am Sabbath in die Synagoge; der nicht mit »Hochwürden« noch als »Herr Pastor« angesprochen wurde, sondern als Rabbi; der weder Ostern noch Weihnachten feierte, sondern Passah, das Wochenfest und den Versöhnungstag – kurzum: ein Menschenbruder, der in dieser Welt zu Hause war, unserer Werde-Welt, so schmutzig und so edel, so erhaben und verkommen, wie sie nun einmal ist. Dieser guten Erde unter dem einen Vater-Gott, der all sein Leben und Streben, all sein Glauben und Mutmachen und zuletzt auch sein Tod am Kreuze galten. Da steht einer auf im alten Israel, um über Nacht die Prophetenvision zur morgigen Tagesordnung zu machen; Einer, dem die Weisung vom Sinai nicht genügt, weil er in Gottes Urabsicht vordringen will. Der es wagt, trotz Krieg und Tyrannei, die Nächstenliebe bis zur letzten Konsequenz durchzuglauben, um uns allen ein Sternbild vom möglichen Menschentum in die Seele hineinzubrennen, das keinen mehr zufrieden sein lässt mit dem fadenscheinigen Allerweltsmenschen, der unsereiner eben ist – aber keineswegs bleiben muss.

Es ist das erreichbare Ziel einer Realutopie – »*denn wenn ihr Glauben habt (...) wird euch nichts unmöglich sein!*« (Mt 17,20). Jesus wusste, dass der Adel des Menschseins gerade darin besteht, dass er, allen Schwächen des Fleisches zum Trotz, das Gefängnis des Egoismus zu sprengen vermag, über sich selbst hinausgreifen kann, um größer, menschlicher und weitherziger zu werden – auf der ewigen Suche nach Vollkommenheit.

Diese Wahrheit ist mit ihm auferstanden, denn zum Sterben ist sie viel zu groß.

Da aber der engelhafte, weltentrückte Jesus der Jenseitstheologen an der realen Glaubensnot der heutigen Jugend vorbeizureden scheint, gilt es, die wohlgemeinten, aber oft übertriebenen Verherrlichungen seiner spätgriechischen Evangelisten zu relativieren und historisch verständlich zu machen, um Rabbi Jesus wieder zurück auf Erden zu bringen und so herausfordernd und ansprechend zu Wort kommen zu lassen, wie er es einst in

Galiläa für Tausende von jungen Juden war. Jesu Menschsein, Judesein und Brudersein – hier liegt der dreifache Neubeginn für ein christlich-jüdisches Glaubensgespräch, das nicht mehr ausgeht vom Himmel, den wir alle nicht kennen, sondern von dieser gottgewollten Erde, die unsere gemeinsame Heimat ist. Nicht um Christologie geht es hier, die ein untastbares Mysterium des christlichen Glaubens ist und bleibt, wohl aber um eine Jesuologie, die den irdischen Nazarener sowohl Juden wie auch Christen als Lehrer, als Rebell der Liebe, als Lebemeister und als Held der Hoffnung zugänglich machen könnte – ein Jesus zum Greifen, zum Begreifen, vielleicht auch zur Ergriffenheit.

Was immer wir auch nicht über ihn wissen – und das ist viel –, eines steht wohl fest: Als frommer Jude hat er nie sich selbst verkündigt, noch seine Person hervorgehoben, denn für ihn waren der eine Gott Israels, seine Weisung und sein Königtum die Mitte seines Daseins auf Erden. Den unerschütterlichen Glauben an diese biblische Dreieinigkeit der Zuversicht hat er den Seinen vorgelebt, vorgeliebt und zuletzt auch vorgestorben. Alles Übrige, was uns über ihn erzählt wird, verblasst demgegenüber bis zur Belanglosigkeit. Ein solcher neuerstandener Jesus, lebensnahe und weltvertraut, könnte vielleicht zu dem werden, was er sein Leben lang so sehnlich sein wollte: Ein Friedensstifter, der Menschenmauern niederreißt, um die alten Ziegel in Bausteine zu verwandeln – zum Brückenschlag der Eintracht und Verständigung. Ihm nachzupirschen ist alle Mühe wert.

BAND 2

Rück-Blick und Vor-Wort
Sind Übersetzungsfehler heilig?

»Die hebräische Sprache ist die allerbeste
und reichste in Worten.
Wenn ich jünger wäre, so wollte ich
diese Sprache lernen, denn
ohne sie kann man die Heilige Schrift
nimmermehr recht verstehen.

Denn das Neue Testament,
ob's wohl Griechisch geschrieben ist,
doch ist es voll von »Ebraismis«
und hebräischer Art zu reden.
Darum haben sie recht gesagt:
Die Hebräer trinken aus der Bornquelle;
die Griechen aber aus den Wässerlin,
die aus der Quelle fließen;
die Lateinischen aber aus den Pfützen.«

Martin Luther

WA Tischreden, Bd. I., S. 524f.

Obwohl ich mit Martin Luther gar manches Hühnchen zu rupfen habe, bin ich hier, ohne Abstriche, seiner Meinung.

Wir kommen um drei Tatsachen nicht herum:

1. Das Alte Testament ist uns in seinem hebräischen Originaltext erhalten geblieben. Diejenigen Schriften, deren hebräischer Grundtext in den Wirren der Zeiten verloren gegangen ist, wie etwa die Makkabäer-Bücher, sind im hebräischen Kanon nicht enthalten.
2. Die »Septuaginta«, eine Übersetzung des Alten Testaments durch 72 jüdische Schriftgelehrte in Alexandrien um 270 vor der Zeitrechnung (vom hebräischen Original ins Griechische),

wird in christlichen Kreisen sehr geschätzt – ist aber im Judentum wegen ihrer vielen Fehler kaum akzeptiert.

3. Die Evangelien wurden bekanntlich von ihren Endredaktoren in den Jahren 70-110 der Zeitrechnung auf Griechisch niedergeschrieben. Da sie Ereignisse, Worte und Taten aus dem Leben Jesu zum Thema haben, müssen wir davon ausgehen, dass sich der Zeitraum ihrer Berichte bis zum Jahre 33 erstreckt hat und ihr »Tatort« das Land Israel gewesen ist.

Der deutsche Bibelleser hat also heute nur Zugang zur Übersetzung einer Übersetzung.

Jesus von Nazareth war Jude von Geburt (als Sohn einer jüdischen Mutter); er wurde am achten Tage seines Lebens, wie alle jüdischen Knaben, beschnitten. (Aus diesem Grunde begeht die Christenheit ihr Neujahrsfest am 1. Januar, dem Tag der *circumcisio domini*, also dem Tag seiner Judewerdung!)

Am 40. Tag seines Lebens wurde Jesus von seiner Mutter, dem jüdischen Brauch gemäß, im Tempel zu Jerusalem »ausgelöst« – wobei sie ein Opfer von zwei Täubchen darbrachte (ein Tag, der später zum christlichen Fest der Mariae Lichtmess wurde).

Er wurde der Thora gemäß erzogen, »nahm zu an Weisheit«, pilgerte an Wallfahrtsfesten nach Jerusalem, woselbst er im 13. Lebensjahr seine *Bar-Mitzwa* beging.

Hierauf folgten die so genannten »verborgenen Jahre«, während derer er wahrscheinlich in den verschiedenen jüdischen Geistesschulen seine Kenntnisse vertiefte und sich die Lehrdialogik der Pharisäer zu Eigen machte.

Als pharisäischer Rabbi begann er seine öffentliche Tätigkeit im 30. Lebensjahr. Er lehrte und predigte aus der Thora »in allen Synagogen« seiner galiläischen Heimat. Er fühlte sich »nur zu Israel berufen« und weigerte sich, bis auf wenige Ausnahmen, »zu den Heiden zu gehen«. Bis auf einen Abstecher nach Zareptha (im heutigen Libanon) verließ er nie das Heilige Land.

Er gehörte zu einer der sieben Pharisäer-Schulen und engagierte sich mit diesen Lehrkollegen, bei all seinem Sondergut, in lebhafte Lehrgespräche.

Von vielen Tausenden seiner Landsleute wurde er als Wundertäter, Rabbi oder Messias geliebt und verehrt. Dem Rest der jüdischen Bevölkerung blieb er während der knappen drei Jahre seiner Verkündigung wahrscheinlich unbekannt.

Von der römischen Besatzungsmacht jedoch wurde er als »König der Juden« (will heißen Messias) verfolgt und als Unruhestifter und Rebell auf Geheiß des Pontius Pilatus gekreuzigt.

Des Öfteren kündigte er seinen bevorstehenden Tod an, den er als stellvertretendes Sühneleiden (im Sinne des »leidenden Gottesknechtes« des Propheten Jesaja) freiwillig auf sich genommen hat: »Niemand nimmt mir mein Leben, denn ich lege es nieder aus freien Stücken.« (Joh 10,8).

Diese Kurzbiographie des irdischen Jesus bewegt sich innerhalb der Traditionen seines Volkes. Nichts, was er tat, sagte oder unterließ, verletzte oder sprengte das Judentum.

Das hingebungsvolle, erfüllte Leben des Jeschua ben Joseph aus Nazareth kann hier natürlich nur skizzenhaft erörtert werden. Unerwähnt müssen daher u. a. bleiben: seine Spannungen mit den Sadduzäzern, seine Kollegialität mit den Pharisäern (»sie warnten ihn vor den Nachstellungen des Herodes«) und seine ambivalenten Beziehungen zu Qumran und zelotischen Kreisen.

Genauso wenig können hier sein zögerndes öffentliches Bekenntnis zur Messianität sowie das jüdische Messias-Verständnis generell und der Auferweckungsglaube thematisiert werden. Lassen Sie mich daher zu unserem augenblicklichen Anliegen zurückkehren.

Diese faszinierende Jesus-Geschichte verkündeten die Endredaktoren der Evangelien schriftlich (nach der Zerstörung Jerusalems durch die Römer im Jahre 70) einem heidnischen Publikum im Mittelmeerraum auf Griechisch.

Ein von den Römern als »König der Juden« (d. h. Rebell nach römischem Recht) Gekreuzigter wird nun als »Heidenheiland« verkündet! Um diese Botschaft überzeugend unter die Menschen zu bringen, wurde nun von den Endredaktoren ein politischer Keil zwischen Jesus und sein Volk getrieben – man bemühte sich, ihn zu entjuden, ja, ihn zum Gegner der Juden zu stilisieren.

Deshalb wurde die griechische Übertragung keineswegs dem hebräisch-aramäischen Sitz-im-Leben Jesu gerecht. Das gilt insbesondere für die rund 450 Zitate aus dem Alten Testament, die den Mutterboden der jesuanischen Botschaft darstellen.

Dem Hebraisten und Judaisten jedoch leuchtet zwischen den Worten und hinter den Zeilen der kanonischen Evangelien der verschollene, verdrängte jüdische Wortlaut entgegen.

Das Auseinandergehen der Wege zwischen Judentum und Christentum dauerte viele Jahrzehnte; es kann und soll nicht rückgängig gemacht werden – der Kirche sei ihr eigener Weg unbenommen.

Jedoch wurde das Christentum zur einzigen Weltreligion, deren Heiland zeitlebens einer anderen Religion – dem Judentum – angehört hat. Ein frommer Jude kann, theoretisch, hundert Jahre lang ein erfülltes Glaubensleben führen, ohne dem Christentum zu begegnen. Der gläubige Christ hingegen trifft auf jeder Seite seines Neuen Testaments auf Judentum und Juden.

Vor dem Hintergrund dieses Tatbestandes wurden in die griechischen Texte viele anti-jüdische – teils absichtlich, teils unwissentlich – Falsch-Übersetzungen, Fehldeutungen und Vorurteile hineinprojiziert. Schließlich wurden die Evangelien inspiriert – aber doch nicht wörtlich diktiert!

Auch das Alte Testament, das zu einem »Vorläufer des Neuen Testaments« befördert wurde, blieb von solcher Eisagese und solchen Übersetzungsfehlern nicht verschont.

Was wundert es, dass im Mittelalter mit seinen christlichen Judenverfolgungen und der wachsenden Entfremdung zwischen Jesu Jüngern und seinen Brüdern dieser Graben immer tiefer wurde.

Erst nach dem Trauma des Holocaust tastet man sich zögernd näher. Leider sind mittlerweile viele Fehlleistungen zu geflügelten Worten geworden, die auch in den säkularisierten Sprachgebrauch von Nicht-mehr-Christen eingedrungen sind.

Nachdenklich stimmt mich der fatale Einfluss, den diese Zerrbilder und Entstellungen im Neuen Testament auf die europäische Geschichte und das tragische Schicksal so vieler Juden gehabt haben.

Leider sind bis heute in deutschen Bibelausgaben trotz des guten Willens vieler Bischöfe Fehlleistungen solcher Tragweite noch immer nicht ausgemerzt worden. Der Sinn dieses Buches ist es, in einer glaubensarmen Zeit wie der unseren den Weg zurück zu den biblischen Quellen freizulegen und ohne jeden Synkretismus den schädlichen Schutt an polemischem Geröll abzuräumen.

Sind denn Übersetzungsfehler in deutschen Bibeln heilig? Das Alte und das Neue Testament kennen Scheltreden und Drohbotschaften zuhauf – aber in beiden überwiegen trotzdem die Liebe und die Gnade Gottes.

Ist es nicht hoch an der Zeit, dass wir, Juden und Christen, uns endlich ohne Grenzüberschreitungen auf das Gemeinsame unserer Religionen besinnen – nachdem wir jahrhundertelang einander alles Trennende um die Ohren geschleudert haben?

Zur Förderung eines besseren, ökumenischen Miteinander sollten wir uns fünf altbewährter Tugenden befleißigen:

1. *Konfliktfähigkeit* – ohne Abbruch von Brücken –, um gewaltlos Kontroversen zu bewältigen;
2. *Dialogbereitschaft* in allen Bereichen der Gesellschaft – von der Religion bis in die Politik;
3. *Kompromisswille* – zuerst mit uns selbst, aber auch mit dem Gegner, der jedoch entfeindet werden sollte;
4. *Einfühlsamkeit* – in Kopf und Herz des Kontrahenten, dessen Schmerzgrenze nicht überschritten werden darf;
5. *Geduld* – ganz im Sinne jenes Rabbis, der da sagte: Jede Streitfrage hat, zutiefst gesehen, drei Seiten: deine Seite – meine Seite – und die richtige Seite.

Ist das Kainszeichen zur Schuld oder zur Bewährung?

Nach dem ersten Brudermord steht Kain wie gelähmt vor Schreck angesichts des toten Abel. Da ertönt die Stimme von Oben – oder war es das nagende Fragen in seinem Inneren? –: »Wo ist dein Bruder Abel?« Kain schrie auf: »Meine Schuld ist zu groß zum Ertragen!«

Die hebräische Originalsprache erlaubt aber dank ihrer Vielschichtigkeit auch eine andere Lesart: Kain könnte an Gott appelliert haben: »Ist meine Schuld zu groß zum Vergeben?« (Das Verbum *nasso* gibt beide Möglichkeiten her.)

Das war ein großer Schritt vorwärts in der Moralgeschichte der Menschheit.

Kain hat sein Vergehen zugegeben und, wenn auch unbeholfen, um Vergebung gebeten. Eine Einsicht, zu der Kains Eltern, Adam und Eva, bei ihren Sünden noch nicht herangereift waren.

Und jetzt kommt das Aufregendste: Gott freut sich an Kains Reue und verleiht ihm – halt! – *kein* »Kainszeichen« der Strafe, sondern ein *Schutzzeichen* auf Bewährung, »auf dass ihn keiner erschlage« (Gen 4,15).

Also: Schluss mit aller Blutrache, Kollektivschuld und Sippenhaft, noch bevor sie auf die Weltbühne kommen.

Und trotzdem! Mit unglaublicher Hartnäckigkeit hat sich der Begriff »Kainszeichen« in seinem bibelwidrigen Sinn über die Jahrtausende hinweg bis in unsere Tage hinein in Europa gehalten.

Leider scheuten sogar die Kirchen nicht davor zurück, dem Judentum insgesamt ein Kainsmal anzudichten und es zur ewigen Ruhelosigkeit und Wanderschaft zu verdammen.

Warum? Weil »die Juden« vor etwa 2000 Jahren einen der ihren nicht als Messias anerkennen wollten – und die Römer ihn ans Kreuz nagelten. Ja, in der Kirchenkunst wurde sogar Gesamt-Israel zu Kain typologisiert und die Kirche zum unschuldigen Abel erhoben.

Man bedenke: Kain und Abel, die weder Juden noch Christen, nicht getauft und nicht beschnitten waren!

Ist es nicht hoch an der Zeit, das falsche Schandmal wieder zum ursprünglichen Schutzzeichen werden zu lassen?

Sogar der gute Papst Johannes XXIII. scheint in seiner Jugend noch von diesem alten, irregeleiteten Kainszeichen-Verständnis geprägt worden zu sein. In einem ihm zugeschriebenen Bußgebet heißt es: »Wir erkennen heute, dass viele Jahrhunderte der Blindheit unsere Augen verhüllt haben, sodass wir die Schönheit deines auserwählten Volkes nicht mehr sehen und in seinem Gesicht nicht mehr die Züge unseres erstgeborenen Bruders wieder-erkennen.

Wir erkennen, dass ein Kainsmal auf unserer Stirne steht.

Im Laufe der Jahrhunderte hat unser Bruder Abel in dem Blute gelegen, das wir vergossen, und er hat Tränen geweint, die wir verursacht haben, weil wir die Liebe vergaßen.

Vergib uns den Fluch, den wir zu Unrecht an den Namen der Juden hefteten.

Vergib uns, dass wir dich in ihrem Fleische zum zweitenmal ans Kreuz schlugen, denn wir wussten nicht, was wir taten.«

Das Gebet ist so rührend schön, dass es bedauerlich ist zu erfahren, dass bestimmte Kreise im Vatikan diesen Worten die päpstliche Autorenschaft absprechen wollen.

Was das Bild des Kainszeichens als Schandmal betrifft, hat der Papst zwar geirrt, aber das Bekenntnis der schweren Schuld seiner Kirche war überfällig und ehrt ihn als ihren Sprecher sehr.

Was ist ein himmelschreiendes Unrecht?

Kain und Abel waren keine Feinde, eher einander entfremdet – und das ist häufig schlimmer. Die Folgen kennen wir alle: Der erste Mensch, der einen Bruder hatte, schlug ihn tot. Und der

Brudermord, für den die Bibel einen jeden Menschenmord ansieht, hat bis heute noch nicht aufgehört.

Es gehört zum Urgestein des Menschentums, dass der erste tiefere Dialog auf Erden ein Religionsgespräch war, das zum ersten Blutvergießen geführt hat. Bezeichnenderweise ging es dabei nicht um ein Wetteifern, *wer* Gott mehr liebe, sondern um die doch unbiblische Frage, *wen* Gott mehr liebe. Eine schizophrene Frage, in der Tat, die später Kirche und Synagoge auf das Bitterste entzweit und Hekatomben von Blut gekostet hat.

In den Worten der Bibel: »Da sprach Kain zu seinem Bruder Abel: Lass uns aufs Feld gehen! Und es begab sich, als sie auf dem Felde waren, erhob sich Kain wider seinen Bruder Abel und schlug ihn tot.« (Gen 4,3ff.).

Gleich darauf ergeht Gottes Frage an Kain: »Wo ist dein Bruder Abel?« (Gen 4,9). Womit gut rhetorisch gemeint ist: Weißt du denn nicht, dass du zum Hüter und Betreuer deines Nächsten bestimmt worden bist? Worauf Kain mit einem frechen Knurren reagiert: Bin ich der Hüter meines Bruders?

Dann aber wird ganz unumwunden die Schuldfrage gestellt: Was hast du getan? Und um jedwede weitere Ausflucht im Keim zu ersticken, ertönt die Stimme von Oben in Worten, die keinen Widerspruch dulden: »Die Stimme des Blutes deines Bruders schreit zu mir aus der Erde.«

Hier liegt die Wurzel zum deutschen Begriff des »himmelschreienden Unrechts«. Der hebräische Text verwendet hier, was sehr selten in der Bibel vorkommt, die Plural-Form von »Blut« – was im Deutschen unübersetzbar ist.

Dieser Plural wird in der Mischna (M Sanhedrin IV,5) in der Zeugenvermahnung durch die Richter bei Kapitalprozessen dahin gedeutet, dass, wer einen Menschen umbringt (oder durch falsche Zeugenschaft sein Todesurteil mitverursacht), nicht nur dessen Blut, sondern auch das Blut all seiner etwaigen Nachkommen vergießt. Das also ist der tiefere Sinn der grammatikalischen Mehrzahl von »Blut« an dieser Stelle.

Im umgekehrten Fall wird demjenigen, der ein einziges Menschenleben rettet, diese Tat so angerechnet, als habe er die ganze Menschheit bewahrt.

Von dieser Stelle her inspiriert, wurde die bekannte Lebensretter-Anerkennungsmedaille von »Jad-aschem« (Holocaust-Gedenkstätte) in Jerusalem geprägt.

Eines steht fest. Bis wir nicht alle die richtige Antwort auf Gottes Grundfrage an Kain erteilen und antworten: »Ja, ich bin der Hüter meines Bruders!«, wird diese Welt nicht heil sein.

Da alles vergossene Menschenblut ein Unrecht bleibt und zum Himmel schreit, könnten wir alle in unserem gemeinsamen Boot namens Erde, Halleluja gegeneinander singend, miteinander untergehen – was Gott verhüten möge.

Stammt Eva aus Adams Rippe?

»Und Gott baute ein Weib aus der Rippe, die Er von Adam nahm, und brachte sie zu Adam.« (Gen 2,22).

So steht es in so gut wie allen deutschsprachigen Bibelübersetzungen. Das hebräische Wort, das hier Anwendung findet, kann nur selten »Rippe« bedeuten und wird in der Regel als »Flanke« oder »Seite« übersetzt – z. B. im Zusammenhang mit der Stiftshütte in der Wüste, der Bundeslade und beim Tempel in Jerusalem.

Eine Flanke ist bekanntlich anatomisch unentbehrlich. Den Verlust einer einzelnen Rippe hingegen hätte Adam leicht verwinden können. Kein Wunder also, dass die Fehlübersetzung der »Rippe« unvermeidlich zu einer Geringschätzung der Frau in der christlichen Welt führen musste.

Der Tatsache, dass Eva also aus einer Seite Adams erstanden ist, gewinnen die Rabbinen einen tieferen Sinn ab. Hätte Gott der Frau beschieden, über den Mann zu herrschen, so hätte Er sie aus Adams Kopf geschaffen – wie etwa Pallas Athene, die

Schutzgöttin der Griechen, aus dem Haupt des Zeus gebildet wurde.

Hätte Er ihr hingegen beschieden, Adams Sklavin zu sein, so hätte Er sie aus dessen Füßen gestaltet (gemäß der Bildhaftigkeit der orientalischen Symbolik).

Er aber nahm sie aus Adams Seite, weil Er sie zu Adams gleichberechtigter Gefährtin bestimmt hat – auf dass sie beide Seite an Seite den Lebensweg beschreiten und vollenden mögen.

In diesem Falle schlage ich dringend vor, eine Übersetzungskorrektur alsbald vorzunehmen.

Wie kam Eva zum Apfel?

»Und Eva nahm von der Frucht des Baumes und aß und gab ihrem Mann, der bei ihr war, auch davon, und er aß.« (Gen 3,6).

Was die »Frucht« betrifft, um die es hier geht, wird sie seit fast zwei Jahrtausenden als Apfel gemalt, gemeißelt und beschrieben. Da unser Text aber nur von einer undefinierten »Frucht des Baumes« spricht, was auch Oliven, Feigen oder Datteln sein könnten, stellt sich die Frage, warum man ausgerechnet auf den Apfel kam, der im Orient der Antike so gut wie unbekannt war.

Schuld daran war vor allem die Schlange (an dieser Stelle auf hebräisch übrigens männlich, also ein Schlangerich!), die Eva mit folgenden Worten verführen wollte: »Ihr werdet sein wie Gott, wissend das Gute und das Böse.« (Gen 3,5).

Mitschuldig ist aber auch die lateinische Bibelübersetzung der Vulgata, in der »das Böse«, mit dem das Schlangenwort endet, *malum* bedeutet. Dies kann aber auch, so will es eben die Tücke der Sprache, Apfel heißen.

Und so wurde dieser falsche Apfel im Laufe der Zeit drei Zeilen im Text zurückprojiziert, um schließlich in den Händen der Eva zu landen, wo er ursprünglich niemals war.

Dank der Vieldeutigkeit der lateinischen Semantik gelang es dann, »das Böse« in all seinen Spielarten zu »veräpfeln«.

Heutzutage ist es aber viel zu spät, um diese Fehlleistung, die ihren Weg in die Weltliteratur gefunden hat, richtigzustellen. Schließlich wäre wohl kaum ein Nutzen für die Moraltheologie zu erwarten, würden wir jetzt mit pedantischem Rotstift die gute Eva »ent-äpfeln«.

Eine Zweiklassengesellschaft im Himmelreich?

In der Einleitung zur Berglehre heißt es: »Wer nun eines von diesen geringsten Geboten auflöst und lehrt die Leute so, der wird der Kleinste heißen im Himmelreich; wer es aber tut und lehrt, der wird groß heißen im Himmelreich.« (Mt 5,19).

Klar ist auf jeden Fall, dass das Judentum keine Rangordnung der Satzungen kennt und daher auch kein »geringstes Gebot«. Noch eindeutiger steht fest, dass Jesus unmöglich gesagt haben kann, dass einer, der »eines dieser geringsten Gebote löst«, zwar »der Kleinste heißen wird«, aber dennoch ins Himmelreich kommen werde. Jesus, Pharisäer, der er war, verkündigt in der Berglehre: »Eher werden Himmel und Erde vergehen als ein Jota oder Tüttelchen von der Thora.«(Mt 5,18).

Jesus hat mit an Sicherheit grenzender Wahrscheinlichkeit gesagt, dass jeder, der auch nur eines der leichtesten Gebote aufhebt – wie etwa den Zehnten von Minze, Dill und Rummel (Mt 23,23) –, im Reich Gottes »leicht« befunden werden wird – ganz im Sinne jenes Gottesurteils über Belschazar, dessen Reich »gezählt, ... gewogen und zu leicht befunden wurde« (Dan 5,25ff.).

Wobei das »Tekel« (zu leicht) aus diesem berühmten Mene-mene-tekel-Spruch ein gelungenes Wortspiel zum »leichtesten Gebot« ergeben würde.

Nur in diesem Sinne eines Ausschlusses vom Himmelreich all derer, die sich allzu große Freiheiten im Umgang mit der Thora nehmen, wäre dieser Schlusssatz ein passender Ausklang zum Dreiertakt rabbinisch-jesuanischer Rhetorik.

Mangelnde Kenntnis der Muttersprache Jesu seitens des griechischen Endredaktors des Matthäus-Evangeliums hat zum irreführenden Klein-groß-Kontrast unter den Anwärtern des Himmelreiches geführt.

Was singen die Weihnachtsengel?

Aus dem liturgischen Gebrauch deutscher Kirchen ist so gut wie allen Christen eine dreigliedrige Fassung des weihnachtlichen Lobgesanges der Engel geläufig – sie lautet in der Übersetzung Luthers:

»Ehre sei Gott in der Höhe
und Friede auf Erden
und den Menschen ein Wohlgefallen.«
(Lk 2,14)

Die ältesten Handschriften enthalten jedoch nur eine zweigliedrige Formulierung, die sicherlich als die ältere (wenn nicht die ursprünglichere) gelten darf:

»Ehre sei Gott in der Höhe
und Friede auf Erden
den Menschen guten Willens.«
(Lk 2,14)

In der Regel wird hier »der gute Wille« als innere Disposition auf den Menschen bezogen. »Der Friede auf Erden« sollte also jenen Menschen zukommen, die einen guten Willen haben.

Diese Deutung soll aber nun aufgrund neuester christlicher Erforschung der ältesten Handschriften ad acta zu legen sein.

Nicht auf den guten Willen der Menschen, sondern auf das Wohlgefallen Gottes kommt es an, wie es sich jetzt ergibt.

Das griechische Schlüsselwort *eudokia* und das lateinische *voluntas* entsprechen nämlich genau dem hebräischen Topos *razon,* dessen Bedeutung um die Zeitenwende aus der Mischna und anderen rabbinischen Texten wohlbekannt ist.

Der Terminus *bechiré-a,* »die Erwählten des Wohlgefallens Gottes«, entspricht übrigens auch genau dem Begriff *bechiré-el,* »Erwählte Gottes«, aus dem fragmentarischen Micha-Kommentar, der in Höhle I in Qumran aufgefunden wurde.

Mehr noch!

Die neueste Forschung des Nestle/Aland-Instituts für neutestamentliche Textanalyse in Münster erhält weitere Bestätigung aus Qumran. In der so genannten Hymnenrolle (Hodayot IV,33), heißt es, dass »die Fülle Seines Erbarmens auf allen Söhnen Seines Wohlgefallens *(bené-rezono)* sein werde«. Ähnlich auch in Hymnenrolle XI,9, wo es heißt: »Und dein Erbarmen gilt allen Söhnen deines Wohlgefallens.«

Im Gegensatz dazu ist der Mensch ohne das Wohlgefallen Gottes völlig machtlos, wie etliche Male in den Schriftrollen von Qumran hervorgehoben wird.

Wenn man also die Botschaft der Weihnachtsengel im Sinne des Sprachgebrauchs der Mischna und der Einsiedler von Qumran versteht – beide aus ihrem profunden jüdischen Sitz im Leben –, ergibt sich nur die eine Deutungsmöglichkeit:

> Friede sei den Menschen auf Erden,
> die Gottes Gnade genießen
> und zu Seinem Wohlgefallen leben.

Was haben diese neuen Einsichten erwirkt? Schrittweise werden allmählich die alten Formulierungen von »... den Menschen ein Wohlgefallen« sowie »... den Menschen guten Willens« und »... Frieden allen Menschen auf Erden« durch alt-neue Wortlaute ersetzt. So heißt es nun in der katholischen Einheitsübersetzung von 1980: »Friede sei den Menschen Seiner Gnade« und in der

Luther-Revision von 1984 singen dieselben Engel: »Friede sei den Menschen Seines Wohlgefallens.«

Zusammenfassend lässt sich also feststellen, dass der Friede – innerlich, zwischenmenschlich und mit der Schöpfung – von den Rabbinen und den Qumran-Essenern nur jenen verheißen wurde, die Gott-gefällig handeln und leben. Dass dieser Wunsch nun auch in Deutschland zur Liturgie der Kirchen gehören soll, ist sicherlich auch für den Rabbi von Nazareth eine posthume Genugtuung.

In der noch immer tobenden Debatte über den Stellenwert der Rollenfunde von Qumran ist diese Betrachtung nur ein Beispiel von vielen für die Relevanz und die Aktualität der hebräischen Texte von Qumran auch für die Christenheit.

Lehrte Jesus mit Vollmacht?

Ende der Berglehre heißt es: »Und es begab sich, da Jesus diese Rede vollendet hatte, entsetzte sich das Volk über seine Lehre, denn er lehrte sie mit Vollmacht und nicht wie ihre Schriftgelehrten.« (Mt 7,28-29).

Hier scheint eine Aporie vorzuliegen, die sowohl den Redefluss als auch die inhärente Logik der jesuanischen Argumentation beeinträchtigt.

Wieso lehrt Jesus »mit Vollmacht« einerseits, aber nicht »wie die Schriftgelehrten« andererseits, denen doch niemand die Vollmacht absprechen konnte?

Die Hauptrolle spielt die hebräische Vokabel *moschel, die* – wie häufig in dieser Sprache – je nach Kontext zwei verschiedene Bedeutungen haben kann: entweder Machthaber oder Parabeldichter.

Beide Dissonanzen legen die Annahme nahe, dass in einer semitischen »Quelle« (oder Sammlung von Logia) hier einst das

Wort *moschel* (oder *maschal*) stand – im Sinne von Num 21,27 und Ez 18,3 also: Parabeldichter. Beweise für diese Hypothese liefern folgende Tatsachen:

1. Der Vers Mt 7,29 kommt als einziger Abschluss nach einer ununterbrochenen Reihe von elf Gleichnissen – der längsten im ganzen Neuen Testament.
2. »Schriftgelehrte« und »wie einer, der Vollmacht hat« (nach dem griechischen Wortlaut) ist strictu senso kein echter Gegensatz. Wenn die Aussagen in Mt 16,21; 20,18; 23,2-3 und 26,57 glaubwürdig sind, entspricht das Gegenteil der damaligen Realität: Die Schriftgelehrten besaßen sowohl beträchtliche Lehrgewalt als auch bedeutenden Einfluss.
3. Etliche Stellen, insbesondere im Matthäus-Evangelium, bezeugen, dass diese Form der Parabel-Didaktik zu Jesu stetiger Lehrmethode gehörte. So z. B.:
   - »Und er redete viel zu ihnen in Gleichnissen.« (Mt 13,3).
   - »Warum redest du in Gleichnissen zu ihnen?« (Mt 13,10).
   - »Und ohne Gleichnisse redete er nicht zu ihnen.« (Mt 13,34).
4. Wenn nun also Matthäus im griechischen Original »wie einer, der Macht hat« als Sondergut Jesu darstellt, wird er nicht nur der jesuanischen Lehrmethodik untreu, sondern treibt auch gezielt einen künstlichen Keil zwischen den Nazarener und seine rabbinischen Lehrkollegen.

In der Tat sind Mischna und Talmud mit all ihren Gesetzesauslegungen ohne auflockernde Gleichnisse zuhauf nicht denkbar.

Der angebliche Gegensatz Jesus-Rabbinen, den die (griechischen) Evangelisten bemüht sind zu betonen, existierte in Wirklichkeit keineswegs. Alle gehörten schließlich der Pharisäischen Bewegung an, wobei Bibelauslegungen zu jeder Zeit lebhaft zwischen den verschiedenen Schulen diskutiert und kontrovers debattiert wurden.

Bergpredigt oder Berglehre?

»Als er die Volksmengen sah, stieg er auf den Berg, und als er sich gesetzt hatte, traten seine Jünger zu ihm, und er tat seinen Mund auf und *lehrte* sie.«(Mt 5,1-2).

So lesen wir zu Anfang der so genannten Bergpredigt.

Bei einem Rabbi, und so titulieren ihn die Evangelisten, weist das unzweideutig auf eine Belehrung hin, die nach den Regeln der großen Thora-Schulen immer im Sitzen erfolgt.

So zum Beispiel »sitzen die Schriftgelehrten und die Pharisäer auf dem Stuhle Moses« (Mt 23,2), und Jesus selbst »hat täglich im Tempel gesessen und gelehrt« (Mt 26,55).

Gleichnisreden oder Bibellesungen hingegen wurden stehend vorgetragen, wie zum Beispiel in der Synagoge von Nazareth, wo es heißt: »Und er stand auf, um vorzulesen.« (Lk 4,16). Wichtig ist auch die Unterscheidung, dass die Lehre nach rabbinischer Praxis immer nur an eingeweihte Jünger im engen Kreis ergeht, während die großen Ansprachen an »die Vielen« (wie es des Öfteren heißt) gerichtet sind. Meistens jedoch nur in Parabelform, um auch für Bauern und Hirten verständlich zu sein.

Wir haben es also eher mit einer *Berglehre* zu tun, nicht mit einer Bergpredigt – wie wir es auch im Schlusssatz zu hören bekommen: »Sie waren ganz betroffen über seine *Lehre,* denn er *lehrte* sie ...« (Mt 7,28f.).

Die Volksmenge mag im Hintergrund gelauscht haben, aber das unmittelbare Zielpublikum der gesamten Rede war der Zwölferkreis, der als »Sauerteig« die Teigmasse des Volkes durchwirken und durchgären sollte.

Dies gibt uns einen wichtigen Hinweis auf die Pädagogik Jesu und die Art und Weise, in der er seine Bußbewegung durchzusetzen beabsichtigte – eine Bußbewegung, die ja die Ankunft des Himmelreiches beschleunigen sollte.

Letzten Endes scheint es, dass Jesus in seiner Berglehre an ein Publikum aus drei konzentrischen Kreisen dachte:

Erstens bindet er das Ethos der Gottesherrschaft an seine Jüngergemeinde, »die kleine Herde« (Lk 12,32).

Zweitens obliegt es dann dieser, auf Gesamt-Israel hin offen zu sein, das er ausnahmslos mitsamt seinen »verlorenen Schafen« zu erlösen hoffte.

Drittens wollte er zu guter Letzt Israel »zum Licht der Heiden« machen ganz im Sinne der Propheten, wie z. B. »auf dass du seiest Mein Heil bis an die Enden der Erde« (Jes 49,6).

Um solches theologisch anzubahnen, genügte eine Predigt keineswegs. Dazu bedurfte es einer durchdachten *Berglehre* als Quintessenz seiner gesamten Botschaft.

»Ich aber sage Euch« – Versuch einer Rebellion?

In weiten christlichen Kreisen wird Jesus noch immer geistig entjudet und seine Lehre als anti-rabbinisch dargestellt. Man greift sich unwillkürlich an den Kopf, und kann nicht umhin, die Frage zu stellen: Wie kann ein frommer Jude, der in den Evangelien vierzehnmal als Rabbi tituliert wird (unter den verkappten Titeln *Didaskale* auf griechisch, *Magistre* auf latein und *Meister* auf deutsch), der hunderte von Schülern um sich scharte und »Sabbat für Sabbat« in den Synagogen seiner galiläischen Heimat betete, predigte und lehrte – wie kann ein solcher Rabbi zum angeblichen »Abschaffer« der Thora umgedeutet werden, die für ihn und die Seinen die einzige Bibel war, auf die er sich unermüdlich berief, und die nie aus seinem Munde wich.

Ist denn ein Rabbi, der seine Thora »abschafft«, nicht genau so undenkbar wie etwa ein Bischof, der das Neue Testament außer Kraft setzt?

Um all diese Tatsachen zu entkräften, klammern sich die Entjuder Jesu an vier griechische Worte, die fünfmal durch die Berglehre ziehen: *Ego de lego hymin*, die landauf, landab als »Ich aber sage euch« übersetzt wurden und noch immer werden. »In diesen Worten liegt ein ganz einmaliger Autoritätsanspruch« (Karl Barth); »eine souveräne Vollmacht ohnegleichen« (Kurt Niederwimmer); »etwas im Judentum ganz Unerhörtes« und »hat im Rabbinismus keine Parallele« (beide Georg Eichholz), um es bei drei typischen Aussagen bewenden zu lassen.

All dies bezeugt im besten Falle eine lückenhafte Kenntnis der Muttersprache Jesu, seines jüdischen Sitzes im Leben und der rabbinischen Glaubenswelt.

Zum Sprachlichen sei hier vorerst betont, dass das deutsche »Ich aber sage euch« eine Hervorhebung des Kontrastes bringen will, die der griechische Wortlaut nicht rechtfertigt. Ganz im Gegenteil, das Wörtchen *de* aus der griechischen Originalfassung »*ego de lego hymin*« bezeichnet nämlich im Evangelium durchgängig eine Verknüpfung – und keinen Gegensatz. Richtig übersetzt und textgetreu muss es also heißen: »*UND ich sage euch*«, was genau dem ursprünglichen hebräischen Wortlaut entspricht, der keineswegs einen Widerspruch gegen die Thora, sondern, ganz im Gegenteil, ihre Kommentierung einleiten will: »*Wa'ani omer lachem*«. Weit davon entfernt, »einmalig« zu sein, ist die Aussage ein Schulbegriff aus der »mündlichen Thora«, also dem Talmud, und hat dementsprechend mannigfaltige Parallelen im rabbinischen Schrifttum.

»Ihr habt gehört« oder »Es ist gesagt« gefolgt von »Und ich sage Euch« sind nämlich ein zusammengehöriges Paar von Fachausdrücken aus dem Grundvokabular der rabbinischen Dialogik.

Der Erstere will besagen: »Ihr habt dieses Schriftwort bislang folgendermaßen verstanden«, worauf entweder der Wortsinn, die landläufige Exegese oder die Meinung der Gegner zitiert wird. Hierauf heißt es »Und ich sage euch«, worauf die neue Auslegung des Sprechers erfolgt.

Hier muss betont werden, dass in solchen Fällen talmudischer Lehrdebatten beide Meinungen – die alte angefochtene und die neue, soeben eingebrachte – innerhalb der Lehrdidaktik diskutierfähig bleiben. Ja, beide Seiten wurden im Talmud sehr oft Seite an Seite gemeinsam schriftlich verewigt – auch wenn nur eine zur offiziellen Lehrmeinung gekürt wurde.

Das Lehrgespräch als solches hat einen sehr hohen Stellenwert im traditionellen Judentum. Das schönste Diktum dieser Methode ist das uralte rabbinische Wort: »Diese und jene (des Proponenten und der Opposition) sind beide Worte Des Lebendigen Gottes.«

Ähnlich schreibt der frühere Landesbischof Eduard Lohse in seinem Beitrag, betitelt »Ich aber sage euch«, zur Festschrift für Joachim Jeremias (Göttingen 1973), wo er u. a. Rabbi Schimon Bar Jochai zitiert, der fünfmal den Ausführungen des Rabbi Akiba durch ein betontes »Und ich sage euch« widerspricht. Lohse schreibt: »Wenn Jesus seine Worte mit dem Satz *›ego de lego hymin‹* der allgemeinen Auslegung des Gebotes gegenüberstellt, so ist dieser Gebrauch durchaus dem von den Rabbinen benutzten Ausdruck *›wa'ani omer lachem‹* vergleichbar ...«

Wer die Streitgespräche – besser *Lehrgespräche* – Jesu mit talmudkundigen Augen liest, der weiß, dass sie ausnahmslos zur leidenschaftlichen Lehr-Dialogik der Rabbinen gehören, die weder einer Feindschaft noch einer rechthaberischen Besserwisserei entspringt, sondern einzig und allein aus der gemeinsamen Liebe zur Heiligen Schrift, dem Ringen um ihre gottgefälligste Deutung und der Erkenntnis, dass der Monolog die ärgste Methode, das Zwiegespräch hingegen der beste Weg ist, um sich der oft verborgenen Wahrheit näherzuraufen.

Weder in den streitbaren Dialogen noch in der Berglehre hat Jesus den Boden seines pluralistischen Judentums jemals verlassen.

Wie alle Leuchten Israels bis auf den heutigen Tag hatte er sicherlich sein Sondergut, das er vehement in der Debatte zu verteidigen wusste. Nichts, was der Rabbi von Nazareth getan oder unterlassen, entschieden oder ausgelegt hat, kann als eine »Abschaffung« oder eine »Sprengung« des Judentums gedeutet werden.

Was jedoch seine späteren Deuter, Epigonen und Entjuder in sein Leben hineingedeutet und aus seiner Lehre herausgelesen haben, hat leider oft nur sehr wenig mit dem irdischen, historischen Jeschua, Sohn der Maria aus Nazareth, zu tun.

Gibt es *Antithesen* in der Berglehre?

In vielen christlichen Lehrbüchern, Aufsätzen und Predigten wird noch immer geschrieben, gelehrt und behauptet, dass Jesus von Nazareth in seiner Berglehre sechs »Antithesen« verkündet habe.

Hand aufs Herz: Was wäre wohl die häufigste Antwort auf die Frage nach der Zielscheibe dieser Antithesen: Anti wen oder was sind sie eigentlich gerichtet? Doch wohl gegen »Moses und das Gesetz«, wie die christliche Tradition seit Jahrhunderten insistiert hat – also: gegen das Herzstück des Judentums.

Lassen Sie uns einmal den Text hinterfragen und sorgfältig analysieren.

Was ist in der deutschen Sprache eigentlich eine Antithese?

Im Text der Berglehre kommt ja dieser Begriff überhaupt nicht vor! Nach dem Duden-Lexikon ist eine Antithese »die Gegenthese einer zuvor vorgetragenen These«.

Mit bestem Willen kann man in diesem Sinne keine einzige Antithese in der Berglehre entdecken! Denn, wenn Jesus sagt, »Du sollst nicht morden.« (Mt 5,21), so wäre die passende Antithese: Von heute an sei euch das Morden gestattet.

Steht das so in der Berglehre? Ganz im Gegenteil! »Du sollst nicht ehebrechen!« sagte Jesus (Mt 5,27). Eine Antithese dazu wäre: Ich erlaube ab jetzt völlige sexuelle Permissivität.

Steht das so in der Berglehre? Mitnichten, ganz im Gegenteil! Denn Jesus bejaht mit Nachdruck alle »Mosaischen Gebote und Verbote« und verschärft sie insgesamt:

- Nicht nur Mord ist ein Verbrechen, sondern sogar Rufmord gilt ihm bereits als kriminell.
- Nicht nur Ehebruch, sondern schon ein lüsterner Blick ist laut Jesus Sünde.
- Nicht nur Meineid ist verwerflich, sondern jeder Eid ist abzulehnen, denn »euer Ja sei ein Ja, und euer Nein sei ein Nein; was darüber ist, ist vom Übel« (Mt 5,37).

Kurzum, Jesus liefert uns keinerlei Antithesen, wohl aber *Superthesen,* die die Bibel-Gebote vertiefen und im wörtlichen Sinne radikalisieren; das heißt, auf ihre Wurzeln und ursprüngliche Absicht zurückführen. Eine Thora-Auslegung also, die weder unjüdisch noch antijüdisch ist, sondern eher superjüdisch in ihrer unentwegten Suche nach moralischer Vollkommenheit!

Die zu Anfang gestellte Frage, gegen wen die Antithesen eigentlich gerichtet seien, findet in der Berglehre ihre kristallklare Antwort: Zum Ersten gibt es, wie gesagt, keine Antithesen, sondern nur Superthesen. Zum Zweiten stellen diese ein Bollwerk dar gegen Versuchung, Gier und Sünde.

Ferner war die Frage gestellt worden, ob sich Jesus gegen »Moses und das Gesetz« gewandt habe. Mitnichten! Beide standen mit beiden Füßen auf dem Boden der Thora und die Gottesehrfurcht war ihr Leitstern.

Abba – Einzigartig für Jesus oder gut für jedermann?

Wenn es im christlich-jüdischen Dialog um die unüberbrückbaren Wasserscheiden geht, die die beiden Religionen trennen, so wird häufig die Abba-Anrede Jesu zu seinem himmlischen Vater als Unikat des Nazareners bezeichnet. Etwas Einmaliges, Einzigartiges also, das seinesgleichen im Judentum nicht hat. –

»Die Gebetsanrede *Abba* ist einzigartig ...; kein Jude vor oder nach Jesus hat je mit dieser Form des Vaternamens Gott angerufen ...« So schreibt und lehrt z. B. der evangelische Theologe Eduard Schweizer.

Viele Christen sehen in Jesu Anrede *Abba* in der Tat eine Sonderbeziehung. Hier gilt es festzustellen, dass bereits im Krönungspsalm Davids Gott spricht: »Du bist Mein Sohn, heute habe Ich dich gezeugt.«(Ps 2,7).

Das galt damals als göttliche Adoption des neugesalbten Herrschers.

In so manchen anderen Bibelstellen spricht Gott von sich als Vater und wird auch von etlichen Leitgestalten der Bibel als solcher angerufen. Aus der Zeitenwende wird bereits das liturgische Bußgebet der Synagoge »*Awinu-Malkenu*«, zu deutsch: »Unser Vater, Unser König«, überliefert, das bis heute zum Synagogenritus gehört. Die Ähnlichkeit zum »Vater unser« ist besonders auffällig, wobei die undeutsche grammatikalische Anrede (nach deutscher Grammatik »Unser Vater«) ebenfalls auf die sprachliche Anlehnung an den hebräischen Urtext hinweist. Der Anruf *Aw* zu Gott war also schon zu Jesu Zeiten recht geläufig.

Weniger üblich, aber keineswegs einzigartig, war die persönlichere Form von *Abba* – will sagen *Väterchen,* das hebräische Diminutiv von *Aw (Vater).*

Wenn Jesus also Gott als *Abba* anruft, können wir daraus sein Gott-Vertrauen und eine besonders innige Beziehung entnehmen.

Sollte Jesus, der bekanntlich auch aramäisch sprach, *Abba* auf aramäisch gerufen haben, ist der Hintergrund noch klarer, weil im Aramäischen die Vokabel sowohl für Vater wie für das Diminutiv Väterchen steht.

Zur Annahme einer übernatürlichen Geburt, wie sie Jesus in der christlichen Tradition zugeschrieben wird, gibt aber die hebräisch-aramäische Anrede *Abba* keinerlei Anlass.

Zu den jüdischen Männern – Rabbinen zumeist –, die bereits zu Jesu Lebzeiten und auch davor Gott mit dem *Abba*-Ruf angesprochen haben, gehört auch der Bauer Choni, genannt der Kreiszieher, der kurz vor der Zeitenwende in Galiläa gelebt hat. Der Talmud erzählt uns von ihm folgende Begebenheit: Choni galt in seiner Umgebung als Wundertäter und wurde zu Notzeiten um Intervention bei seinem himmlischen Vater gebeten, den er als *Abba* anzurufen pflegte. Einst wurde das Land von einer schweren Dürre heimgesucht. Die geplagten Bauern baten Choni um Hilfe. Choni zog einen Kreidekreis, ließ sich darin nieder und rief gen Himmel: »*Abba*! *Abba*! Hier bleibe ich sitzen, bis du dich deiner verdurstenden Kinder erbarmst.«

Der langen Geschichte geraffter Ablauf ist folgender: Der Himmlische *Abba* erhört Chonis Fürbitte und schickt soviel Regen, dass die Dürre alsbald zu einer Überschwemmung wird. »*Abba, Abba*!« schreit Choni auf, »um Regen des Segens bitten deine Kinder dich; nicht um eine Sintflut!« Und so folgt zu guter Letzt der erbetene Niederschlag im gewünschten Maße ... So lesen wir im Talmud (Taan 23a).

Nicht jedermann oder jedefrau sprach in jenen Tagen zu Gott per *Abba* – aber einsame Ausnahmen diesbezüglich waren weder Jesus, der Nazarener, noch Choni, genannt der Kreiszieher.

Jesus und sein Pessach-Gemach

In Vorbereitung des gemeinsamen Pessachfestes schickt Jesus »zwei seiner Jünger« (laut Mk 14) zu einem Mann in Jerusalem, »der einen Wasserkrug trägt«. In der Folge lesen wir: »Er wird euch zeigen ein großes Obergemach, und dort bereitet uns das Mahl!« (Mk 14,15). Und so geschah es.

So weit, so gut.

Wer jedoch tiefer schürft, findet drei Merkwürdigkeiten, die sich erst bei genauerer Lesung der Perikope zu Wort melden. Kehren wir zurück zu unserer Stelle:

Von *dem Wasserholer* sagt Jesus zu seinen zwei Jüngern: »Er wird Euch ein großes Obergemach zeigen, das mit Polstern versehen ist.« (Mk 14,15). Mit anderen Worten: Jesus kannte das Obergemach, das Haus und auch den vermutlichen Hausmeister.

Ferner kannte er aber ebenso die Gebräuche des Hauses – dass nämlich dort Männer offensichtlich das Wasser zu holen pflegten, und zwar so regelmäßig, dass man ihnen »begegnen musste« (Mk 14,13). Dies ist eine Gepflogenheit, die auf die Zugehörigkeit der Hausbewohner zu Kreisen von Essener-Sympathisanten in Jerusalem schließen lässt. Bei den häufig ehelosen Essenern oblag das Wasserholen nolens volens den Männern – im Gegensatz zur orientalischen Sitte, gemäß derer dies zur Domäne der Frauen gehört.

Nun zur zweiten Merkwürdigkeit: Die Jünger sollten dem Hausmeister sagen (wie es in den ältesten griechischen Handschriften steht): »Wo ist *mein* Obergemach?« (Mk 14,14). Dieses »mein« ist in vielen deutschen Übersetzungen (auch Luther 1984 und Einheitsübersetzung 1988) ausgelassen worden, und – welch ein seltsamer Zufall – bei Lk 22,11 (in der Parallelstelle) fehlt es auf Deutsch ebenfalls. (Dies sind Tatsachen, die bei Nestle/Aland, Institut für Neutestamentliche Textforschung in Münster, nachzulesen sind.) Das Wörtchen »mein« bedeutet hier keinesfalls, dass Jesus der Inhaber des Zimmers war – weist aber andererseits darauf hin, dass er schon öfter in jenem Hause, in eben diesem Zimmer, beherbergt wurde.

Und nun zur dritten Merkwürdigkeit: »Das Obergemach ist mit *Polstern* versehen«. (Mk 14,15). Es stellt sich die Frage, warum die Einrichtung mit Polstern so auffallend erwähnt wird. Wir erfahren bekanntlich nichts über weitere Einrichtungsdetails des Gemaches. Diese Besonderheit hat ihren Grund: Es handelt sich um die festliche Vorbereitung der Seder-Feier des Pessach-Abends.

Wir lernen daraus, dass Jesus auch an diesem tragischen Tag seines Lebens (den er vorausgesagt hatte) nicht bereit war, auf seine jüdische Traditionstreue zu verzichten. Denn für das Fest der Befreiung, Pessach, schreibt die *Haggada* vor, die Tischgemeinschaft möge das Mahl »bequem und angelehnt« einnehmen, wie es sich für befreite Menschen – im Gegensatz zu Sklaven – geziemt. Daher wurde damals – wie auch heute noch – zum Sedermahl in jedem jüdischen Haushalt symbolisch eine Fülle von Polstern als Symbol der Freiheit angeboten.

Zusammenfassend ergibt sich aus dieser textuellen Überprüfung ein weiteres Glied in der Beweiskette, dass Jesus in der Tat zusammen mit seiner Jüngerschar (am Gründonnerstag) nach jüdischem Brauch das Pessachfest gefeiert hat.

Faszinierend ist auch die Bestätigung, die wir aus diesen Texten entnehmen können, dass der Nazarener des Öfteren in Jerusalem weilte und dort sogar eine feste Bleibe zur Verfügung hatte. Diese Bleibe, »ein großes Obergemach«, wie wir in Mk 14,15 erfahren, oder nach einer anderen Übersetzung sogar »ein großer Saal«, war also groß genug, um dort Feste zu feiern oder Versammlungen abzuhalten.

Auffallend ist in den Pessachbeschreibungen der Synoptiker die vollkommene Abwesenheit der Frauen bei der Feier – im Widerspruch zur jüdischen Tradition. Haben die Evangelisten die großartigen (jüdischen!) Frauen der Jesusbewegung in die Küche verbannt? Wo blieben Maria Magdalena, die Schwiegermutter des Petrus, Martha, Maria und all die anderen?

Bei allen jüdischen Festen, an deren Entstehungstradition insbesondere Frauen beteiligt waren, wie etwa Pessach, Chanukka, Pfingsten, Purim und andere mehr, ist die jüdische Frau nicht nur aufgefordert, sondern verpflichtet, das Fest mitzubegehen.

Hosianna – Hilfeschrei oder Ausdruck des Triumphes?

Der triumphale Einzug Jesu in Jerusalem wird in allen drei synoptischen Evangelien in Einzelheiten beschrieben. Der Nazarener wird von einer jubelnden Volksmenge empfangen: »Hosianna dem Sohn Davids! Gepriesen, der da kommt im Namen Gottes!« (Mt 21,9 et par.).

Was hier gemeint war, geht aus Mk 11,10 mit wünschenswerter Klarheit hervor: »Hochgelobt sei die kommende Königsherrschaft unseres Vaters, David ... Hosianna in der Höhe!«

Dieses Hosianna ist die griechische Transkription des hebräischen *hoschia'na* mit der Bedeutung: Errette doch!

Es ist unter jenen Umständen in Jerusalem die sehnsüchtige Aufforderung an den messianisch verstandenen Davidsohn, sich doch endlich mit Macht und Herrlichkeit zu offenbaren, indem er sein Volk vom grausamen Joch der Römerherrschaft befreit.

Soweit die oberflächliche Lesung jenes Einzuges – doch nun zu seiner Tiefendimension.

Beim Einzug des Königs Herodes Agrippa II. in Jerusalem um das Jahr 58 rief das Volk: »*Hoschi'enu* (Rette uns) ... O König, hilf uns, dass wir nicht länger den Römern Untertan sein sollen!« So berichtet der Josippon (3,10), die hebräische Version des Josephus.

Die Parallele zu Jesu Einzug in Jerusalem einige Jahre zuvor ist unverkennbar: »Viele aber breiteten ihre Kleider auf den Weg, andere aber grüne Zweige, die sie auf den Feldern abgehauen hatten, und die vorangingen und die nachfolgten, schrien und sprachen: Hosianna, gelobt sei, der da kommt im Namen Gottes, Hosianna in der Höhe!« (Mk 11,8f.).

Ähnlich klingt es bei Mt 21,8f. – mit Hervorhebung der Rufe aus dem Volk: »Hosianna, dem Sohn Davids! Hosianna in der Höhe!«

Lukas geht einen Schritt weiter, indem er Jesus huldigen lässt, als wäre er schon gesalbt worden: »Gelobt sei, der da kommt, der König, im Namen Gottes des Herrn!« (Lk 19,36).

Auch der vierte Evangelist berichtet, dass »viel Volk, als es hörte, Jesus komme nach Jerusalem, nahmen Palmenzweige, gingen ihm entgegen und schrien: ›Gelobt sei, der da kommt im Namen Gottes, der König von Israel!‹« (Joh 12,12f.).

An diesen Evangelienberichten fällt zunächst auf, dass sie nur geringfügig voneinander abweichen. Erst bei näherem Hinsehen entdeckt man, dass sie politischen Sprengstoff enthalten.

Hoschia'na heißt nämlich »Hilf doch!« oder »Errette doch!« – ein Aufschrei, der im Neuen Testament aber zur religiösen Huldigung verharmlost wird.

Belässt man jedoch die ursprüngliche Version »Hilf doch!«, so wird schlagartig die Brisanz der Situation verständlich. Die Leute breiten ihre Kleider und Palmenzweige vor Jesus aus. Dies ist eine ungewöhnliche Ehrerbietung, die bis dahin nur zwei nationalen Helden zuteil geworden ist: Judas Makkabäus (2. Makk 10,7), der den Tempel, nach der Entweihung durch Antiochus IV. Epiphanes befreit, rituell gereinigt und neu eingeweiht hatte und König Jehu (2 Kön 9,13), der vom Prophetenjünger Elischa gesalbt worden war und dann im Nordreich Israel den Aschtarte-Kult auszumerzen vermochte.

Jesus ist also als König gehuldigt worden, und zwar nicht als König aus eigenem Recht, sondern als »Sohn Davids« – und in diesem Namen lag ein Programm.

Man hieß ihn willkommen als König-Messias, von dem die Schriften kündeten, dass er kommen werde, um das *Reich Gottes* zu errichten.

Was immer man sich unter diesem theopolitischen Ideal damals auch vorgestellt haben mag, es steht fest, dass es dazu vor allem der Befreiung vom Römerreich bedurfte. Denn der jüdische Messianismus der breiten Masse erwartete »das Reich Gottes« in der Gestalt eines neuen, geläuterten und unabhängigen, aber gottesfürchtigen Israel.

Dazu passt nahtlos die Frage der Apostel an Jesus in Apg 1,6: »Wirst du zu dieser Zeit das Reich für Israel aufrichten?« »Der König Israels«, wie ihm die Volksmenge zurief, legt nahe, dass man in Jesus den Befreier-König sah – oder sehen wollte –, was nur als Hoffnungsschrei auf die baldige »Errettung von unseren Feinden« Sinn hat, wie der greise Sacharja es in seinem Lobgesang vorausgesagt hatte (Lk 1,71).

»Hosianna in der Höhe« (Mk 11 und Mt 21) ist daher im Grunde genommen unverständlich. »O Herr, errette doch!« ist ein Flehen um Errettung aus Psalm 118,25 – um Errettung *hienieden* aus Not, Elend und Unterjochung.

Was die Volksmenge in ihrer intensiven Naherwartung der Erlösung geschrien haben mag, falls sie in Jesus ihren Erlöser sah, wäre dem Zusammenhang getreu: *hoscha'na mi haromim* oder *hoschia-na mi romim.*

Ein revolutionäres Wort in der Tat, das später in der griechischen Übersetzung entpolitisiert worden ist – was dadurch bewerkstelligt wurde, dass (Jesus) der Hoffnungsträger der Volksmenge in den Himmel entrückt wurde. Eine Entrückung, die Lukas dann zu vervollkommnen weiß durch den Zusatz: »Im Himmel sei Friede und Herrlichkeit in der Höhe!« (Lk 19,38).

Ein Wunsch, der die vorherige Huldigung Jesu als »König«, der »im Namen Gottes« einzieht, aller Bedeutsamkeit entleert und zu einer frommen Floskel verniedlicht.

Die Fehlübersetzungen wurden möglich durch den fast genauen Gleichklang von *mi-haromim* (von den Römern) und *bameromim* (in den Höhen oder in der Höhe).

Dieser historischen Rekonstruktion entspricht auch der Name des Nazareners, der für viele Juden damals als messianischer Anwärter – oder Messias – galt.

Der erste Joschua, Sohn des Nun (Num 13,16), (ein Name voller messianischer Assoziationen), hieß ursprünglich *Hoschea* und wurde von Moses selbst nach seiner erfolgreichen Expedition als Kundschafter nach Kanaan in Joschua umbenannt. Wie bekannt, führte Joschua später die Kinder Israels in die Freiheit, in das Heilige Land.

Der zweite Mann namens Joschua, der Sohn des Jozadak, sorgte nach der Rückkehr aus dem babylonischen Exil für den Wiederaufbau des Tempels (Esra 3,2 und 9).

An dieser Stelle sei an Mt 1,21 erinnert, wo der Engel Joseph im Traum beauftragt, das noch nicht geborene Knäblein *Jeschua* zu nennen: »Du sollst ihm den Namen Jeschua geben, denn er wird sein Volk erlösen.«

Zusammenfassend muss hier bemerkt werden, dass Jesus von Nazareth insgesamt nur drei Jahre öffentlich – unter den bekannten schwierigen Bedingungen eines okkupierten Landes – aktiv war. Für diese kurze Spanne war sein Bekanntheitsgrad in Israel beachtlich – wenn wir bedenken, dass Tausende zu seinen begeisterten Anhängern zählten (Speisung der Tausende, Predigt vor überfülltem Seeufer etc.). Das kann aber nicht darüber hinwegtäuschen, dass die Mehrheit Israels entweder nicht von ihm wusste – oder aber den Messias nur nach seinen »Früchten« zu beurteilen bereit war. Und die Erlösung war nicht gekommen.

Die Frage schwebt nun im Raum: Warum verheimlichen uns die Evangelientexte – mittels Übersetzungsfehler, Verballhornungen oder selektiver Erzählung – die geschilderten Spannungen in Jerusalem, die messianischen Wallungen um Jesus von Nazareth und die wahren politischen Verhältnisse im Heiligen Land um die Zeitenwende?

Nach dem Aufstand der Juden und der Zerstörung Jerusalems (70 n. d. Zeitrechnung) ging die Jerusalemer Urgemeinde unter (oder floh nach Pella), und viele der überlebenden Juden wurden als Galeerensklaven nach Rom verbannt.

Die jesuanische Botschaft ging jetzt an die Heidenkirche über.

Die Evangelien wurden erst *nach* diesen traumatischen Entwicklungen aufgeschrieben und von Endredaktoren bearbeitet (70-110 n. d. Zeitrechnung).

Wie sollten sie dem neuen, griechisch-römischen Zielpublikum der Mission von einem jüdischen Messias erzählen, der »nicht zu den Heiden gehen wollte« und der sich für die irdische und spirituelle Erlösung seines Volkes in Jerusalem und Galiläa bis zuletzt intensiv einsetzte?

Doch der schwierigste Stein des Anstoßes war die Tatsache, dass er als Rebell und Messiasanwärter von den Römern gekreuzigt wurde – als König der Juden, wie der Titulus *INRI* besagte.

Die Junge Kirche fand für das Dilemma eine dreigestaltige Lösung: Jesu Entjudung, weitgehende Entpolitisierung und Entrückung in himmlische Gefilde. Die Römer wurden zu freundlichen Heiden und die Juden andererseits zu gehässigen Schurken und Gegnern hochstilisiert.

Muss dieses zeitbedingte Bild des Auseinandergehens der Wege von Kirche und Synagoge immer weiter so gezeichnet werden?

Ein Helfer-König oder »Der Erlöste«?

Um Jesu Einzug in Jerusalem biblisch zu untermauern, zitiert Matthäus (21,4ff.) eine messianische Stelle (Sach 9,9), die zum Ursprung vieler Legenden im Judentum geworden ist.

Der Prophetenspruch ist ein locus classicus für eine fast kenotisch-kabbalistische Deutung Gottes, die in der falschen Übersetzung der (griechischen) Septuaginta, auf die Matthäus baut, verlorengegangen ist.

Falsch wurde sie deshalb übersetzt, weil der ursprüngliche Wortlaut im dritten vorchristlichen Jahrhundert in Alexandrien vielen Juden wie eine Gotteslästerung anmuten musste.

Im hebräischen Grundtext des Sach 9,9 steht aber nichts von »deinem König, der zu dir kommt, ein Gerechter und ein *Helfer*«, wie es bei Matthäus (21,4ff.) heißt, sondern: »Ein Gerechter und ein *Erlöster*« (*zadik we'noscha* im Passivum). Sowohl in der neuesten Lutherbibel (1984) wie in der Einheitsübersetzung (1988) ist dieser Schlüsselbegriff aus Sach 9,9 fälschlich als »Helfer« oder »der da hilft« wiedergegeben. Ist es nicht an der Zeit, dem originären *Erlösten* zu seinem Recht zu verhelfen – auch in Deutschland?

Dieser Urtext veranlasst Rabbi Abbahu im 2. Jahrhundert (nach der zweiten Tempelzerstörung) zu folgendem Kommentar: »Ich will euch die Erlösung Gottes zeigen. Denn nicht nur um die Erlösung Israels geht es hier, sondern auch um die Erlösung Gottes selbst ... Die Erlösung ist dein, o Herr, wie auch die unsere.« (Jalkut Schimoni II, 577).

Rabbi Abbahu meint hiermit, wie spätere jüdische Exegeten erläuterten, Gott lasse sich mit Israel – oder inmitten Seines Volkes – mit-erlösen. Beide hängen also voneinander ab, wie in der Kabbala häufig betont wird. Es ist die Mystik, die von dem *Zimzum* Gottes zu erzählen weiß, der sich von Anfang an selbst bescheidet, um Platz für die Schöpfung im Weltall zu schaffen. Er ist auf der Suche nach dem Menschen – genau wie dieser auf der Suche nach Ihm ist.

Nun wird klar, warum bei Matthäus »der Erlöste« zum »Erlöser« falsch übersetzt werden musste: Die mystische Selbstbescheidung Gottes war für die heidnische Umwelt und für die werdende triumphalistische Kirche viel zu demütig, um in ihrer Heilsgewissheit und in ihrer messianischen Struktur Platz finden zu können.

Die Ambivalenz des christlichen Christusbildes stimmt vor diesem Hintergrund recht nachdenklich: Es geht letztlich um eine Zerreißprobe zwischen dem elenden, am Kreuz verblutenden Rabbi und dem Triumphator als »Weltkönig«, den die Kirche aus ihm gemacht hat.

Des Nachdenkens wert sind die verdeckten Spuren jüdischer Mystik und der Talmudtraditionen, die noch immer zwischen den Zeilen und hinter den Worten des Evangeliums auf Entdeckung harren.

Es gibt in der vielschichtigen Talmuddebatte natürlich auch andere Auslegungen des »Königs ..., der da kommt als Gerechter und Erlöster«. So z. B. wird diese Gestalt auch als der König-Messias gedeutet, der gedemütigt und verletzt vor den Toren Roms auf seine Stunde wartet. Weshalb verletzt? Weil die Menschheit ihm sein Kommen noch immer verunmöglicht!

Kommt Elia in der Pessach-Nacht?

Am Seder-Abend des alljährlichen Pessachfestes werden vier Becher Wein feierlich getrunken – in symbolischer Dankbarkeit für die Befreiung, die Gott den versklavten Hebräern im pharaonischen Ägypten geschenkt hat.

Die vier Becher entsprechen den vier Ausdrücken für die vier Rettertaten Gottes, die im Schlüsseltext des II. Buches Mose (Ex 6,6-7) geballt aufgezählt werden. Dort heißt es:

- »Ich bin Der Herr – und Ich *führe euch heraus* aus der Fron Ägyptens
- und *rette euch* von ihrer Zwangsarbeit
- und *erlöse euch* mit ausgestrecktem Arm und durch große Gerichte,
- und *Ich nehme euch* Mir als Volk und will euer Gott sein.«

Dank der Kompaktheit der hebräischen Sprache kommen diese vier Rettertaten in je einem Verbum zum Ausdruck:

Wehotzeti – wehitzalti – wega'alti – welakachti

Auf jedem Sedertisch steht aber auch – inmitten der vielen anderen in Speis und Trank verkörperten Symbole – ein fünfter voller Weinbecher, der jedoch nicht getrunken wird. Er trägt den Namen »Becher des Propheten Elia«. Welche Bewandtnis hat es mit ihm?

Im Talmud finden wir Meinungsverschiedenheiten (Streitgespräche also?) über die Zahl der symbolischen Becher, die am Sederabend getrunken werden sollen.

Rabbi Jochanan ist der Überzeugung, dass es vier an der Zahl sein sollten zu Ehren der vier oben genannten Heilstaten Gottes an Israel beim Auszug aus Ägypten.

Rabbi Tarfon hingegen ist der Meinung, man solle sogar fünf Becher des Heils trinken, um auch für die Verheißung des heiligen Landes für die eben Befreiten zu danken in Fortsetzung desselben Verses: Ich *bringe euch* in das Land, das Ich zugeschworen habe ... (Ex 6,6-8). Auch hier geht es um ein hebräisches Verbum: *weheweti.*

In der darauffolgenden Debatte konnten die Rabbinen zu keiner Einigung gelangen. Dieses gelegentliche Offenlassen umstrittener Probleme und die Tradierung der Meinung aller Kontrahenten bezeugen eigentlich die demokratische Grundeinstellung der pharisäischen Lehrmeister.

Nach der talmudischen Gepflogenheit werden solche ungelösten Fragen verschoben – »bis zur Ankunft des Propheten Elia« –, womit der Anbruch der messianischen Zeit gemeint ist, als deren Vorbote er gilt (Mal 3,23).

Demgemäß wird der fünfte Becher voll gefüllt und auf dem Sedertisch belassen – allen Tischgenossen als »Becher des Elia« vertraut. Elia wird es überlassen, dereinst dieses Problem – wie viele andere – einer Lösung zuzuführen, er, der als Herold des Messias bekannt ist!

Ich habe von dieser Debatte berichtet, um zu illustrieren, wie lebendig und aktuell die messianische Erwartung im normativen Judentum bis auf den heutigen Tag geblieben ist.

Auch Jesus von Nazareth hat bekanntlich – nach den Berichten der drei Synoptiker – sein letztes Abendmahl in Jerusalem als Pessach-Mahl gefeiert. Die Stiftungsworte bezog er also auf die *mazza* als »mein Leib« und auf einen der vier Becher Wein als »mein Blut«.

Das Pessachfest schlägt – im Reigen der jüdischen Wallfahrtsfeste – einen Bogen von der Rettertat Gottes damals in Ägypten hin zu der erhofften messianischen Erlösung. *Pessach* – will heißen »Überschreitung« – ist bei dem Auseinandergehen der Wege von Kirche und Synagoge, wie andere Begriffe der biblischen Heilsgeschichte, gräzisiert worden, was Jesus von Nazareth in einen ihm fremden Raum und Rahmen plaziert hat. Er hat nicht *Pascha,* nicht *Pasqua,* nicht *Paques* noch *Ostern* gefeiert – sondern eben *Pessach,* das biblische Befreiungsfest.

Wessen Augapfel wird angetastet?

In der dritten Vision des Propheten Sacharia verkündet ihm ein Engel, dass Jerusalem die Hauptstadt des kommenden Gottesreiches sein werde – jedoch ohne Stadtmauer, »denn Ich will«, so spricht Gott, »eine feurige Mauer um sie sein« (Sach 2,11).

Indem Er Israel Seiner unverbrüchlichen Liebe versichert, lässt Gott verlauten: »Denn so spricht Der Herr Zebaoth ... über die Völker, die euch (Israel) beraubt haben: Wer euch antastet, der tastet Meinen Augapfel an.« (Sach 2,12).

So lesen wir in der neuesten, revidierten Lutherbibel (1984) und in der Neuauflage der Katholischen Einheitsübersetzung (1988).

In beiden Fällen ist also eindeutig vom Augapfel Gottes die Rede – im krassen Widerspruch zum hebräischen Grundtext, der besagt: »Wer euch (Israel) antastet, tastet seinen Augapfel an«, Womit der Augapfel des Antasters gemeint ist – und nicht der Augapfel Gottes.

Gott im physischen Sinne einen Augapfel anzudichten, könnte an Blasphemie grenzen.

Die prophetische Aussage dient im gleichen Atemzug der Abschreckung der Feinde Israels und der Vergewisserung Israels über seine Geborgenheit.

Die blasphemische Andichtung eines »antastbaren Augapfels Gottes« ist also eine auffallende Fehlübersetzung.

Leider befinden sich auf dem Bücher- und Zeitschriftenmarkt im Fahrwasser dieser sprachlichen Entgleisung vielerlei Titel, deren Anstößigkeit in dieser Hinsicht Korrektur erheischt.

Wie blau ist das Rote Meer?

Bekanntlich ist das Rote Meer berühmt für seine kristallblaue Farbe, die bis heute viele Touristen erfreut.

Wie kam es also zur Röte in seinem Namen? Beginnen wir mit der Hebräischen Bibel, in der das Rote Meer als Stätte der wundersamen Überquerung durch die Kinder Israels auf dem Exodus aus Ägypten einen zentralen Platz einnimmt. Dort heißt es *Jam-Suff* – auf Deutsch: »das Schilfmeer« – wegen seiner schon im Altertum berühmten Schilfrohr-Gestade. Aus Schilf wurde bereits in pharaonischen Zeiten Rohstoff für Papyrus-Rollen gewonnen.

Als John Wyclif um 1375 die erste vollständige Bibelübersetzung ins Englische erstellte, übersetzte er dieses Schilfmeer ganz korrekt als *Rede Sea* in seine Muttersprache – der damaligen Orthographie entsprechend.

Als Luther in Vorbereitung seiner Verdeutschung der Schrift auch Wyclifs Werk zu lesen bekam, hielt er das dort richtig wiedergegebene Schilfmeer für *Red Sea*, also das »Rote Meer«, und taufte daher das Meer in Exodus entsprechend um.

Ob es heute noch sinnvoll wäre, diese Fehlübersetzung zu korrigieren, wage ich zu bezweifeln.

Es gilt bei Bibel-Übersetzungsfehlern sorgfältig zu unterscheiden, wes Geistes Kind sie ursprünglich waren und welche Wirkungsgeschichte sie zeitigten. Eindeutige Fehlleistungen aus Unkenntnis, die keine bösen Folgen haben wie etwa das »Rote Meer«, sollte man m. E. mit Schmunzeln, aber ohne weitere Bemühung zur Kenntnis nehmen.

Ganz anders liegt der Fall bei beabsichtigten, tendenziösen und falschen Übersetzungen, die manchmal hinterhältige oder verleumderische Entstellungen, ja, Verzerrungen des Sachverhalts im Schilde führen.

In solchen Fällen sind ökumenischer Einsatz und alsbaldige Richtigstellung dringend erforderlich.

Wurde Jesus verraten?

Achtzehn Jahrhunderte lang galten »die Juden« als »ungläubig« – weil sie ihrem Glauben treu geblieben sind, als »geldgierig« –, weil ein gewisser Judas angeblich »30 Silberlinge« für die Auslieferung Jesu erhielt und als »verräterisch«, weil derselbe Judas seinen Herrn »verraten« haben soll.

Es ist hoch an der Zeit, den Tatbestand zu eruieren, um endlich einmal festzustellen, wieviel Wahrheit diese mörderischen, jedoch unbewiesenen Anklagen beinhalten.

Als Entlastungszeuge komme »der Kuss« im Garten von Gethsemane zu Wort. Wäre Judas der abgefeimte Verräter gewesen, den die Kirchenväter aus ihm gemacht haben, so hätte er die römischen Soldaten zu Jesus geführt – und sich dann aus dem Staube gemacht.

Nichts davon im Evangelium!

Statt des verschwiegenen Zeichens – der Kuss! War das nicht der Liebesbeweis eines Mannes, der sich selbst verleugnet, um einen schweren Auftrag seines Rabbis auszuführen? »Rabbi«, so stöhnt er, »ich habe getan, was du verlangtest.«

Als zweiter Entlastungszeuge möge der so genannte »Judaslohn« der Wahrheit zur Geltung verhelfen. Judas *musste* genau »30 Silberlinge« erhalten, da das Buch Exodus (21,32) von »dreißig Schekel« als Auslösung für einen Sklaven spricht, dem niedrigsten Kaufpreis, den der Prophet Sacharja später spöttisch auch auf sich selbst bezieht: »Da sagte ich zu ihnen ..., gebt mir meinen Lohn ... Und sie wogen mir meinen Lohn: dreißig Silberlinge. Da sprach Gott zu mir: Wirf ihn in den Schatz! (...) Und ich nahm die dreißig Silberlinge und warf sie in den Schatz des Hauses Gottes.« (Sach 11,12-13).

Hier also ist die Wurzel der »dreißig Silberlinge«, die Judas (laut Mt 26,14f.) von den Hohepriestern als Kaufpreis für Jesus erhielt.

»Sie aber wogen ihm dreißig Silberlinge dar.« So heißt es wörtlich beim Propheten Sacharja wie auch beim Evangelisten Matthäus, die nicht das Geringste miteinander zu tun haben. Dies alles wurde zusammengejocht, weil in weiten christlichen Kreisen die Meinung herrscht, dass die Hebräische Bibel – genannt das Alte Testament – eigentlich nur ein Vorläufer des Neuen Testaments sei, in welchem »alles erfüllt werde«.

Eben aus diesem Grund musste Judas in den Fußstapfen Sacharjas seinen »Judaslohn« »in den Schatz des Gotteshauses, das heißt in den Tempel«, werfen (Mt 27,5).

Nebenbei sei hier bemerkt, dass es zu Jesu Lebzeiten zwar Denare, Minen, Schekel und Drachmen gab, aber keine Münze oder Währung, die als »Silberlinge« bekannt war. Sie kamen etwa dreihundert Jahre zuvor aus dem Umlauf.

Interessant ist aber vor allem die Tatsache, dass das jedem Christen geläufige Schlüsselwort vom »Verrat« des Judas als solches im ganzen Evangelium nicht vorkommt. Es geht vielmehr im griechischen Urtext um *paradidonai,* was wortwörtlich »dahingehen« oder »überliefern« heißt – eben jene Vokabel, derer sich Paulus bedient, um Jesu Opfertod als »Selbstauslieferung« zu beschreiben (Gal 2,20).

Im Grunde tat Judas nur das, was Gott selbst im Neuen Testament mit Jesus tut: »Gott hat Seinen eigenen Sohn nicht geschont, sondern Er hat ihn für uns alle *dahingegeben* ...« (Röm 8,32). Von diesem Satz an wird die gesamte Passion zu einer Kette eines siebenfachen »Überlieferns«: Auf Geheiß Jesu übergibt Judas ihn an den Hohenrat, der ihn an Pontius Pilatus überliefert. Jener gibt ihn an Herodes weiter, der ihn dann zurückgibt, worauf Pontius Pilatus ihn seinen Legionären überliefert, die ihn ans römische Kreuz schlagen – wo Jesus zuletzt seine Seele dem Schöpfer übergibt.

All diese Begebenheiten sind im Neuen Testament nachzulesen – ohne dass man dabei einen dem Judas angedichteten »Verrat« findet. Wenn all dies nicht geschehen und Jesus friedlich im Kreise seiner Familie gestorben wäre – wo bliebe dann die Kirche samt ihrem Heil!?

Für die Zweifler bleibt zu guter Letzt die schlichte Vernunftfrage: Was hatte Judas eigentlich zu verraten? Jesus hielt sich tagelang umgeben von seinen Jüngern und zahlreichen Anhängern in der Öffentlichkeit von Jerusalem auf. Er pflegte auch im Tempelvorhof vor Tausenden zu lehren. Jesus selbst bestätigt das ganz eindeutig: »Täglich saß ich bei euch im Tempel.« (Mt 26,55). Man bedurfte also kaum eines Geheimagenten, um ihn zu identifizieren. Unter solchen Umständen gab es auch beim besten Willen *nichts* – aber auch gar nichts –, was Judas den Behörden hätte »verraten« können.

»In der Nacht, als er verraten wurde ...« – so erklingt es landauf und landab bei Abendmahl und Messfeiern. Dem unbefangenen Zuhörer stellt sich die schreckliche Frage: Ist das christliche Heil vom angeblichen Verrat eines Judas Iskariot abhängig?

Hat Jesus nicht mehrfach seinen freiwillig auf sich genommenen Sühnetod angekündigt? Wie z. B. bei Johannes: »Niemand nimmt mir mein Leben, sondern ich lasse es aus freien Stücken.« (Joh 10,18).

Und hätte er in jener tragischen Nacht nicht von Gethsemane fliehen können? In der Tat, ja!

Wie Recht haben doch jene Pfarrer und Pfarrerinnen, die in Messe oder Abendmahl neuerdings den folgenden Text verwenden: »In der Nacht, als er sich freiwillig dahingegeben hat.«

Streit um *Maranatha*

Maranatha! Dieser Ruf gehört zu dem Traditionsgut, das Paulus dem Bereich der Urgemeinde in Jerusalem entnommen hat. Es steht in griechischer Übersetzung am Schluss jener Schrift, die das Neue Testament abschließt, der Apokalypse.

In vier Worten fasst es die Beziehungen zwischen den Jüngern und ihrem »Heiland« zusammen: »Amen, komm doch, Herr Jesus!« (Offb 22,20).

Dass der ursprünglich aramäische Wortlaut dieses Rufes schon zu Ende des 1. Jahrhunderts zu einer Formel erstarrt war, geht eindeutig aus der Tatsache hervor, dass er in Griechisch geschriebenen Texten an griechisch sprechende Gemeinden unübersetzt geblieben ist (vgl. 1. Kor 16,24 und DID 10,6).

Er gehört zu jener Reihe von Gebetsrufen, die unmittelbar aus der Muttersprache der ersten Jesusjünger übernommen worden sind – wie etwa Halleluja, Hosianna, Amen und das vertraute »Abba«.

Nicht, als ob jene Rufe unübersetzbar gewesen wären, aber offensichtlich wurden in ihnen religiöse Erfahrungen festgehalten, die spätere Generationen als »Urworte Jesu« in ihrer eigenen Liturgie mit Ehrfurcht zu kanonisieren beschlossen. Seit damals gehören sie zum Urgestein kirchlicher Frömmigkeit.

Die Unsicherheit, die bis heute die Deutung dieser Formel kennzeichnet, nährt sich von ihrer Vieldeutigkeit – je nachdem, wie man die Bibel kennt.

Entscheidet man sich für *maran-atha,* wie etliche sehr alte Handschriften es bringen, wäre zu übersetzen: »Unser Herr ist gekommen« (in der historischen Vergangenheit). Nicht weniger korrekt aber wäre das nachwirkende, präsentische Perfekt (ebenfalls *maran-atha* als Basis nehmend), das besagt: »Der Herr ist da.« Teilt man den Ruf hingegen wie folgt: *Marana-tha,* so ergibt sich ein Imperativ: »Unser Herr, komm doch!« Was einem Anruf oder Aufruf entspricht.

Einer vierten Lesung gemäß, die etliche griechische Kirchenväter vorschlugen, sollte die Formel zwar auch in die Worte *maran-atha* aufgeteilt werden, allerdings mit einem anderen Verständnis des *atha,* nämlich: »Unser Herr ist das Zeichen« – eine höchst implausible Rekonstruktion, die Anlass zu mehreren mystischen Eisagesen geboten hat.

Noch phantasiereicher ist die Lesung *mar-antha,* die sich nicht scheut, den Wortlaut umzubiegen, um zu behaupten, die Formel besage eigentlich »Ein Herr bist du!«

Wie dem auch sei, scheinen die ältesten Belege die Vergangenheitsdeutung vorauszusetzen, also *maran-atha* als »Der Herr ist gekommen.«

Doch Christen sind ungeduldig und wollen klare Antworten auf ihre eindringlichen Fragen:

- Welche von den fünf möglichen Bedeutungen von *maranatha* ist nun die Richtige?
- Was besagt sie für die Hoffnung der apostolischen Urgemeinde?
- Und, nicht zuletzt, welche Erwartung steckt hinter diesem Jubel – (oder Bittruf)?

Worauf die salomonische Antwort des Hebraisten betonen muss, dass der aramäischen Formel ein Dreiklang von Aussagen innewohnt – wie schon oben dargelegt –, die sprachlich in gleicher Weise möglich sind:

a) »Unser Herr ist gekommen.«
b) »Unser Herr ist da.«
c) »Unser Herr, komm (doch)!«

Die darüber hinaus erwähnten Transkriptionsmöglichkeiten halte ich für irrelevant.

Doch diese Deutungsvarianten erschöpfen noch lange nicht alle gegebenen Möglichkeiten – wohl aber den uns hier gesteckten Rahmen.

Es besteht daher keine Notwendigkeit für mich, hier verbesserte Übersetzungen vorzuschlagen, da alle drei oben genannten sprachlich als gleich gut erachtet werden können.

Bett oder Stock – Was trägt der Gelähmte?

Zu dem Kranken am Teich Bethesda sagte Jesus (nach dessen Heilung): »Steh auf, nimm dein Bett und geh hin!« (Joh 5,8). Das Tragen von Lasten ist jedoch am Sabbat bekanntlich verboten. Um Jesus auch in dieser Perikope als »Sabbatbrecher« anzuprangern, lässt der vierte Evangelist »die Juden« zu dem, »der gesund geworden ist«, sagen: »Es ist heute Sabbat. Du darfst (daher) dein Bett nicht tragen« (Joh 5,10).

Zwei Tatsachen sprechen gegen die Glaubwürdigkeit dieses angeblichen Sabbatbruches.

Vor allem der halachische Spruch von Rabbi Simon (Tos. Jom-Tow 2,18), demzufolge ein Mensch aus gesundheitlichen Bedürfnissen ein Bett oder einen Stuhl (für sich selbst) auch am Sabbat tragen darf.

Die Begebenheit fand, laut Johannes, in einer Halle beim Teiche statt, die er als *Stoa* (griechisch) bezeichnet. Eine solche Halle – hebraisiert im Talmud (Toharot 6,10) – galt als Privatdomäne der Kranken, innerhalb welcher das Tragen eines Bettes notfalls legitim wäre.

Worüber hätte man hier also streiten können? Ich glaube zu einer befriedigenden Lösung des Dilemmas mittels Korrektur eines Übersetzungsfehlers beitragen zu können.

Es geht um eine mögliche Fehllesung des hebräischen Corpus delicti. Das beanstandete Bett *(mitta* auf hebräisch) mag ursprünglich ein Stock *(matte)* gewesen sein, der in der vokallosen hebräischen Orthographie mit denselben drei Konsonanten (m-t-h) buchstabiert wird. Genau dieselbe Fehllesung finden wir in der Septuaginta-Übersetzung von Gen 47,31, wo das Kopfende des Sterbebettes Jakobs zum griechischen »Stock« fehlübersetzt worden ist.

Zu guter Letzt leuchtet es wohl auch ein, dass ein Gelähmter sich eines Stockes bedient, aber kaum imstande sein dürfte, sein Bett mit sich herumzutragen – auch nicht Minuten nach seiner Heilung.

Die deutliche Absicht, Jesus unbedingt als »Sabbatbrecher« zu präsentieren, erinnert an die Heilung eines Blindgeborenen, von der wir bei zwei Evangelisten erfahren. Während diese bei Markus (der ja bekanntlich der früheste Berichterstatter ist) lediglich mit fünf kurzen Versen erwähnt wird, wobei vom Tag der Heilung überhaupt nicht die Rede ist (Mk 8,22-26), widmet Johannes (Joh 9,1-41) derselben Thematik 41 langatmige Verse und legt großen Wert auf die Behauptung, dass die Heilung an einem Sabbat stattgefunden habe. Die Bemerkung sei mir gestattet: Man merkt die Absicht, und man ist verstimmt.

Die Heiltätigkeit des Nazareners insgesamt ist jüdisch betrachtet ganz im Rahmen des biblisch-talmudischen Auftrages »um des Lebens willen« zu sehen. Heilungen am Sabbat und an Feiertagen – in Notfällen – sind nicht nur erlaubt, sondern ausdrücklich geboten. Leuchtende Beispiele dafür lesen wir im Talmud, in der Bibel und vor allem auch bei den Propheten wie z. B. bei Elia und Elischa. Wenn Johannes der Evangelist hartnäckig auf die chronische Erkrankung der Patienten hinweist, stellt sich die logische Frage, ob nicht eine seit Jahren schwelende Erkrankung justament an einem Sabbat akut werden kann und dringende Behandlung erforderlich macht.

Es muss aber auch betont werden, dass eine erfolgreiche Heilung keinen Nachweis der Messianität darstellt – wie es im späteren Christentum auf Jesus bezogen behauptet wird. Dasselbe gilt für Wundertaten insgesamt. Selbst Moses, der Prophet war und Heilungen und Wundertaten vollbrachte, bleibt im Judentum ein sterblicher Mensch wie du und ich.

Geht ein Kamel durch ein Nadelöhr?

Wir alle kennen das berühmte Jesuswort: »Leichter geht ein Kamel durch ein Nadelöhr, als ein Reicher in das Himmelreich kommt.« (Mt 19,24). Doch der wahre Hintergrund des berüchtigten

Kamels wird oft verzerrt – oder gar unter den theologischen Teppich gekehrt.

Es begab sich folgendermaßen: Jesus pflegte seine Jünger persönlich auszuwählen und zu schulen. Eines Tages bewarb sich bei ihm der inzwischen weltberühmt gewordene »reiche Jüngling«. Jesus fand Gefallen an dessen frommen Lebenswandel und hätte ihn gern in seinen inneren Kreis aufgenommen. Doch des Pudels Kern blieb eine Vorbedingung, der sich alle Apostel unterwerfen mussten: Sie hatten sich ihres privaten Vermögens zu entäußern, um in einer Gemeinschaft der Gleichen – oft Gefahren, Flucht und römischen Verfolgungen ausgesetzt – zu leben.

Doch diese eine Hürde des Verzichts auf sein Vermögen konnte der junge Mann nicht überwinden. Jesus bleibt ihm freundlich gesinnt, »gewann ihn lieb« (Mk 10,21) und bedauert seine negative Entscheidung. Sarkastisch prägt er dann das kräftige Wortbild aus der Welt der Tiberiassee-Fischer vom Kamel und dem Himmelreich.

In unserem herkömmlichen Text des Evangeliums aber liegt ein entstellender Übersetzungsfehler vor. Auf aramäisch bedient Jesus sich nämlich eines geflügelten Wortes: »Eher geht ein *Schiffstau* durch ein Nadelöhr, als ein Reicher in den Himmel kommt«.

Wegen eines falschen Buchstabens im Originaltext wurde das Tau *(gamta)* aus dem Gleichnis zum Kamel *(gamal)* – und das Wortspiel erlitt eine arge Entstellung.

Den Schiffern und Fischern am See von Tiberias war der Umgang mit Tauen und dafür geeigneten Nadelöhren vertraut. Durch die Wandlung des Taus in ein Kamel gingen der Witz und die Schlagkraft des Wortes verloren.

Die noch immer zirkulierenden krampfhaften Erklärungsversuche dieses Jesuswortes entbehren jeder Grundlage. So hört man vom Kamel, das seine liebe Not mit einer besonders schmalen Gasse in Jerusalem namens »Nadelöhr« hatte, durch die ihm die Passage auf keinen Fall gelingen wollte.

Ferner ist die häufige Konklusion aus dieser Perikope, dass Jesus prinzipiell gegen Geld und Kapital gewesen sei, ein Trugschluss. Wogegen er immer wieder auftrat, waren Neid, Habgier und Ausbeutung.

Geld und Besitz, gerecht erworben und mit der Fürsorge für die Randsiedler der Gesellschaft verbunden, erregten bei ihm keinerlei Widerspruch. Immerhin verkehrte Jesus in Jerusalem auch mit sehr vermögenden Personen wie etwa Nikodemus, dem Ratsherrn, und mit der Familie von Lazarus, Martha und Maria.

Ferner berichtet uns der Evangelist Lukas, dass etliche reiche Damen der Jerusalemer Gesellschaft wie etwa »Johanna, die Frau des Khuza, eines Verwalters des Herodes, und Susanna und viele andere mehr« (Lk 8,2-3), Jesus finanziell zu unterstützen pflegten.

Dessen ungeachtet ging er täglich meistens mit Armen, Kranken und Behinderten um, die an seinen Lippen hingen und dem erwarteten Himmelreich entgegenfieberten.

Die Zwei-Reiche-Lehre: Soll man dem Kaiser Steuern zahlen?

Wir sind im Frühjahr des Jahres 30 mitten im Herzen des jüdischen Jerusalem und stehen am Vorplatz des Tempels. Die Protagonisten unseres Dramas stehen sich schroff gegenüber: Die stolzen Sadduzäer, zu denen insgesamt um 40 Familien zählten und die den Tempelkult verwalteten. Sie wollen den aufmüpfigen Wanderprediger aus Nazareth bloßstellen, da sie seinen aufrührerischen Einfluss auf die große Schar seiner (pharisäischen) Gefolgsleute zu fürchten hatten.

Vor ihnen steht der Nazarener, umringt von vielen Hunderten seiner Freunde und Schüler, der in den Sadduzäerpriestern in der Tat Kollaborateure der römischen Heidentyrannen sah. Auf beiden Seiten des Tempelvorhofes sind Polizei, Spitzel und römische Legionäre versammelt, die vor allem für Ruhe und Ordnung zu sorgen haben.

In diese innerjüdische Konfrontation hinein fällt nun wie ein Faustschlag die schlaue Frage eines Aufpassers: »Rabbi, ist es uns erlaubt, dem Kaiser Steuern zu zahlen – oder nicht?« (Mt 22,17).

Man achte auf den provokativen Wortlaut! Es war doch unumgehbare Bürgerpflicht, dem Kaiser Steuern zu zahlen. Handelte es sich doch um die gefürchtete »Kopfsteuer«, die eine für alle Juden gültige Abgabe war, und zwar als Grundlage zur wirtschaftlichen Plünderung des Landes, die allgemein als bedrückende Erinnerung an die Unterworfenheit Israels empfunden wurde.

Um uns Heutigen eine blasse Ahnung von den rabiaten Steuereintreibungsmethoden jener fernen Zeiten zu vermitteln, sollten wir die Beschreibung des Römers Lactantius über die Art und Weise der Zensus-Eintreibung hören, die im diametralen Gegensatz steht zur idyllischen Zeichnung der »stillen, heiligen Nacht« bei Lk 2,1f.

»Die Römischen Steuerbeamten erschienen allerorts und brachten alles in Aufruhr ... überall hörte man das Schreien derer, die mit Folter und Stockschlägen verhört wurden ... wenn der Schmerz gesiegt hatte, schrieb man steuerpflichtigen Besitz auf, der gar nicht existierte.« So also müssen wir uns einem römischen Bericht zufolge jene »stille Nacht« vorstellen, die eher an eine »Kristall-Nacht« erinnert. Das jüdische Landvolk von Galiläa befand sieh in der Zange: hier römischer Druck – dort letzte Überlebenschancen.

Um diese Steuereintreibung geht es in der doppelbödigen Fangfrage, die Jesus am Tempelplatz gestellt wird. Und diese Frage wurde zur Zeit des Pessachfestes gestellt, in einer gewittergeladenen und erlösungsträchtigen Atmosphäre, die förmlich nach Freiheit und Aufstand schrie. Konnte Jesus jetzt eine gotteslästerliche Unterwürfigkeit bejahen oder gutheißen?

Gotteslästerlich – denn ungleich den Herodianern in Galiläa, die, der biblischen Bilderscheu gehorchend, keinerlei Bildnis auf ihre Münzen prägen ließen, brachte Pontius Pilatus seine

Verachtung für den jüdischen Glauben dadurch zum Ausdruck, dass er in Judäa, das als römische Provinz seine Steuern direkt »dem Kaiser« entrichtete, Provokationsmünzen prägen ließ, die mit ihrem Kaiserbild dem zweiten Gebot, also dem Bilderverbot, eklatant widersprachen.

Um den Hintergrund abzurunden, sei hier angemerkt: Während der 300 Jahre von den Makkabäern bis zum Untergang Jerusalems unter Bar-Kochba (167 vor bis 135 nach der Zeitrechnung) entfachten die Juden nicht weniger als 62 Aufstände und Rebellionen gegen die fremden Unterdrücker. Sie gingen oft von Galiläa aus, und die Steuerverweigerung diente jedesmal als Fanal zum Aufstand gegen Rom.

Zurück zur Fangfrage in Jerusalem, die nicht zu umgehen ist: Sagt Jesus: »Ja, es ist erlaubt, dem Kaiser Steuern zu zahlen«, so ist er für sein Volk als feiger Kollaborateur entlarvt.

Sagt Jesus: »Nein, es ist verboten, dem Kaiser Steuern zu zahlen«, so gilt er den Römern als Rebell, der, auf frischer Tat ertappt, zum Gesetzesbruch aufwiegelt, und ist hiermit juristisch und politisch erledigt.

Jesus jedoch lässt sich von seinem Befrager eine Münze mit dem Kaiserbildnis zeigen, womit er jeden der Anwesenden davon überzeugt, dass er selbst keine von diesen Heidenmünzen mit dem verhassten Bildnis im Besitz hatte.

»Wessen Bildnis und Aufschrift (das heißt Besitzerklärung) sind diese?« fragt er, wobei er auf die Münze, den Tiberius-Denar, deutet. »Des Kaisers«, ist die allgemeine Antwort; darauf erwidert Jesus klar und eindeutig: »Gebt doch dem Kaiser *zurück*, was des Kaisers ist; und Gott, was Gottes ist!« Hier liegt einer der gravierendsten, folgenschwersten Übersetzungsfehler des Evangeliums vor.

Nicht »*Gebt*« sagte Jesus nämlich, sondern »*Gebt zurück*« (auf griechisch: *apodote),* womit im Grunde ein gewaltloser Bruch mit der politischen Ordnung empfohlen wird.

Im Klartext: Da nach römischem Münzrecht in der Tat dem Kaiser alle Münzen mit seinem Bild, die im Umlauf waren, als persönliches Eigentum gehörten, war Jesu Antwort auf Anhieb nüchtern und korrekt.

Nicht so aber für die anwesenden Juden. Sie verstanden ganz richtig: »Gebt dem Kaiser doch sein sündiges Geld *zurück (apodote)* und benützt es nicht, wie ich es Euch eben demonstriert habe, auf dass Ihr Gott geben könnt, was Gottes ist, nämlich die Anerkennung Seiner Alleinherrschaft über die ganze Schöpfung ohne Heidentyrannei und ohne Götzendienst.«

Die damaligen unterdrückten Juden verstanden die wahre Botschaft Jesu – ohne die spätere Fehlübersetzung – sehr wohl als eine Absage an die Okkupanten und ihre Kollaborateure – um des Reiches Gottes willen.

Mit dem gleichzeitigen Aufruf: Gebt Gott, was Gottes ist, nämlich Eure Treue mit Leib und Leben, da sie von Ihm kommen, ist Jesu Aussage Lichtjahre entfernt von der christlichen Zwei-Reiche-Lehre, die fein säuberlich diese Welt teilen will, und zwar zwischen dem Kaiser einerseits – auch wenn er ein braunes Hemd tragen sollte – und Gott andererseits.

Nichts war dem Nazarener ferner, der *alles* Gott geben wollte, auch, wenn nötig, das eigene Leben.

Die jesuanischen Worte damals in Jerusalem waren für die Römer unanfechtbar – für die Juden aber ein deutliches Fanal zum Aufbruch.

Für deutsche Bibelleser bleiben sie leider bis auf den heutigen Tag sinnentstellend falsch übersetzt.

Wahrhaftig ein Israelit?

Die landläufige Übersetzung der Berufung des Nathanael, wie sie seit Luther überliefert wird, lautet: »Siehe, ein wahrer Israelit, in dem kein Falsch ist!« (Joh 1,47).

Aus diesem eindeutigen Lobeswort Jesu wurde seit Jahrhunderten eine ganze Verwerfungslehre Israels herausgelesen, die diesen Nathanael als einsame, löbliche Ausnahme gegen alle seine jüdischen Brüder und Schwestern ausspielt. Diese seien insgesamt als »treulos« (Röm 1,31) und »ungläubig« (Joh 20,27) zu verdammen.

Einigen der Kirchenväter genügte dieses Logion bereits, um »den Juden« die Gotteskindschaft abzusprechen und die Kirche – mitsamt Nathanael – zum »wahren Israel« zu erhöhen.

Und dennoch straft der Wortlaut selbst – in seinem griechischen Grundtext – diese polemische Selbstgefälligkeit Lügen. Denn die ausschlaggebende Vokabel *alethos* wird hier ganz eindeutig adverbial und nicht adjektivisch verwendet, sodass die wahre Aussageabsicht Jesu unmissverständlich hervortritt: »Siehe (er ist) wirklich und wahrhaftig ein echter Israelit, in dem kein Trug ist!« Hiermit wird der Sammelname »Israelit« zum Würdetitel erhoben, den Nathanael als einer unter vielen verkörpert –, keineswegs als löbliche Ausnahme, sondern eher als die Regel.

Sein Name stellt die griechische Umschrift des hebräischen *Netan'el* dar, was »Gott hat gegeben« bedeutet. Da Jesus ihn zu einem seiner ersten Jünger kürt (Joh 1,45-49), dem er später auch als Auferstandener am See Kinnereth erscheint (Joh 21,2), mag der Lobspruch (Joh 1,47) als Ausdruck besonderer Zuneigung und Hochschätzung erachtet werden.

An denselben Nathanael ergeht bekanntlich auch die Verheißung, er werde die Engel Gottes hinauf- und herabsteigen sehen (Joh 1,51) – eine deutliche Anspielung auf die Vision des Stammvaters Jakob zu Bethel (Gen 28,10-15) von der Himmelsleiter. Eine Vision, die in der pan-ökumenischen Zusage Gottes gipfelt: »Durch dich und deine Nachkommen sollen alle Menschengeschlechter auf Erden gesegnet werden!« (Gen 28,14).

Ist Gott männlich oder weiblich?

»Du sollst Dir kein Bildnis machen, weder von dem, was oben im Himmel, noch von dem, was unten auf Erden, noch von dem, was im Wasser unter der Erde ist.« (Ex 20,4).

So heißt es im Zehngebot vom Berge Sinai als Eckstein der von Gott geoffenbarten Monoethik. Was aber ist der tiefere Sinn dieses Bilderverbotes?

Es ist ein geistiges Vorbeugungsmittel gegen »theologische Arterienverkalkung«, so könnte man sagen. Denn sobald Gott auf eine einzige Skulptur, auf eine alleinige Definition oder ein bestimmtes Bild festgelegt wird, wird aller Phantasie, aller Vorstellungskraft der Freiraum genommen – und es beginnt die Geschichte des festgefrorenen Gottesbildes.

Dank dem Bilderverbot aber hat jedermann die Möglichkeit, sich sein eigenes Gottesbild auszudenken. Dann aber bleibt Gott in seiner unendlichen Vielgestaltigkeit lebendig, dynamisch und offen.

Wäre dieser Gedanke nicht auch hilfreich für so manche feministische Theologin, die ihrerseits Gott auf eine weibliche Vorstellung festschreiben möchte? Bei allem Einsatz für die nötige und überfällige Gleichberechtigung der Frau sollte doch das Gottesbild jetzt nicht definitiv weiblich fixiert werden, wie es ehedem männlich geschehen ist!

Die drei erhabensten und tröstlichsten Worte der Heiligen Schrift könnte man wohl in der Selbstoffenbarung Gottes im Dornbuschgespräch mit Moses erahnen: »Ich werde sein, *wer* Ich sein werde.« (Ex 3,14).

Und diese Antwort ist, und bleibt über alle Sexualität erhaben. Diese Aussage wurde und wird aber noch immer in den meisten deutschen Bibelübersetzungen fälschlich als »Ich werde sein, *der* Ich sein werde« wiedergegeben.

Kein Wunder, dass diese textwidrige Maskulinisierung zu europäischen Vorstellungen eines martialen Schlachten-Gottes führen konnte, in dessen Namen die Waffen von zahlreichen Kirchen gesegnet wurden. Im Kriegsfall wurde solch ein Gott von allen Seiten immer wieder beschworen, die Gegenseite – also »die Feinde« – zu vernichten.

Vielleicht war es auch diese virile Pseudo-Theologie, die letzten Endes die feministische Opposition herausfordern musste.

Die hebräische Bibel könnte hier zur Versöhnung beitragen. Denn in ihr ist häufig die Rede von Gott als *Elokim*. Es handelt sich um ein Pluraletantum – eine grammatikalische Ausdrucksweise, die gerade der Vielzahl der göttlichen – weder männlichen noch weiblichen – Attribute gerecht werden will.

Denn zu jeder Zeit und allerorts schweben uns in unendlich verschiedenen Situationen der Not und des Leides, aber auch der Freude und des Dankes vielerlei Gottesbilder vor:

- Lasst daher die einen doch aufschreien zum »Herrn der Heerscharen«, auf dass Er sie vom Joch eines brutalen Unterdrückers befreien möge!
- Lasst andere wiederum Ihn anflehen, in einer Stunde größter Not – als wäre Er eine Geburtshelferin!
- Und lasst die mit Dank Erfüllten Ihm zujubeln, als wäre Er der Liebhaber, den das Hohelied Salomos so glühend schildert.

Mit solchen und anderen aufregenden Gottesvorstellungen kargt das Buch der Bücher keineswegs.

Wer ist ein Seelsorger?

Das Wort Seelsorger hat im jüdischen Zusammenhang zunächst einen fremden Klang. Bezeichnenderweise gibt es kein hebräisches Äquivalent dafür.

In der Akademie der Hebräischen Sprache in Jerusalem wurden etliche Übersetzungen vorgeschlagen, doch keine von ihnen hat sich eingebürgert.

Im Amerikanischen wird ein moderner Rabbiner häufig als *spiritual leader* bezeichnet.

Das deutsche Wort jedoch meint einen Menschen, der sich um die Seelen der anderen sorgt. Auch das ist abstrakt.

Man müsste spezifizieren, welcher Begriff gemeint ist. Das Hebräische kennt drei: *nefesch – ruach – neschama.* Der Letzte bezeichnet (in etwa) die mystische Seele; der Mittlere den Geist des Menschen; der Erste hingegen die lebendige Persönlichkeit mit ihrem historischen Schicksal und in ihrem sozialen Zusammenhang.

In diesem ganzheitlichen Sinn – einschließlich der Sorgen für das leibliche Wohl – muss die Aufgabe des echten Seelsorgers verstanden werden.

Dem so genannten Seelsorger ist aber auch der *schalom* seiner Gemeinde und ihrer einzelnen Glieder anvertraut.

Schalom gehört zu den missverstandensten, unadäquat übersetzten Begriffen der hebräischen Bibel: Es handelt sich hierbei nicht nur um einen Friedensgruß, sondern um ein umfassendes Ganzheitsdenken, um ein Programm. Man könnte gewissermaßen von einer vierdimensionalen *pax hebraica* sprechen:

- innerer Frieden des Menschen mit sich selbst,
- Friedensschluss zwischen Mensch und Mitmensch sowie zwischen den Völkern,
- Befriedung und Fürsorge für unsere Mitwelt,
- last, but not least: Eins-Sein mit Gott.

Als unser aller Vorbild mag wohl unser Vater Abraham dienen, dem Gott empfahl: »Wandle vor Mir und sei ganz!« (Gen 17,1). Die Lutherbibel aber übersetzt hier ganz falsch: »Wandle vor Mir und sei *fromm*!«

Die grandiose Freilassung des Menschen vom Gängelband wird hiermit verniedlicht und ihr Effekt verwässert.

Dessen ungeachtet bleibt die Herausforderung zur Freiheit der Wahl für jeden von uns alltägliche Aktualität. Eine schwere Bürde ist sie, deren Folgen wir ausgesetzt bleiben.

Vom Talmud auf das Fußballfeld

Auch im Staate Israel, wo bekanntlich Hebräisch die Landessprache ist, sind Verballhornungen, Profanisierungen und Veralltäglichungen biblischer Zitate keine Seltenheit. Typisch für den unbekümmerten Sprachgeist der heutigen »Hebräer« ist die Art und Weise, in der sie auch Ausdrücke aus dem Talmud für weltliche Zwecke umzudeuten oder ihnen anzupassen wissen.

So war es zum Beispiel vor 1800 Jahren üblich, dass Lehrgespräche der Schriftgelehrten, die zu keinem einvernehmlichen Resultat führten, mit dem Kürzel *teku* der messianischen Hoffnung abgeschlossen wurden, aber offen blieben.

Zu deutsch: Elia, der Prophet aus Tischbi (in Gilead), der als Vorbote der Ankunft des Messias erwartet wird (1 Kö 17,1 und Mal 3,23), wird Lösungen und Antworten bringen. Dieser Satz wurde zu *teku* geformt, einem Wort, das aus den hebräischen Anfangsbuchstaben des obigen Satzes besteht. Es wird im heutigen Israel auch als Sportausdruck für »unentschieden« verwendet.

So wanderte ein Talmudwort aus dem Altertum in die heutige Sprache des Sports ein, ohne dabei seine ursprüngliche Bedeutung eingebüßt zu haben.

Spuren von Hölle im täglichen Sprachgebrauch

Wer da sagt: »Kommen Sie doch ungeniert herein!« gebraucht ein bibelhebräisches Wort. Es geht um die *Gehenna* (Gei-Hinnom), das Tal am südlichen Stadtrand Jerusalems, in dem die Heiden einst Kinderopfer dem Moloch darbrachten.

Dieser Ort, der den Propheten als Schreckwort galt, wurde schon in biblischer Zeit zum Symbol der Hölle auf Erden.

Im mittelalterlichen Frankreich wurde *Gehenna* zu *gêne,* die Hölle also zur »Drangsal«.

Das heißt auch, dass im Verb »genieren« ein leiser Nachhall der biblischen Hölle mitschwingt.

Dies ist nur ein Fall von vielen, der uns die tiefe Verwurzelung atavistischer, uralter Ängste – oft getarnt oder verballhornt – im täglichen Sprachgebrauch vor Augen führt.

Ist Orgelspiel in der Bibel geboten?

Im Psalm 150 lesen wir in deutschen Bibelausgaben: »Lobet Den Herrn mit Posaunen, lobet Ihn mit Psalter und Harfen, lobet Ihn mit Saitenspiel« und ... ? Das fragliche Wort, das nun folgt, heißt bei Luther Harfe und bei Buber Schalmei. Fast in jeder Übersetzung steht ein anderes Instrument: Flöten, Pfeifen, Zithern kommen vor und viele andere mehr.

Im Urtext aber steht *ugaw,* vermutlich ein Blasinstrument. Als nun die hebräische Bibel vor rund 2300 Jahren ins Griechische übertragen wurde (Septuaginta), wussten die Übersetzer nichts mit diesem *ugaw* anzufangen und setzten daher schlicht *organon,* den Sammelbegriff für Musikinstrumente aller Art, an seine Stelle, um so vorsichtshalber alle Deutungsmöglichkeiten offenzuhalten.

650 Jahre später aber, als Hieronymus dieselbe Stelle ins Lateinische übertrug, bedeutete *organon* bereits im engeren Sinne Orgel – und so kam es zu dem Imperativ: »Lobet Den Herrn mit der Orgel!« Ein Aufruf, der später zum Anlass dafür wurde, den Orgelbau in ganz Deutschland mit Eifer zu betreiben.

Und so mancher Kirchenvorstand hat seine Zustimmung zum Bau einer kostspieligen Orgel mit dem 150. Psalm begründet. Wer wagt es schon zu widersprechen, wenn der Orgelbau (angeblich) in der Bibel selbst schwarz auf weiß vorgeschrieben ist?

So verschlungen sind die Wege der Bibelübersetzung.

War Moses wirklich behornt?

Bei Moses heißt es, als er nach seiner Begegnung mit Gott vom Berge Sinai herabstieg: »Und er wusste nicht, dass sein Angesicht strahlte, weil er mit Gott geredet hatte« (Ex 34,30), Da im Hebräischen das Verbum »strahlen« identisch mit »Hörner« ist, die gegen die Sonne gesehen wie Lichtstrahlen anmuten, übersetzte bereits Hieronymus fälschlich: »*Et facies sua cornutus erat.*« Das heißt: »Und sein Antlitz war behornt.«

Über ein Jahrtausend später nahm Michelangelo Hieronymus beim Wort. Und so kam es zu jener weltberühmten Statue in Rom, bei der kein Italiener sich das Schmunzeln verkneifen kann. Die Vokabel *cornuto* hat nämlich heutzutage nichts mit der Bibel zu tun, wohl aber sehr viel mit ehelicher Untreue.

Die meisten deutschen Bibelausgaben haben diesen entstellenden Übersetzungsfehler längst korrigiert.

Nicht weniger aufregend jedoch als das verzerrte Wort war und ist auch die gelegentlich tendenziöse Darstellung von heilsgeschichtlichen Ereignissen aus beiden Testamenten der Bibel in Bild, Skulptur, Drama und Musik.

Viele Jahrhunderte hindurch war die biblische Erzählung in »Stein und Glas« der einzige Zugang zum Wort Gottes für die analphabetischen Massen in ganz Europa. Die herkömmliche Gegenüberstellung ist frappant: Hier blonde, blauäugige Hünengestalten in schöner flandrischer Landschaft möglichst mit Schnee. Und dort bucklige, hakennasige, düstere Händlerfiguren in winkligen Gassen.

Was wundert es, dass so mancher Betrachter da antijüdische Feindbilder empfangen hat? Und das, obwohl Rembrandt und andere löbliche Ausnahmen wider diesen Stachel gelockt haben.

So leicht es wäre, mit gutem Willen die folgenschweren Fehlübersetzungen von Wörtern zu korrigieren – so schwer scheint die Lösung des Problems in den Künsten zu sein.

Weit entfernt von Zensurbestrebungen würde ich vorschlagen, in der Kunsterziehung, in Ausstellungen und in Alben auf den Sitz im Leben der Künstler hinzuweisen, ohne die Liebe zu ihrem Werk zu mindern, wohl aber um die Gehässigkeit und Harne gegenüber Juden und Judentum zu relativieren.

Land von Milch und Datteln?

In kirchlichen Kreisen und in Reisegruppen nach Israel gibt es ein festes Repertoire von israelischen Liedern, die man auch Jahre nach besagter Reise von Nostalgie erfüllt in deutschen Landen singt.

Ziemlich unbekannt ist die Tatsache, dass fast chauvinistisch klingende israelozentrische Lieder häufig auf biblischen Texten basieren.

So wird das Lebenselixier *Schalom* gejauchzt und im Lied bejubelt, ohne sich bewusst zu werden, dass schon Jeremia und Jesaja dasselbe getan haben – in noch edleren Worten.

Hevenu schalom alechem z. B. kommt aus besonders gutem Hause: Es war und ist (leicht abgeändert) das Begrüßungslied der Sabbatengel jeden Freitagabend.

Ganz entfremdet von seiner biblischen Herkunft ist der Gassenhauer »Land von Milch und Honig«, der im Original den Segen Gottes und seine Landverheißung an Israel darstellt: *Eretz sawath chalaw u-dewasch.*

Nach was sehnte sich eigentlich damals der soeben aus der ägyptischen Fronarbeit befreite Sklave in der Wüste?

Mit einiger Einfühlsamkeit können wir zumindest ahnen, dass ihm 40 Jahre Menüs von Manna und Wachteln, Wachteln und Manna letztlich zuwider wurden.

Jetzt erst werden wir verstehen, dass »Milch und Honig« der Traum seines Wüstenlebens wurden.

Die Bibel erzählt es ganz nüchtern: In ihren Träumen dichteten die entlaufenen Sklaven nun sogar dem Fronland Ägypten all den vermissten Luxus an.

Und in der Tat, im Lande der Verheißung, Israel, erfüllte sich die Utopie!

In allen Fällen, wo die Bibel von Milch und Honig spricht, meint sie aber nicht Kuhmilch und Bienenhonig, sondern Ziegenmilch und Dattelsaft.

Einige wenige Ausnahmen bestätigen diese Regel. Von Rabbi Rami wird berichtet, dass er einst in Bne Barak Ziegen unter Dattelbäumen weiden sah. Von den Datteln troff »Honig« und Milch von den Ziegen, so dass sich Milch und Honig miteinander vermischten – ganz wie die Fülle des Segens »Land von Milch und Honig« es verkündet hatte!

Die typischen biblischen Früchte des heiligen Landes, bevor es Kiwi und Avocado aus Übersee gab, waren: Weizen, Gerste, Wein, Feigen, Granatäpfel, Oliven und Datteln.

Ganz im Gegensatz zum »Platz an der Sonne«, den europäische Reisebüros anbieten, war das Ideal des Gerechten in der Bibel ein Platz im Schatten, unter einer Palme und in der Nähe einer sprudelnden Quelle. Dazu gehörte eine reiche Ziegenherde in der Nähe und eine gesegnete Dattelernte. (Die entsprechende Frau mit Kinderreichtum im Zelt nebenan war natürlich unentbehrlich.)

Von Johannes, der nicht taufte

Die Zeit der Befreiung Israels von Ägypten und seine Wüstenwanderung gelten in der jüdischen Poesie und Mystik als die Zeit der großen Liebe zwischen Gott und Israel. Daher zieht sich wie ein roter Faden durch die Worte der Propheten eine große Sehnsucht nach einer Erneuerung dieser Liebesgeschichte – am liebsten wohl am althergebrachten »Tatort«, also in der Wüste.

Insbesondere zu Zeiten der physischen Bedrängnis und akuter messianischer Naherwartung drängte es jüdische Männer von

Jerusalem in die Wüste. Dort versuchten sie mittels Askese und ritueller Tauchbäder sich für die Läuterung Israels einzusetzen und die Ankunft des Messias zu beschleunigen. Auch Johannes, genannt »der Täufer«, Sohn des Priesters Sacharja und seiner Frau Elisabeth, gehörte zu diesen Kreisen.

Das rituelle Tauchbad war und ist eine Demonstration der bereits vollzogenen Buße und Umkehr im Sinne der Propheten. Auch das tägliche Tauchen der Essener in Qumran am Toten Meer bezeugt in diesem Sinne ihre inbrünstige Naherwartung. Als Weiterentwicklung der prophetischen Vision vom »lebendigen Wasser« galt und gilt das rituelle Tauchbad auch heute noch als Übertrittsritual zum Judentum.

Wir lesen also im Neuen Testament von der Taufe des Johannes im Jordan: »Die Taufe der Buße zur Vergebung der Sünden« (Lk 3,3).

Er rief: »Kehret um, denn herbeigekommen ist das Reich Gottes!« »Und hinab zog zu ihm Jerusalem und ganz Judäa und das ganze Land um den Jordan und ließen sich taufen im Jordanfluss von ihm ...« (Mt 3,6 und Mk 1,6; ähnlich auch Lk 3,7).

So lautet die Beschreibung bei den drei Synoptikern. Nur eine einzige Handschrift (Codex Bezae) bringt eine andere Lesart von Lk 3,7: »Und sie tauften sich vor *(enopion)* Johannes ...«, was genau dem jüdischen Taufbad entspricht (vgl. Nestle/Aland, Institut für Neutestamentliche Textforschung, Münster).

Das hebräische Verbum *taval,* das dem baptizein der griechischen Übersetzung zugrunde liegt, ist intransitiv und bedeutet »untertauchen, sich taufen«.

Im Judentum gab und gibt es nämlich nur die Selbsttaufe als rituell gültige Zeremonie. In diesem Sinne tauften sich die Anhänger des Johannes vor ihm auf seine Veranlassung. Er war daher kein »Täufer« im deutschen Sinn dieses Wortes, sondern nur der Aufrufer zur Selbsttaufe und dann der Tauf-Zeuge.

Die Änderung in allen drei Evangelien zum heutigen kanonischen Text geschah viel später, in nach-paulinischer Zeit, als die Kirche die Taufe zum Sakrament erhob und ihrer jüdischen Herkunft weitgehend entfremdete.

Bei näherer Betrachtung bleibt jedoch der jüdische Ursprung der christlichen Taufe noch immer unverkennbar.

Von altem Wein und »Heurigem«

»Niemand flickt ein neues Kleid mit einem Lappen von neuem Tuch, denn es reißt sein Geflicktes von dem Kleid ab, und schlimmer wird der Riss. Auch füllt man nicht neuen Wein in alte Schläuche. Sonst werden ja die Schläuche gesprengt, und der Wein wird verschüttet, und die Schläuche gehen zugrunde. Sondern man füllt neuen Wein in neue Schläuche, und beide bleiben erhalten.« (Mt 9,16-17).

Dieses kurze Gleichnis Jesu wird von den Kirchenvätern seit dem 3. Jahrhundert fast einstimmig in dem Sinn ausgelegt, dass Jesus mit dem »neuen Wein« sich selbst und seine Verkündigung meint, während die gesamte jüdische Tradition mit den »alten Schläuchen« verglichen wurde, die sein »neuer Wein« unvermeidlich sprengen würde.

Kurzum – das absolute Novum Jesu kann nicht in die veralteten Formen des Judentums hineingepfercht werden, ohne dass beide (angeblich) dabei Schaden nehmen.

Judentum und Christentum sind laut etlicher Kirchenväter zwei unverträgliche Elemente – wobei natürlich das »neue« Christentum dem »alten« Judentum haushoch überlegen ist.

Diese Deutung, die in der theologischen Literatur der Großkirchen ständig wiederholt wurde – und gelegentlich noch immer wird –, hat sich derart eingebürgert, dass »neuer Wein« und »alte Schläuche« zu geflügelten Worten geworden sind, deren sich auch heutige Autoren im christlich-jüdischen Gespräch bedienen – als wären sie eine Selbstverständlichkeit, die keiner Beweisführung bedarf (u. a. Christa Wolf und Franz Alt).

Und dennoch ist diese Auslegung grundfalsch und hat mit Jesu ursprünglicher Aussageabsicht so gut wie nichts zu tun.

Vor allem gilt es zu bedenken, dass Jesus selbst seine Lehre niemals als »neu« darstellt und schon gar nicht im Gegensatz zur Thora, deren ewige Gültigkeit und Unabschaffbarkeit er u. a. dreimal zu Anfang der Berglehre klarstellt (Mt 5,18ff.).

Dies gilt auch vom 1. Johannesbrief, wo es in seinem Namen heißt: »Kein neues Gebot schreibe ich euch, sondern ein altes Gebot, das ihr vom Anfang an hattet ... Dass wir einander lieben sollen.« (1 Joh 2,7 und 3,11).

Doch nun zum Weingenuss. Das Judentum bejaht zwar die Genügsamkeit und verpönt jede Vollerei. Aber da es alle Leiblichkeit als gottgegeben akzeptiert, steht es der *übertriebenen* Enthaltsamkeit kritisch gegenüber.

Da also Wein nicht nur erlaubt ist, sondern er auch »des Menschen Herz erfreut«, wie der Psalmist erklärt (Ps 104,15), und da er »das Leben mit Wonne erfüllt«, wie der weltweise Prediger Salomo betont, wurde der Wein im rabbinischen Sprachgebrauch auch ein Wortbild für die Thora, wobei jedoch hervorgehoben wird: »Je älter der Wein im Krug wird, umso besser wird er.«(Soferim 15,6).

Neuer Wein hingegen gilt nicht nur bei den Rabbinern als minderwertig. So zum Beispiel heißt es in den Sprüchen der Väter: »Schau nicht auf das Gefäß, sondern auf dessen Inhalt! Ein neuer Krug mag voll alten Weins sein; ein alter Krug aber mag nicht einmal neuen Wein enthalten.« (Abot 4,20).

Mit einem Wort: Wo immer auf Erden Wein genossen wird, gilt der alte Wein als Zeichen der Güte; der neue hingegen als billig und gering.

Ganz in diesem Sinne vollendet Jesus sein Gleichnis mit einem Schlusswort, das alle christlichen Deutungen des Nazareners als den revolutionären »Sprenger« des »alten« Judentums und als »Bringer des neuen (christlichen) Weins« über den Haufen wirft. Mit bestechender Logik krönt er seine Rede mit einer Pointe (die zwar von christlichen Autoren häufig weggelassen wird), in der aber des Pudels Kern zu finden ist. Mit seinen Worten:

»Und niemand, der alten Wein getrunken hat, will neuen; denn er sagt: Der alte ist gut.« (Lk 5,39).

Welcher Wein gehört also in welche Schläuche?

Jesus antwortet: Neuer Wein gehört in neue Schläuche – aber alter Wein ist doch besser, wie alt auch immer der Schlauch sein mag.

In dieser kompakten Zusammenfassung seines Gleichnisses drückt Jesus seine Einstellung zur Thora aus: Sie ist und bleibt gültig für alle Zeiten und bedarf keiner modischen Neuerungen.

Wer diese Binsenwahrheiten aus deutscher Quelle in einer jüngeren Fassung vorziehen sollte, möge die Burg Stahleck am Rhein besuchen. Dort findet er selbige in gotischen Buchstaben in den Felsen gemeißelt:

»Alten Wein aus alten Krügen
und ein Lied aus alter Zeit
lieb' ich ferne von den Lügen
der modernen Herrlichkeit.«

Können die Pforten der Hölle überwältigen?

Nach dem so genannten »Bekenntnis des Petrus« in der Gegend von Caesarea Phillipi wird ihm von Jesus verheißen: »Du bist Petrus, und auf diesem Felsen will ich meine Gemeinde bauen – und die Pforten der Hölle sollen sie nicht überwältigen« (Mt 16,18).

Ganz abgesehen von dem im Hebräischen und Aramäischen unmöglichen Wortspiel Petrus – Petra (will heißen: das Anklingen des griechischen Männernamens *Petros* mit dem ebenfalls griechischen *petra* für Felsen) stellt sich hier die einfache Vernunftfrage: Können »die Pforten der Hölle« jemanden »überwältigen«?

Mit dem besten Willen und aller nötigen Einfühlsamkeit muss dies wohl verneint werden.

Könnte es sich auch hier um eine Fehllesung einer hebräischen Quelle handeln? Was den gordischen Knoten zerschlagen würde, ist der geläufige Hebraismus *se 'ire – sche'ol,* welcher »Teufel der Hölle« bedeutet. In der vokallosen Orthographie des Hebräischen könnten diese beiden Wörter aber auch als *scha' are – sche'ol,* also »Pforten der Hölle«, fehlgelesen werden.

Höchstwahrscheinlich ist diese Fehllesung brav übersetzt worden – und ist dann als »Pforten der Hölle« in das kirchliche Glaubensgebäude eingegangen.

Diese Perikope verdient unsere Aufmerksamkeit aus verschiedenen Gründen. So weist sie z. B. ganz deutlich auf den im Umfeld Jesu verbreiteten Reinkarnationsglauben hin.

Ferner erweckt die plötzliche Umstellung des Namens Simon zu Petrus unsere Neugierde – Simon, der, im Gegensatz zu einigen anderen Jüngern, von Anfang an nicht als Träger eines griechischen Namens vorgestellt wird, sondern ein Hebräer war und geblieben ist. Doch darüber ein andermal.

Wie der Rabbi von Nazareth zum »Meister« wurde

»Meister«, »guter Meister« oder »unser Meister« – so sprechen seine Jünger, Freunde und Anhänger den Nazarener an – in allen deutschsprachigen Bibelübersetzungen.

Aber entspricht das der ursprünglichen Anrede zu Jesu Lebzeiten?

Mitnichten!

Den Titel »Meister« assoziiert man auf Deutsch entweder mit einem Handwerk (Bäckermeister), mit sportivem Erfolg (Weltmeister) oder mit den Künsten (ein Meisterwerk). Keineswegs ist er jedoch ein religiöser Würdentitel oder eine theologische Rangbezeichnung.

Wer tiefer schürfen will, findet im Neuen Testament hinter dem deutschen *Meister* in der lateinischen Vulgata die Anrede *Magister,* die ihrerseits auf den griechischen Topos *Didaskalos* zurückgeht – zwei Begriffe aus dem Schulbereich, die mehr oder minder dem heutigen Beruf des »Lehrers« entsprechen.

Hinter dem *Didaskalos* jedoch strahlt uns, zwar nicht gedruckt, aber zwischen den Worten der Evangelien erkennbar, der Titel *Rabbi* entgegen. Er, der in allen Synagogen seiner galiläischen Heimat allwöchentlich zu beten, zu lehren und zu predigen pflegte!

Warum sollte Jesus von Nazareth in künftigen, allfälligen Neuauflagen der deutschen Bibelübersetzungen nicht sein altehrwürdiger Titel »Rabbi« restituiert werden? Dürfen wir nicht hoffen, dass die Zeit der Entjudung endlich vorüber ist, sodass er, der nie aus dem Judentum fortgegangen ist, heimfinden darf zu seinem angestammten Sitz im Leben und zu seinem pharisäischen Ehrentitel – ohne die Uhr des Christentums zurückzudrehen!

Was hat der Hase mit Ostern zu tun?

Um es gleich vorwegzunehmen: Was der Hase mit Ostern zu tun hat und wie er zum »Osterhasen« wurde, lässt sich nicht mit letzter Sicherheit klären. Recht früh jedoch scheint der Hase seine Beziehungen zur Kirche aufgenommen zu haben und fand schon im 3. Jahrhundert Eingang in christliche Predigten.

Grund dafür war ein Übersetzungsfehler mit nachhaltigen Folgen. In den Sprüchen Salomos (30,26) hieß es in griechischer Übersetzung: »Hasen – ein schwaches Volk; dennoch baut es sein Haus in den Felsen.«

Doch in hebräischen Originaltext war vom *Klippdachs* die Rede, aus dem der Übersetzer Onkelos im 2. Jahrhundert kurzerhand einen Springhasen gemacht hat, der allerdings nicht das Geringste mehr mit Felsenbauten zu tun hatte. Die frühen kirchlichen Übersetzer verwandelten ihn dann in einen Hasen.

Da das Bild vom Felsen für Jesus und seine »auf diesen Felsen gebaute Kirche« den Kirchenvätern geläufig war, schien die Deutung des Hasen klar: Mit ihm meinte König Salomo damals natürlich bereits die Heiden, denn diese haben die Kirche als geistigen Felsen zur Zuflucht – wie es schon im 3. Jahrhundert hieß.

Das Hasenbeispiel erfreute sich großer Beliebtheit in der Missionspredigt und wurde mit Vorliebe im Unterricht der Taufbewerber verwendet. So finden wir den Hasen im 4. Jahrhundert vielfach in Mosaiken und Taufkapellen; dem Täufling wurde so vor Augen geführt: Wie der Hase (angeblich) sein Haus auf dem Felsen gebaut hat, so gründet der bisher Ungläubige durch die Taufe sein Leben auf Jesus. Da aber die Taufe in jenen Tagen meistens am Osterfest stattfand, war eine erste Verbindung zwischen Hase und Ostern hergestellt, die vermutlich zum späteren Einsatz des Osterhasen geführt hat.

Bei all der unverdienten Ehre, die den falsch übersetzten Hasen zuteil wurde, mussten diese Tiere dennoch auch als schlechtes Beispiel herhalten. Dass der Hase zu den zum Verzehr untauglichen Tieren gerechnet wurde (Lev 11,6), dürfte ihm nur recht gewesen sein. Infolge seiner sagenhaften Fruchtbarkeit galt er jedoch in den Mythen des Altertums als das »geilste Tier« der gesamten Zoologie. So begegnet uns der arme Hase bis in Predigten der Reformationszeit hinein als Sinnbild für den unzüchtigen Menschen, der seine geschlechtlichen Triebe hemmungslos ins Kraut schießen lässt. In diesem Sinne erscheint der arme Grünzeugfresser auch auf mittelalterlichen Bildern häufig unter den Symbolisierungen menschlicher Laster.

Kurzum – der Ruhm des Hasen beruht auf einer Fehlübersetzung und sein übler Leumund auf heidnischen Mythen. Beide haben jedoch nichts mit der Redewengung »Mein Name ist Hase«

zu tun, die von einem Studenten namens Viktor Hase anno 1855 geprägt worden ist.

Auch das Allerärgste blieb unserem Hasen nicht erspart: In der Lutherbibel von 1984 und in der Einheitsübersetzung von 1980 wird wieder der ursprüngliche Klippdachs an seine Stelle gesetzt.

War Judas Makkabäus ein Grieche?

Das Händelsche Oratorium *Judas Makkabäus* trägt zwei hebräische Namen, die beide hellenisiert wurden. Der erste, Judas, hat nichts mit dem vielgeschmähten Judas Iskariot zu tun, sondern geht auf *Jehuda* (oder *Juda*) zurück – den Sohn des Patriarchen Jakob und seiner Frau Lea, bei dessen Geburt seine Mutter ausrief: »Nun will ich Gott danken«, weshalb sie ihn Jehuda nannte (Gen 29,35).

Jehuda ist nämlich eigentlich ein ganzer hebräischer Satz, der »Es sei gedankt« besagt, was natürlich soviel wie »Gott sei Dank« heißen will – ein Name, der seit Stammvater Jakobs Zeiten bei gläubigen Juden große Popularität genießt.

Außer Judas Iskariot finden wir im Neuen Testament weitere sechs Männer, die diesen schönen Königsnamen (Davids Stamm) tragen, unter ihnen ist sogar ein Messias-Anwärter (Apg 5,37) und ferner einer der Brüder Jesu! (Mk 6,3).

Makkabäus geht auf den hebräischen Namen *Maccabi zurück*, den das Priestergeschlecht der Hasmonäer trug. Von ihnen ging der Kampf um die Freiheit Israels gegen das Heidenjoch der Seleukiden im 2. vorchristlichen Jahrhundert aus. Er kann entweder als Ehrentitel »Hammer« oder als »Hämmerer« für den Anführer des Widerstandes verstanden werden. Genauso akzeptiert ist das Akrostichon aus den hebräischen Anfangsbuchstaben seines religiösen Bekenntnisses, das dem Lobgesang des

Moses am Schilfmeer entstammt: »Wer ist dir gleich, Herr, unter den Göttern!« (Ex 15,11). Makaber mutet die Tatsache an, dass Judas Makkabäus, der Jahre seines Lebens an vorderster Frontlinie gegen die griechisch-seleukidischen Unterdrücker seines Volkes gekämpft hatte und auch dafür sein Leben lassen musste, nun im Abendland nur in der gräzisierten Form seines urhebräischen Namens *Jehuda Ha-maccabi* bekannt ist.

Tragisch und absurd zugleich ist es auch, dass in bestimmten mittelalterlichen Kirchentraditionen die Makkabäer nicht als Juden erachtet werden – wohl in Anbetracht ihrer berühmten Tapferkeit, die der den Juden angedichteten Feigheit widersprach?

Auch unter der Naziherrschaft wurden Kirchen, die auf die Makkabäer benannt waren (z. B. in Köln), nicht zwangsumbenannt – wie es bei anderen alttestamentlichen Gestalten geschah.

Ist der Scheffel nun im Eimer?

In den Beschreibungen des biblischen Alltags und der gesetzlichen Bestimmungen finden sich vielerlei Berufe, Maße und Gewichte, die zu Luthers Zeiten noch nichts an Relevanz verloren hatten. Stellvertretend für viele seien genannt: Fassbinder, Mautner, Scheffler, Zöllner (im neutestamentlichen Sinn) sowie Elle, Fuß usw.

In unseren Tagen sind jedoch viele dieser Begriffe obsolet geworden und dem Publikum nicht mehr vertraut. Daher stellt sich neuerdings bei der Revision von Bibelübersetzungen die Frage: Soll man der Überlieferung wörtlich treu bleiben oder die veralteten Berufe und Maßangaben aktualisieren? Als 1975 eine überarbeitete Textfassung der Lutherbibel herausgegeben wurde, lieferten sich Befürworter und Gegner dieser Revision heftige Feden.

Bei einer Tagung in der Evangelischen Akademie Tutzing wurde behauptet, dass die Neuauflage gescheitert sei. Als die mit viel Mühe und großen Kosten zustande gekommene Fassung der Öffentlichkeit vorgestellt wurde, erregte sie Debatten ohne Ende.

Mit Widerwillen lasen gewisse Kreise z. B. die längst zu einem geläufigen Sprichwort gewordene Stelle aus Mt 5,15 in der neuen Ausgabe: »Man zündet auch nicht ein Licht an und setzt es unter einen Eimer...«

Dieser Eimer ging in die Geschichte ein, denn man sehnte sich nach der alten Version: »Man zündet auch nicht ein Licht an und setzt es unter einen *Scheffel.*«.

Bei einer Umfrage unter 15 Münchner Studenten mit Namen Scheffler, was denn eigentlich ein Scheffel sei, konnten nur zwei von ihnen die richtige Antwort liefern – obwohl in ihrer Heimatstadt der so genannte traditionelle »Schefflertanz« tagtäglich im Turm des Rathauses vorgeführt wird. Auf die weitere Frage, was wohl der Unterschied zwischen einem Eimer und einem Scheffel sei, erklärten sich alle 15 für überfordert.

Wie dem auch sei, in ihren Bemühungen, die 450 Jahre alte Luthersprache für heutige Zeitgenossen verständlich zu machen, haben die Revisoren Dutzende von Begriffen erneuert, Satzgefüge zerschlagen, den Sprachrhythmus häufig verändert und unzählige Anpassungen an die gegenwärtige Umgangssprache vorgenommen.

Dessen ungeachtet hat die Ameisenarbeit der Übersetzerkommission gewährleistet, dass die Bibel (hoffentlich) auch weiterhin ein Buch für jedermann und jedefrau in Deutschland bleiben wird.

Im Falle des Eimers jedoch haben sie mit dem Blick auf des Volkes Maul (in Lutherscher Tradition) doch ein wenig übertrieben: In der Textrevision von 1984 wurde der besagte Eimer zurückgezogen und der alte, rostige Scheffel wieder auf seinen alten Sockel gesetzt und ganz dezent rehabilitiert.

Von der bescherten tapferen Frau

Was so manche Fehlübersetzung Martin Luthers dem Frauenbild der hebräischen Bibel angetan hat, möge ein Beispiel aus dem 31. Kapitel der »Sprüche Salomos« illustrieren: »Wem eine tüchtige Frau beschert ist, die ist edler als kostbare Perlen.« (31,10).

Da haben wir sie! Die passive, objektartige, tumbe jüdische Frau, die dem Mann – auf Deutsch – beschert wird. Wie patriarchalisch, in der Tat!

Im hebräischen Original hingegen heißt es klipp und klar: »*Eschet chail mi jimza?*« – will sagen: »Eine tapfere Frau – wer findet sie?«

Die Botschaft ist klar: Ein solcher Mann hat allen Grund, sich glücklich zu preisen. Diese »*eschet chail*« ist Frau und Mutter, aber zugleich auch eine unabhängige, erfolgreiche Geschäftsfrau.

Sie besitzt Äcker und Weinberge und ist kein »Heimchen am Herd«. Dessen ungeachtet ist sie weder arrogant noch größenwahnsinnig, sondern liebt ihren Mann und ihre Kinder. Aus und ein gehen in ihrem Haus nicht nur ebenbürtige Geschäftsleute, sondern auch die Armen, für die sie gut biblisch zu sorgen weiß.

Dieses Kapitel des Frauenlobes ist übrigens Teil der allwöchentlichen Sabbat-Liturgie im Judentum: eine immergrüne Liebeserklärung des Familienvaters vor dem gesamten Haushalt. Ein poetisch-liturgisches Rezept vielleicht zur Förderung des Ehefriedens?

Bei solchen Korrekturen der Übersetzung handelt es sich nicht um Wortklauberei, sondern um ganz essenzielle Richtigstellungen im Sinne der originären Aussageabsicht der Bibel.

Schließlich geht es hier um das Selbstwertgefühl der Frau und ihren Stellenwert in Familie und Gesellschaft. Ihren Mann zu stehen wussten die biblischen Frauen allemal – und zwar schon vor Tausenden von Jahren, ganz ohne die Absicherungen der heutigen Wohlstandsgesellschaft.

Jemandem die Leviten lesen

Dies ist wohl jedem von uns im Zusammenhang mit einem Streit schon oft angedroht worden. Der Urheber dieses geflügelten Wortes war kein Prophet aus der Bibel, sondern Bischof Chrodegang von Metz, der um das Jahr 760 jeden Morgen seinem Klerus einige Bibelstellen aus dem Buche Leviticus vorzulesen und dabei auch Mahnungen und Verweise zu erteilen pflegte. Seit damals werden uns allen ab und zu »die Leviten gelesen«.

Leviticus ist der lateinische Name für das 3. Buch Mose, das überwiegend Ordnungen und Anweisungen für den Tempeldienst enthält.

In Klöstern und Rabbinerseminaren ist erfreulicherweise – wenn auch auf verschiedene Art und Weise – bis auf den heutigen Tag die Lesung aus der hebräischen Bibel ein täglicher Brauch geblieben. Es geht dabei um narrative Theologie, um Anweisungen für den seinerzeitlichen Tempeldienst in Jerusalem und endzeitliche Heilvisionen der Propheten. Vor allem aber ist es ein Buch des Lebens, des Gottvertrauens und der Lehre für ein besseres menschliches Miteinander.

Wer also »die Leviten lesen« selektiv und willkürlich eingrenzt auf eine furchterregende »Straf-Theologie«, tut der Bibel unrecht.

Hier irrten also Bischof Chrodegang und nach ihm alle seine Epigonen.

Kindlich oder kindisch?

»Als ich ein Kind war, redete ich wie ein Kind, sann wie ein Kind, urteilte wie ein Kind; als ich ein Mann wurde, tat ich ab, was kindisch war.« (1 Kor 13,11). – So übersetzt die Zürcher Bibel.

Die neue Lutherbibel (1984) hingegen verbessert: »... legte ich ab, was kindlich war.«

Daher ist es schwer zu verstehen, dass die Zürcher Bibel Paulus sagen lässt, er habe »das abgetan (besser wäre *abgelegt* oder *aufgegeben),* was kindisch war«.

Paulus wird doch mit all seiner Selbstkritik nicht von sich selbst gesagt haben, seine Urteile seien kindisch gewesen – eine Aussage, die nicht nur Unreife, sondern auch scharfen Tadel zum Ausdruck bringt.

Eine Zwischenlösung, auch nicht vom Besten, bietet die Einheitsübersetzung, wo es an dieser Stelle heißt: »Als ich ein Mann wurde, legte ich ab, was Kind an mir war.«

Solche »Kindlichkeit« entspricht der Gleichnissprache Jesu, der sich des Öfteren der Anspielungen an Kinderart bedient – als Bilder für eine heile Welt, für die Heilsgemeinde und, nicht zuletzt, für das endzeitliche Menschentum.

Als die Jünger über ihren künftigen Platz im Himmelreich debattierten und darüber, wer wohl dort der Größte sein werde, »da rief Jesus ein Kind herbei, stellte es mitten unter sie und sprach: Wahrlich, ich sage euch: ... wenn ihr nicht werdet wie die Kinder, so werdet ihr niemals in die Himmelsherrschaft hineinkommen. Wer sich also klein macht wie dieses Kind, der ist der Größte in der Himmelsherrschaft.« (Mt 18,1-5; Mk 9,33-37).

So offen und spontan, so sorglos und konkret in seiner Gläubigkeit wollte sicherlich auch der umstrittene, oft mit sich selbst ringende Paulus von Tarsus werden.

In gewissen Kreisen der feministischen Theologie in Deutschland wird seit geraumer Zeit behauptet, dass Jesus von Nazareth »der Befreier der jüdischen Frau vom Joch des Gesetzes« gewesen sei. Neuerdings avancierte er in besagten Kreisen sogar zum »Befreier des jüdischen Kindes«. Zwei Anschuldigungen, die so gut wie nichts mit der historischen Realität zu tun haben!

Die Einstellung Jesu zu Frau und Kind steht in nahtloser Kontinuität von geschwisterlicher Zuneigung und hilfreichem Einsatz vieler biblischer Leitgestalten wie etwa Elia, Elischa und

Hosea. Hätte Jesus in solch delikate Fragen des Familienstatus abweichlerisch eingegriffen – hätte man ihn dann Sabbat für Sabbat in allen Synagogen seiner galiläischen Heimat die Thora lesen, lehren und auslegen lassen, wie wir im Lukasevangelium des Öfteren erfahren?

Zusammenfassend sei noch darauf hingewiesen, dass die Zürcher Bibel generell in ihrer Übersetzungsstrategie eine vernünftige und gewissenhafte Linie aufweist. Umso mehr ist es zu begrüßen, dass zur Zeit (1994) eine neue Revision in Arbeit ist – ein Unterfangen, dem meine besten Wünsche gelten.

Paulus von Tarsus blieb unbekehrt

Die Erfahrung des Paulus auf der »Straße nach Damaskus« wird von Christen als seine Bekehrung zum Christentum beschrieben. In der Apostelgeschichte gibt es drei Berichte darüber. Ebenso finden wir autobiographisches Material dazu im Galaterbrief 1,11-17. Wenn man diese Berichte genauer unter die Lupe nimmt, entdeckt man eine große Kontinuität im Glauben zwischen dem »Vorher« und »Nachher« von Damaskus. Hier ist nichts von jenem Religionswechsel zu merken, den wir gemeinhin mit dem Wort »Bekehrung« assoziieren. Im Dienst für ein- und denselben Gott empfängt Paulus hier in einer Vision die Berufung zum Apostel seines jüdischen Messias. Jesus beauftragt ihn, die Botschaft Gottes in aller Welt zu verkündigen. Alle diese Berichte betonen diese Beauftragung einstimmig als Berufungsvision *(epiklasis)* – keineswegs als Bekehrung.

Paulus verstand sich von da ab als zum Apostolat für die Heiden berufen. Zu welcher Religion hätte er sich denn bekehren können, da sein Messias Jude war und zeitlebens geblieben ist?

Das Christentum als etablierte Glaubensgemeinschaft entstand erst viele Jahre nach dem Tode des Paulus – und er selbst betonte unermüdlich sein Judesein, sein Hebräertum und seine Zugehörigkeit zur Schule der Pharisäer.

Der klassische Begriff »Bekehrung« *(epistrophe)* kommt nur ein einziges Mal im Neuen Testament vor – und zwar in Apg 15,3, wo derselbe Paulus, ganz im rabbinischen Sinn des Wortes, von *der Bekehrung* der Heiden zum Gott Israels erzählt – wie es auch die Propheten zu tun pflegten.

Das Künderamt lag auf Paulus zeitlebens wie eine schwere Last, derer er sich nie zu entledigen wagte. Oft merkt man, dass ihn die »Frohbotschaft« in Selbstwidersprüche, Paradoxien und Inkonsequenzen verstrickt, doch künden, mahnen und predigen muss er – wie es das Schicksal aller Künder war –, um nicht sein seelisches Gleichgewicht zu verlieren.

Allen Rückschlägen und gelegentlichen Misserfolgen zum Trotz ist Paulus seiner Berufung, die ihm zur Sendung wurde, treu geblieben.

»Die Bekehrung vor Damaskus«, die in der deutschen Sprache längst zum geflügelten Wort geworden ist, beruht also einwandfrei auf einem Übersetzungsfehler, tut Paulus unrecht und sollte ihm postum nicht länger angedichtet werden.

Kein Saulus wurde je zu Paulus

Man hört und liest des Öfteren, dass das »Damaskus-Erlebnis« des Paulus von Tarsus so umwerfend in seinem Einfluss auf ihn gewesen sei, dass er dort sogar einen neuen Namen erhalten habe: »*Aus Saulus wurde Paulus.*«

Die Apostelgeschichte im Neuen Testament sieht es jedoch ganz anders. Vor allem muss darauf hingewiesen werden, dass Jesus den frisch berufenen Jünger und Apostel nie mit einem anderen Namen als dem angeborenen *Scha'ul* anspricht. Ebenso wenig sprechen ihn die von ihm aufgesuchten Juden von Damaskus mit irgendeinem anderen Namen an.

Hieraus dürfen wir entschieden folgern, dass die so genannte Bekehrung vor Damaskus zu keiner Namensänderung geführt hat. Was ist also geschehen?

Jeder Jude damals und auch heute konnte und kann ohne jeglichen Eingriff in sein Glaubensleben zwei oder mehrere Vornamen tragen – sei es um der Tradition willen einerseits und der Geläufigkeit in der säkularisierten Umwelt andererseits.

Bei Paulus von Tarsus finden wir gleich drei Namen parallel in der Apostelgeschichte – Namen, die alle drei sein Leben lang aktuell blieben, ohne dass Paulus' Charakter oder sein Glaube je davon tangiert wurden – wie das deutsche geflügelte Wort leider boshafterweise andeutet: »Ein schlechter Mensch wurde endlich eines Besseren belehrt.«

Wann erfahren wir von Paulus' nichtjüdischen Namen? Eigentlich recht spät in seiner Geschichte, nämlich im Laufe seiner Reise nach Zypern. In Apg 13,9 lesen wir: »Saulos aber, der auch Paulus heißt, erfüllt vom heiligen Geist ... sprach.« Wobei *Saulos* natürlich der leicht gräzisierte *Scha'ul* bleibt.

Von dieser Stelle an jedoch nennt ihn die Apostelgeschichte nur noch *Paulus*. Warum?

Auf der erwähnten Zypern-Reise fand Paulus' erste (erwähnte) Begegnung mit römischen Beamten statt – den damaligen »Herren der Welt«, wie der Volksmund sie nannte.

Wenn es die eindeutige Absicht der Apostelgeschichte ist, den Weg des Evangeliums von Jerusalem aus nach Rom zu bahnen und als Siegeszug des Glaubens zu bezeugen (vgl. Apg 1,8) – dann ist es klar, dass der Namenswechsel des Paulus diese Verlagerung des Brennpunktes symbolisieren soll. Von nun an war Rom der Magnet der neuen Missionstheologie, für die ein römischer Name natürlich viel zweckdienlicher war. Warum fiel die Wahl gerade auf Paulos oder Paulus? Einerseits wohl wegen der Assonanz, der Klangverwandtschaft, aber zugleich war die Bedeutung des neuen Namens wohl für Paulus charakteristisch: Lateinisch heißt Paulus »der Kleine« oder »der Geringe«, was dem sehr komplexen Charakter des Paulus insofern entspricht, als er zwar sehr arrogant und aggressiv sein konnte, aber auch demütige, selbstquälerische Züge aufwies.

Paulus von Tarsus blieb auf seine Art der Tradition seiner Vorväter treu. Er war ein Missionar des Judentums, ergriffen von der Berufung zum Apostel seines jüdischen Messias. Sie war für ihn ein Sendungsauftrag, dem er sein ganzes Leben weihte. Dieser Auftrag gab ihm den Mut zur theologischen Phantasie. Denn nur indem er »den Juden ein Jude war, und den Griechen ein Grieche wurde« (1 Kor 9,20ff.), konnte seine Mission weltweiten Anklang finden.

Paulus ist dem irdischen Jesus von Nazareth nie begegnet – was zu einem gewissen Rechtfertigungsdrang beigetragen haben mag und selbstgerechten Fanatismus in der Verkündigung verursachte.

Die beiden jüdischen Männer, *Jeschua* und *Scha'ul*, standen in ihrem Verständnis der jüdischen Botschaft und ihrer Auslegung wohl an den Polen der jüdischen Exegeten-Demokratie: Jesus war und blieb der Thora-Verschärfer, der Vertiefer, der »auf kein Jota der Lehre« zu verzichten bereit war. Paulus hingegen war ein Reformator, der es den angesprochenen Heiden und »Gottesfürchtigen« auf ihrem Weg zum Monotheismus so leicht wie möglich machen wollte.

Beide Tendenzen sind typisch jüdisch und koexistieren bis heute im jüdischen Glaubenslager – mitsamt der messianischen Sehnsucht, der akuten Naherwartung und dem Bruderzwist – allerdings ohne Vergottung irgendeines Menschen.

Die so oft empfohlene »Heimholung« Jesu oder sogar des »verlorenen Sohnes« Paulus ins Judentum scheint mir völlig überflüssig zu sein, da beide Männer ihren angeborenen Glauben nie verlassen haben. Jude war und blieb auch Paulus – wie sein Heiland – sein Leben lang, und als Jude starb auch er – wie Jesus – von Römerhand.

Hat Paulus sein Volk »verworfen«?

Eine Stelle im Neuen Testament ist es, die Anti-Judaisten seit eh und je als Beweis der angeblichen Verwerfung Israels zu zitieren belieben. Es handelt sich um die Aussage: »Denn wenn ihre (der Juden) Verwerfung der Welt Versöhnung ist, was wird ihre Annahme anderes sein als Leben aus den Toten!« (Rom 11,15). So übersetzte Martin Luther, und ihm folgten die meisten deutschen Bibelübersetzer.

Steht dieser Wortlaut wirklich so im griechischen Originaltext des Römerbriefes – aus der Feder des Scha'ul von Tarsus, der nie müde wurde, mit Stolz sein Judesein, sein Pharisäertum zu betonen? (Gal 1,14; 2,15; Rom 9,3-4; etc.).

Weit gefehlt!

Wir haben es hier, wie des Öfteren im Neuen Testament, mit einer sinnentstellenden Hineinlesung oder einer tendenziösen Fehlübersetzung zu tun.

Hat doch Paulus in Röm 11,1 die rhetorische Frage gestellt: »Hat Gott etwa Sein Volk verstoßen?«, nur um sie mit Nachdruck zu verneinen.

Wird er dann vierzehn Verse später behaupten, Israel sei in der Tat verworfen worden? Die Frage erübrigt sich angesichts der Häufigkeit seiner Beteuerungen noch im selben Kapitel, wie etwa:

- Israel ist keineswegs verstoßen (Röm 11,1-2).
- Es ist in seiner Gänze heilig (Röm 11,16).
- Und die Juden bleiben weiterhin »die Geliebten Gottes« (Röm 11,28).
- Ihre »Berufung« kann nicht rückgängig gemacht werden (Röm 11,29).
- Die »Bündnisse Gottes, die Kindschaft, das Gesetz und der Gottesdienst und die Verheißungen« gehören Israel ganz unkündbar, auch nachösterlich an (Röm 9,4f. und 11,29).

All dies widerspricht nicht nur ihrer angeblichen »Verwerfung«, sondern straft auch die Notwendigkeit ihrer »Annahme« (seitens Gottes) Lügen. Denn wer nicht verworfen worden ist und Gottes Bundespartner bleibt – bedarf der einer Annahme?

Sowohl der Respekt vor Paulus als auch der gesunde Menschenverstand fordern daher eine unvoreingenommene Überprüfung von Text und Übersetzung.

Und siehe da! Der griechische Originalwortlaut ergibt eine ganz andere Deutung, die sowohl inhaltlich als auch grammatikalisch hieb- und stichfest ist. Die Schlüsselwörter *apobolé au-ton* lauten richtig übersetzt: »*ihr Verwerfen*« und nicht »*ihre Verwerfung*«.

Das zweite Stichwort, nämlich *proslempsis,* hieße richtig übersetzt: »*ihr* (künftiges) *Annehmen*« und nicht »*ihre Annahme*« (als »ihr Angenommenwerden«).

Anders gesagt: Wenn schon das *Verwerfen* Jesu als Messias durch die Mehrheit der damaligen Juden den Heiden die Versöhnung bringen konnte (mittels des paulinischen Hinaustragens der Botschaft in die Heidenwelt) – um wieviel mehr wird dann das künftige *Annehmen* des Parusie-Christus durch die Juden (gemäß paulinischer Theologie) allen zum Segen gereichen.

Zusammenfassend lässt sich sagen: Nicht die Verwerfung Israels durch Gott ist gemeint, sondern das Verwerfen Christi durch Israel. Und nicht die (dereinstige) Annahme Israels durch Gott ist gemeint, sondern das künftige Annehmen des (noch immer ausstehenden) Parusie-Christus durch Israel.

Um also die weltumfassende Heidenkirche ins Leben zu rufen, um den Monotheismus in die ganze Welt hinauszutragen, war das kleine *Ja* der jüdischen Anhänger Jesu genauso heilsnotwendig wie das große Nein der meisten damaligen Juden. Sie, die ihn zwar als Lehrer, als Rabbi oder als Wundertäter schätzten, aber wegen der Unerlöstheit dieser Welt nicht als Messias annehmen konnten. Denn im Lichte dieser Erfahrung ging Paulus ja in die Heidenwelt.

Paulinisch gesehen bedurfte es also beider jüdischer Reaktionen, um die Heidenwelt zum Gott Israels zu führen.

Solch eine Sichtweise, die auch dem historischen Tatbestand gerecht wird, sollte eine weiterführende Bereicherung des jüdisch-christlichen Glaubensdialoges darstellen – ohne Beschuldigungen, Verurteilungen oder Selbstaufgabe zu benötigen.

Wie dem auch sei, Versuche der Zensur oder Zurechtbiegung von Heiligen Schriften sollten nicht auf der Tagesordnung stehen, genauso wenig können und sollen die Weltuhren zurückgedreht werden.

Sind Märtyrer von Gott verdammt?

Eine verunglimpfende Fehlübersetzung leistet sich unser Bruder Paulus in Gal 3,13, wo er Dtn 21,23 falsch wiedergibt. Auf hebräisch heißt es dort im so genannten Alten Testament: »*Killelat HaSCHem taluj*«, das heißt: Jeder am Holz Hängengelassene ist eine Verfluchung Gottes.

Gemeint ist, dass jeder Mensch ein Ebenbild Gottes ist und bleibt – auch wenn er hingerichtet worden ist. In den Worten Raschis, des bedeutendsten jüdischen Bibelkommentators des Mittelalters, zu dieser Stelle: »Denn eine Lästerung Gottes ist ein Aufgehängter, ... denn jeder Mensch ist in Seinem Ebenbild geschaffen«. Hier ist die Rede von der Bestattung der vielen Märtyrer, sei es in der Wüstenzeit, unter römischer Herrschaft oder in den Drangsalen des jüdischen Mittelalters.

Der Hintergrund bei Paulus ist natürlich die Römerzeit. Wie bekannt, ließen die römischen Behörden überführte Rebellen im ganzen Reich und entlaufene Sklaven in Rom ans Kreuz schlagen – die grausamste Art der damaligen Hinrichtung, die auch als Abschreckung der beherrschten Völker gedacht war. Sie ließen die sterbenden Opfer oft tagelang am Kreuz verbluten und gaben sie den Aasgeiern preis.

Im Judentum war und ist es Gebot und Praxis, Tote – Märtyrer, jedermann und jedefrau, auch besiegte Feinde – noch am Tage ihres Ablebens zu bestatten. Das galt natürlich auch zu Jesu Lebzeiten, als die römische Okkupationsmacht willkürlich viele jüdische Männer ans Kreuz schlug.

Deshalb erbat Joseph von Arimathäa, »ein angesehener Ratsherr« (Mk 15,43), den Leichnam Jesu von Pilatus und ließ ihn liebevoll vom Kreuze abnehmen, um ihm ein jüdisches Begräbnis in seiner eigenen Familiengruft zuteil werden zu lassen. Eile war geboten, da, wie gesagt, die rabbinische Meinung (Sanhedrin 6,4) es als Sünde erachtet, Gekreuzigte über Nacht am Kreuze hängen zu lassen.

Was tut Paulus? Er übersetzt diese alttestamentliche Satzung in Gal 3,13 folgendermaßen: »Verflucht ist jeder, der am Holze hängt.« Dies ist nicht mehr ein deuteronomistisches Zitat, sondern eine paulinische Eisagese. Beim Wort genommen würde diese unerhörte Aussage bedeuten, dass die hebräische Bibel (Dtn 21,23) angeblich die Märtyrer ihres Glaubens dem Fluche Gottes preisgibt. Diesem schrecklichen Gedankengang nach wären nicht nur Tausende von gekreuzigten Juden, sondern auch Millionen von Erschlagenen und Vergasten von Gott verflucht.

Was kann Paulus wohl beabsichtigt haben? Offensichtlich wollte er seine neue Kreuzestheologie dadurch untermauern. Wusste er denn nicht, dass er mittels dieser Bibelentstellung die traditionelle Einstellung des Judentums zu Märtyrern als »Heiligende Gottes« Lügen strafte?

Wusste er denn nicht, dass vor Jesus, zu seiner Zeit und nach ihm – allein unter Pontius Pilatus' Herrschaft in Judäa (26-36 d. Z.) circa 6000 Juden ans Kreuz geschlagen wurden – nur weil sie ihrem Glauben und ihrem Volk die Treue bewahrten? Waren sie samt und sonders »Verfluchte Gottes«, und waren das auch ihre Nachfahren, die sechs Millionen von Auschwitz?

Ich befasse mich mit unserem Bruder Paulus und seiner Lehre mit Sympathie und Einfühlsamkeit – bei allem, was uns über die Jahrtausende hinweg unterscheidet.

Seine angebliche Verfluchung der Märtyrer jedoch ist für mich der kantigste Stein des Anstoßes in seiner ganzen Theologie, auf die ich ausführlich in meinem Buch »Paulus zwischen Damaskus und Qumran« (Gütersloher Taschenbuch, Band 1425, Gütersloh 1994[3] eingehe.

Ich weiß sehr wohl um die Zählebigkeit dieser tragischen Fehlübersetzung, die nun einmal zu den tragenden Säulen des christlichen Heilsvokabulars geworden ist. Aber man wird doch erwarten dürfen, dass die historischen Hintergründe, die Entstehungsgeschichte und der Sitz im Leben solcher gravierender Aussagen dem mündigen, vernünftigen Bibelleser unterbreitet werden – auf dass er nie wieder theologisch verbrämenden Rattenfängern auf den Leim gehe?

Sind Juden wirklich »Feinde Gottes«?

Paulus schreibt im Römerbrief über die Juden: »Im Hinblick auf das Evangelium sind sie zwar Feinde um euretwillen; aber im Hinblick auf die Erwählung sind sie Geliebte um der Väter willen.« (Rom 11,28).

Die Lutherausgabe von 1975 hingegen bringt folgende Änderung, die im Original-Luthertext nie vorhanden war (und schon gar nicht im griechischen Text des Paulus): »Im Hinblick auf das Evangelium sind sie (die Juden) zwar *Feinde Gottes* ...«

Die Ungeheuerlichkeit dieser Unterstellung aus heiterem Himmel, dass die Juden Feinde Gottes seien, muss man sich erst einmal vergegenwärtigen! Was heißt es eigentlich, dass »die Juden Feinde um euretwillen« seien? Diese Aussage will darauf hinweisen, dass ohne die Ablehnung des Evangeliums seitens eines Großteils der damaligen Juden, die Botschaft wahrscheinlich nicht in die Welt hinausgetragen worden wäre.

Also ist es von Gott so gewollt und konstitutiv für die christliche Heilsgeschichte. Der Begriff »Feinde« ist ungenau aus der hebräischen Begriffswelt übersetzt: Es handelt sich um »Nichtliebe« oder »Hintansetzen«, wie viele Parallelen aus dem Alten Testament bezeugen.

Von »Feinden« des Evangeliums kann also gar nicht die Rede sein. Ähnliche Übersetzungsfehler finden wir in den Evangelien. Dort sagt z. B. Jesus: »Wenn jemand zu mir kommt und *hasst* nicht seinen Vater und seine Mutter und seine Frau und seine Kinder ..., der kann nicht mein Jünger sein« (Lk 14,26).

Wie passt das zur Nächstenliebe, ja, sogar zur Feindesliebe? Auf hebräisch ist der Fall klar: Jesus warnt alle Bewerber um die Jüngerschaft und macht sie auf die bevorstehenden Nöte (der Verfolgung durch die Römer, der Inhaftierung usw.) aufmerksam. Hassen heißt nämlich in der hebräischen Bibel häufig lediglich »weniger lieben« oder »geringer schätzen«. Also: Wer die Last des Apostolats auf sich nimmt, kann seiner Familie notwendigerweise von nun an weniger Hingabe widmen als der Jüngerschaft.

Es ergibt sich, dass Jesus im Lichte dieser Übersetzungskorrektur nichts Unmenschliches von seinen Freunden verlangt – wie es doch in der deutschen Übersetzung den Anschein hat.

Ähnliche Fälle gibt es noch immer viele. So sagt Jesus z. B.: »Wer sein Leben in dieser Welt *hasst*, der wird es zum ewigen Leben bewahren.« (Joh 12,25). Will der Menschenfreund Jesus etwa Psychosen und Selbstzerrissenheit empfehlen? Mitnichten!

Hebräisch verstanden fordert er Distanzierung von jedweder Egozentrik und andererseits mehr Mitmenschlichkeit, die zum Lohn in der kommenden Welt führen.

Zurück zu unserer Römerbriefstelle 11,28, die besagen will: Hätten die Juden das Evangelium in toto angenommen, wäre die frohe Botschaft wahrscheinlich eine innerjüdische Offenbarung geblieben, ohne je die Außenwelt zu erreichen. Das jüdische *Nein* zum Evangelium – und um das geht es hier – wird von Paulus als Teil des göttlichen Heilsplans verstanden. Derselbe Gedankengang, der der jüdischen Nichtannahme einen heilsnotwendigen Sinn gibt, hallt deutlich wider auch in Röm 11,11; 11,15 und 11,19-21. Daher sind, laut Paulus, die Juden nicht »verstockt«, sondern »verstockt worden« (Röm 11,7), was Gott zum Urheber ihrer so genannten »Verhärtung« macht.

Und nun kommt im Jahre 1975 die Ungeheuerlichkeit der Hinzufügung der Vokabel »Feinde Gottes«, die nicht einmal Martin Luther, geschweige denn Paulus von Tarsus je geschrieben haben!

In der zweiten Hälfte des 20. Jahrhunderts ist dies ein völlig unverständlicher Vorgang. Diese grauenvolle Unterstellung ist in der Tat in der nächsten deutschen Lutherrevision (1984) wieder eliminiert worden. Gott sei Dank sind die Juden also nicht mehr die Feinde Gottes.

In der katholischen Einheitsübersetzung von 1988 steht dieser schmerzliche Fehler leider noch immer! Es bleibt nun die bange Frage: Wann kommt die nächste Revision dieser Übersetzung?

Anmerkungen

1. Exodus Rabba V,9.
2. Josua 1,8.
3. Briefe, Berlin 1935 S. 625.
4. Norbert Lohfink: »Gotteswort im Menschenwort«, Katholisches Bibelwerk Stuttgart, III. Auflage 1967, S. 54.
5. Martin Buber: Begegnung, S. 46f. vgl. Autobiographische Fragmente: P. A. Schilpp – M. Friedmann, S. 135f.
6. Labores Juveniles, Privatausgabe der Stadt Frankfurt zu Ehren des Goethejahres 1982.
7. WA 38, S. 11,27-32.
8. Vorrede zum III. Teil des AT 1524, S. 13; WA 30^2 S. 640.
9. Sämtliche Werke III, II, S. 218.
10. Sendbrief vom Dolmetschen 1530, S. 9.
11. Vorrede über das Buch Hiob, 1524.
12. WA 30^2, S. 636; vgl. WA 48, S. 686.
13. Fridolin Stier, »Vielleicht ist irgendwo Tag« Freiburg 1981, S. 43.
14. Heinrich Heine, Zur Geschichte der Religion, in: Sämtliche Werke, Hg. von Ernst Elster, Band 4, S. 196f.
15. »Denckcedel«: bei Luther noch im Sinne von Merkblatt, Registratur und die Pergamentstreifen mit dem Bekenntnis des Judentums in den jüdischen Gebetsriemen. Heute jedoch bedeutet es laut Duden: exemplarische Strafe; als Warnung angesehene unangenehme Erfahrung.
16. Sendbrief vom Dolmetschen a.a.O. S. 9f.
17. Franz Rosenzweig: Die Schrift und Luther 1926, S. 51.
18. Ein nach Tilgung des ursprünglichen Textes von neuem beschriebenes Pergament.
19. Martin Buber: Zu einer neuen Verdeutschung Der Schrift, S. 5 – als Begleitheft dem I. Band der Gesamtausgabe der Bibelübersetzung im Verlag Jakob Hegner beigegeben.
20. Martin Koestler: »Stirbt Jesus am Christentum?«, Schaffhausen 1982, S. 35.
21. Heinrich Heine, Sämtliche Werke, Hg. von Ernst Elster, Leipzig 1887/1890 Band 6, S. 54f.
22. Die gantze Heilige Schrift Deutsch, Wittenberg 1545, Neuauflage München 1972 Band I, S. 8f.
23. Traktat über die Juden, München 1979, S. 183f.
24. Rom und Jerusalem, die letzte Nationalitätenfrage, 1862, S. 22ff.
25. J. G. Herder: »Geist der hebräischen Poesie« in: Sämtliche Werke II, S. 227.
26. Rom und Jerusalem, die letzte Nationalitätenfrage, 1862, S. 22ff.
27. J. J. Jeremias: Neutestamentliche Theologie, Teil I, Göttingen 1970, S. 203.
28. H. Schlier: Die Zeit der Kirche, Freiburg 1975, S. 46.
29. A. Schlatter: Die Geschichte des Christus, Stuttgart 1923, S. 364.
30. M. Barth: Was kann ein Jude von Jesus glauben und dennoch Jude bleiben? In: Newsletter Nr. 2 des »Kommittee Kirche und das Jüdische Volk« des Weltkirchenrates, Genf, Mai 1965, S. 6f.

31. Bibel in der Welt, Stuttgart 1958, S. 127.
32. Fridolin Stier: »Vielleicht ist irgendwo Tag«, Freiburg 1981 unter Datum 10. Mai 1974.
33. Jerusalemer Bibel, Freiburg 1963, Fußnote zu Mt 5,39 auf S. 20.
34. Jesus Sirach, Vorwort I,7.
35. Martin Luther, WA Tischreden Band I, S. 525f.
36. Eusebius, Kirchengeschichte III, S. 39.
37. F. Mussner, Traktat über die Juden a. a. O. S. 92-102.
38. U. Wilckens: Glaube nach urchristlichem und frühjüdischem Verständnis, in: P. Lapide/F. Mussner/U. Wilckens, Was Juden und Christen voneinander denken – Bausteine zum Brückenschlag, Freiburg 1978, S. 72-96.
39. Ulrich Wilckens: Das Neue Testament7, Gütersloh 1970, S. 270f.
40. Jerusalemer Bibel, Freiburg 1968, S. 118.
41. U. Wilckens: Das Neue Testament a. a. O. S. 271.
42. Jerusalemer Bibel, 1972, S. 55.
43. Paul Gaechter: Das Matthäusevangelium, Innsbruck 1962, S. 798.
44. F. M. Cross: The Ancient Library of Qumran, New York 1961, S. 201.
45. Bell. Jud. II, 8,2-13.
46. S. Dtn. 24,9.
47. Tanchuma B zu Mezora.
48. b.Arachin 16a.
49. Kelim I,4.
50. b.Pessachim 67a.
51. Contra Apionem I,31.
52. Bell. Jud. V,5,6; Ant. III,II,3.
53. »Wer seinen Nächsten öffentlich beschämt, oder ihm einen Schimpfnamen beilegt, hat Blut vergossen, und verfällt dem höllischen Feuer.« (bBaba Mezia 58b).
54. Eccl. R. IX,7.
55. bKidd. 71a; bBQ 69a; bNidd 12a.
56. Toss. Kelim I,6.
57. Bell. Jud. II,8,3-6.
58. Bell. Jud. II,113.
59. Einschiebsel zwischen II,110 und 111.
60. F. M. Cross a. a. O. S. 201.
61. I QS 1:9-10.
62. Eine umfassende Bibliographie der einschlägigen Literatur gibt u. a. F. M. Cross a. a. O. S. 179-243.
63. Bell. Jud. II,8,3.
64. Josephus Flavius a. a. O.: »Über die Ehe urteilen sie abträglich.«
65. Bell. Jud. II,8,6.
66. So z. B. bMen 85b; bBer 43b.
67. Joachim Gnilka: EKK – Das Evangelium nach Markus, Band II, Zürich 1979, S. 233.
68. Bell. Jud. V,4,2.
69. I QM III,10-11 und I QM, VII,3-4.
70. Für genauere Einzelheiten, samt Skizzen und Fotografien siehe: B. Pixner, »An Essene Quarter on Mount Zion« in: Studia Hierosolymitana, Part I, Jerusalem 1976, S. 264-275.

71. CD XII,1.
72. Bell. Jud. II,8,4.
73. bSabbath 96a.
74. QpN I,7.
75. CD X,10-13.
76. Joseph Blank: Verändert Interpretation den Glauben? Freiburg 1972, S.54.
77. Bell. Jud. V,11,1-2.
78. Z. B. Sanhedrin 46b; AZ 25b.
79. Z.B. Mk 1,28.33; Mk 2,2; Mk 5,44; Mt 4,25; Mt 8,1; Lk 4,15; Lk 7,11 etc.
80. Bell. Jud. III, VII,1 und IV, VII,3,4.
81. Joachim Gnilka: EKK a. a. O. Band I, S. 205.
82. Für weitere Berichtigungen im Text der BERGPREDIGT siehe auch meine Bücher:
    a) DIE BERGPREDIGT – UTOPIE ODER PROGRAMM?, Matthias Grünewald Verlag, Mainz [5]1986.
    b) WIE LIEBT MAN SEINE FEINDE?, Matthias Grünewald Verlag, Mainz [4]1986.
    c) DIE SELIGPREISUNGEN – EIN GLAUBENSGESPRÄCH, P. Lapide mit Carl Friedrich von Weizsäcker, Calwer Verlag, Stuttgart und Kösel Verlag, München [3]1978.
83. ARN 34; Midrasch HL 4 etc.
84. vgl. Lev 22,21; Ps 19,5; Jes 56,7,
85. Lev 13,6.13.17.23.28.34.37.
86. Lev R 16.
87. Contra Apionem I,31.
88. Philo von Alexandrien schreibt über die Essener: »Sie leben in einer Anzahl von Städten und auch in vielen Dörfern, in großen Gruppen« (Apologia pro Judaeis, § 1). Ebenso: Josephus Flavius in Bell. Jud. 11,8,4.
89. Für die Rückhebraisierung (und Neu-Verdeutschung) des »Neuen Weins in alten Schläuchen« (Mt 9,16-17) und Jesu »Seewandel« (Mk 6,45-52) siehe mein Buch: Er wandelte nicht auf dem Meer, Gütersloher Verlagshaus Gerd Mohn, Gütersloh [2]1986 (GTB Siebenstern 1410).
    Für die Korrektur der »Feinde Gotts« in Röm 11,28 siehe mein Buch: Am Scheitern Hoffen lernen, Gütersloher Verlagshaus Gerd Mohn, Gütersloh 1985 (GTB Siebenstern 1413).
90. G. Lohfink, a.a.O. S. 54.
91. Blaise Pascal: Pensees, Paris 1936 Nr. 578.
92. Martin Buber: Begegnungen, Stuttgart 1961, S. 46f.
93. G. Lohfink, a. a. O. S. 8f.
94. G. Lohfink, a. a. O. S. 11.
95. Hans Küng: Christsein, München 1974, S. 166.
96. Franz Mussner: Traktat über die Juden a. a. O. S. 92-99; S. 172 und: Beten, Sprechen und Denken in jüdischen Kategorien, in: Freiburger Rundbrief Nr. 133/140, Freiburg 1984, S. 69ff.
97. U. Wilckens: Glaube nach urchristlichem und frühjüdischem Verständnis a. a. O. S. 74-96.
98. Franz Delitzsch: Das hebräische Neue Testament, in: Theologisches Literaturblatt, Leipzig 1889, Nr. 2, S. 1.

99. Jean Carmingnac: Studies in the Hebrew Background of the Synoptic Gospels, in: Annual of the Swedish Theological Institute, Jerusalem 1970, S. 91
100. Robert L. Lindsey: A Hebrew Translation of the Gospel of Mark, Jerusalem 1969, S. 9.
101. Paul Gaechter: Die literarische Kunst im Matthäusevangelium, Stuttgarter Bibelstudien Hr. 7,1966, S. 8ff.
102. Paul Gaechter: Das Matthäusevangelium, Innsbruck 1963, S. 20.
103. Eugen Biser: Theologische Sprachtheorie und Hermeneutik, München 1970, S. 22f.
104. Martin Luthers Brief (1524) WA 15,38,7-15.
105. Leo Baeck: Das Evangelium als Urkunde der jüdischen Glaubensgeschichte, Berlin 1938, S. 5ff.
106. Leo Baeck, a. a. O. S. 69.
107. Leo Baeck, a. a. O. S. 70.

Weitere Veröffentlichungen von *Pinchas Lapide*
im Gütersloher Verlagshaus:

Ist das nicht Josephs Sohn?
5. Auflage 1999. 168 Seiten. Kt.

Er wandelte nicht auf dem Meer
5. Auflage 1999. 126 Seiten. Kt.

Wer war schuld an Jesu Tod?
4. Auflage 2000. 123 Seiten. Kt.

Paulus zwischen Damaskus und Qumran
4. Auflage 2001. 128 Seiten. Kt.

Von Kain bis Judas
2. Auflage 1998. 125 Seiten. Kt.

Leben vor dem Tod – Leben nach dem Tod?
1. Auflage 1998. 64 Seiten. Kt.

Er predigte in ihren Synagogen
8. Auflage 2004. 102 Seiten. Kt.